厦门国家会计学院云顶文库

商业模式 · 估值方法 · 估值案例

互联网公司估值

胡锋◎著

INTERNET COMPANIES VALUATION

Business Model
Valuation Methods
Case Studies

中国市场出版社
China Market Press

·北京·

图书在版编目（CIP）数据

互联网公司估值：商业模式 估值方法 估值案例 / 胡锋著. — 北京：
中国市场出版社有限公司，2021.9（2025.1 重印）
ISBN 978-7-5092-2092-4

Ⅰ. ①互… Ⅱ. ①胡… Ⅲ. ①网络公司 – 估价 – 研究 Ⅳ. ①F490.6

中国版本图书馆CIP数据核字（2021）第138142号

互联网公司估值：商业模式 估值方法 估值案例

HULIANWANG GONGSI GUZHI: SHANGYE MOSHI GUZHI FANGFA GUZHI ANLI

作　　者	胡　锋
责任编辑	张　瑶（zhangyao9903@126.com）
出版发行	中国市场出版社 China Market Press

社　　址　北京西城区月坛北小街2号院3号楼　　　　邮政编码　100837

电　　话　编 辑 部（010）68032104　读者服务部（010）68022950

　　　　　发 行 部（010）68021338　68020340　68053489

　　　　　　　　　68024335　68033577　68033539

　　　　　总 编 室（010）68020336

　　　　　盗版举报（010）68020336

印　　刷　河北鑫兆源印刷有限公司

规　　格　185mm×260mm　16开本

印　　张　21.5　　　　　　　　　　　　字　　数　337千字

版　　次　2021年9月第1版　　　　　　　印　　次　2025年1月第4次印刷

书　　号　ISBN 978-7-5092-2092-4　　　定　　价　78.00元

前 言

⛰ | PREFACE

互联网的出现改变了基本的商业竞争环境和经济规则，并使大量新的商业实践成为可能，商业模式也因此不断更新变革。打造平台、跨界发展、挖掘用户数据、提升用户体验等商业模式新要素的出现，使一些互联网公司迅速发展起来，这些公司在较短的时间内取得巨大的发展，创造了巨大财富。新型商业模式显示出强大的生命力与竞争力。例如，亚马逊公司1995年成立，短短几年就发展成为全球最大的图书零售商，如今已是美国最大的网络电子商务公司以及世界上最大的云计算公司。与此同时，一些商业模式陈旧的企业逐渐走向没落，传统电子厂商如诺基亚、摩托罗拉、黑莓等公司纷纷被兼并或者倒闭。传统的商业模式已经不能适应数字时代的发展，在新商业模式的冲击下，传统企业逐渐丧失活力和优势，只有进行商业模式创新才能持续发展下去。

商业模式创新能给企业带来战略性的竞争优势，在现代企业之间的竞争中，商业模式所起的作用越来越大。可以说，商业模式的好坏决定着企业的发展空间，同时也影响着企业的估值。公司估值是对公司的内在价值进行评估，其估值大小表明了公司未来的发展潜力。公司估值还是筹集资本、收购兼并、公司重组等业务的前提，因此对商业模式与公司估值的研究具有重要的实践与学术意义。

进入互联网时代，众多互联网公司成立并迅速发展壮大。然而互联网公司如何准确估值，一直是困扰实务界与学术界的难题。传统的估值方法不适用，而新的估值理论尚未成熟，很多概念还处于定义和量化中。因此，研究互联网企业的估值影响要素仍然具有重要意义。

本书站在商业模式的角度上，研究互联网公司的估值，指出商业模式对估值的影响。本书适合互联网行业创业者及管理者、电信通讯及媒体行业（Technology，Media，Telecom—TMT）的投资机构及从事相关领域学术研究的学者。本书可以帮助读者理解互联网行业的相关经济现象，掌握互联网行业的商业模式及公司价值的相关规律，并给相关行业投资机构的投资实践提供理论支持，避免掉入相关互联网公司估值"陷阱"。

本书内容从结构来说，共有三篇。第1篇介绍了互联网公司估值的特点、商业模式，以及互联网公司估值的绝对估值法和相对估值法；第2篇介绍了互联网公司资本运作与公司估值，即互联网公司的并购与公司估值；第3篇则分行业介绍了互联网代表性公司的商业模式及公司估值。关于互联网公司估值，本书的独特之处体现在以下几个方面：

一是内容扎实，文字阐述与数据图表并重。本书内容不仅涵盖了互联网行业商业模式及公司估值的基础知识和相关理论，还对互联网各子行业的估值特点与估值方法进行了详细介绍。其间穿插了大量数据、图表和公式，内容严谨、扎实，读来一目了然。

二是案例丰富，理论性与实践性兼具。本书从理论出发，结合大量翔实的互联网代表公司估值案例，重点阐述了互联网公司估值的逻辑和方法，以期达到指导相关投资实践的目的。

三是理论创新与总结提炼。本书首次总结提炼了互联网的四大效应、互联网公司并购估值的相关理论、商业模式影响互联网公司估值的机理等。

本书由胡锋博士策划、写作和修改。其中，第8章电商行业的商业模式部分由李爽参与撰写与修改，第12章网络视频行业公司估值部分内容由魏慧婷参与撰写与修改。在此感谢她们在本书撰写过程中提供的帮助，谢谢她们的辛苦劳动。最后，感谢家人的支持，让我得以专心致志地从事相关的研究和工作，他们的支持是我不断前进源源不断的动力！本书也是厦门国家会计学院云顶课题"商业模式创新与互联网公司估值研究"阶段性研究成果，相关的研究成果得到了厦门国家会计学院云顶课题的资助。另外，福建省科技创新战略研究联合项目（项目编号：2020R0010）也对本书的出版提供了资助。本书的付梓出版离不开黄世忠教授、黄京菁教授、蔡剑辉教授、张佳林教授、邓建平教授对笔者从事相关研究的支持和帮助，在此表示衷心的感谢！

由于时间有限，书中难免有误，欢迎读者批评指正。

胡　锋

2021 年 8 月 8 日

目 录

仚 | CONTENTS

Internet Companies Valuation
Business Model
Valuation Methods & Case Studies

第 01 篇

互联网公司估值理论

一个愤世嫉俗的人知道所有东西的价格，却不知道任何东西的价值。

——（英）奥斯卡·王尔德

公司估值的逻辑

茅台是用来炒的，不是用来喝的吗

2020年的夏天，似乎比往年来得更早一些。

贵州仁怀赤水河畔的小镇依旧一片宁静，踩曲女工迎着夕阳踏上回家之路。这一阵子刚好是小镇气温较高的一段时间，这段日子，对于酿酒制曲是十分宝贵的。端午踩曲即将过去，这正是茅台酒一个新的生产周期的开始，酒厂内的一块块曲坯正在静静地发酵，等待着酿造期间的九次蒸煮、八次发酵、七次取酒等复杂却不可缺少的"考验"，历经近五年的时间，才能"获准"出厂。在这个山清水秀的小镇里，时间缓慢流淌，酿酒工人们依旧采取传统古法来酿酒。可是在数千里外的上海证券交易所，在万千股民的注视下，贵州茅台（600519）的股价收于1 474元/股，其市值一举超越全球第一大行中国工商银行，成为中国A股市值之最，股市随之一片沸腾！

"股王"茅台？

中国曾有一道诺贝尔级别的难题，被称为"茅房困境"，即有钱到底该买茅台还是买房？如今茅台股票为这个问题写下华丽的答案：茅台股票的复合收益率不仅超过黄金，还超过北京的房价，成为当之无愧的"避险王中王"。

如图1-1所示，2020年6月23日，贵州茅台的市值站稳了18 523亿元人民币，不仅超越了全球第一大行中国工商银行，也超越了被称为"央企巨无霸"的"三桶油"公司市值之和及三大电信公司市值之和，甚至比其所在的贵州省2019年的GDP还高了近2 000亿元，为沪深交易所市值最高公司。

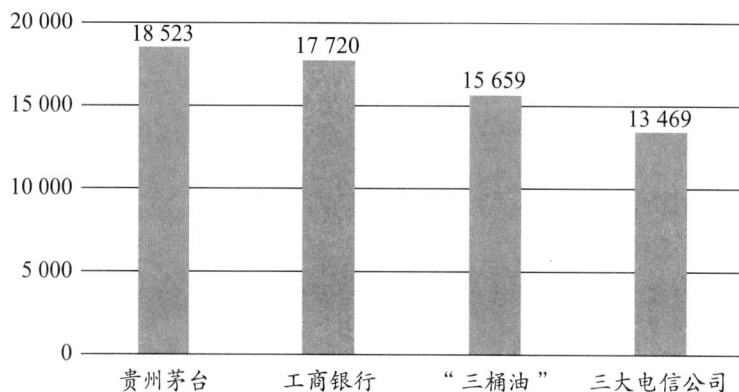

图1-1　市值对比图（亿元）

数据来源：万得数据，截至2020年6月23日。

光环的背后，是长期投资者丰厚的回报。贵州茅台上市18年以来，累计分红近1 000亿元，为投资者带来了超过270倍的回报，年化回报率35%，远超股神巴菲特的伯克希尔·哈撒韦公司年均约20%的回报率，被誉为东方神水的贵州茅台已成为穿越周期的信仰。

"酒王"茅台？

全球第一大酒业公司是英国的帝亚吉欧（Diageo）。如图1-2所示，帝亚吉欧拥有十几个全球领先的酒类品牌，包括：威士忌系列的尊尼获加（Johnnie Walker）、珍宝（J & B）等品牌，伏特加系列的斯米诺（Smirnoff）等品牌，还有百利（Baileys）、健力士（Guinnes）等品牌。帝亚吉欧也早已布局中国白酒市场，是水井坊（600779）的实际控制人。茅台绝大多数产品都是以"贵州茅台"这个品牌在销售。

帝亚吉欧拥有超过 11 个品牌

贵州茅台只有一个茅台品牌

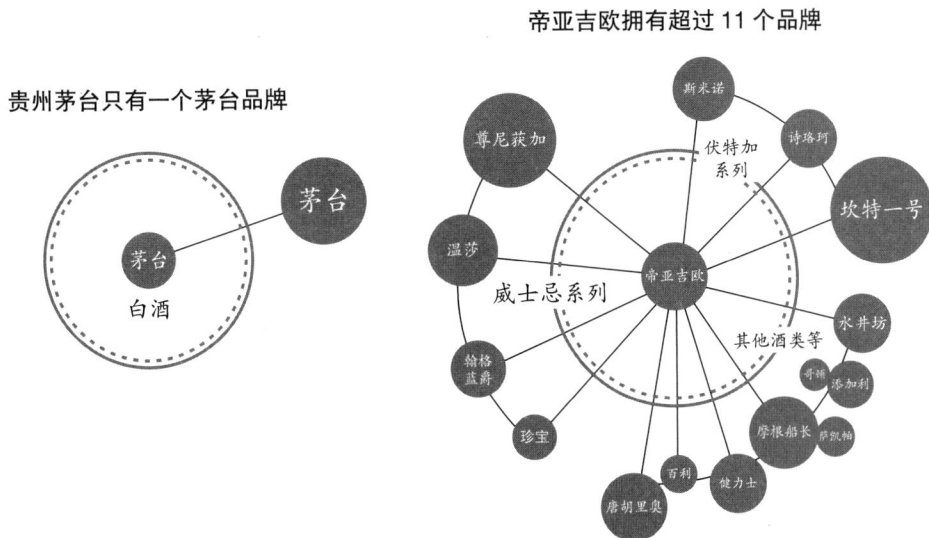

图1-2   贵州茅台与帝亚吉欧品牌对比图

贵州茅台与帝亚吉欧主要财务指标对比见表1-1。

表1-1   中外酒王对比

全额单位：亿美元

主要财务指标	贵州茅台	帝亚吉欧
总市值	2 617.2	818.2
营业总收入	125.6	192.9
销售毛利率	91.3%	74.8%
销售净利率	51.5%	17.3%
净利润	62.1	33.4
净资产收益率	33.1%	34.5%
市盈率	42.6	20.5

数据来源：万得数据，总市值及市盈率等数据截至2020年6月23日。

如表1-1所示，贵州茅台与帝亚吉欧的营收差了近70亿美元，品牌数量相差十倍多，茅台市值为何能逆袭帝亚吉欧？

因为贵州茅台的毛利率与净利率高达91.3%与51.5%！帝亚吉欧的毛利率比贵州茅台低，为74.8.%，净利率更是相差甚远，仅为17.3%。正是超高的毛利率和净利率让贵州茅台在营收仅为帝亚吉欧65%的情况下，净利润比帝亚吉欧多了近1倍，市值更是帝亚吉欧的3倍多。

　　酒业龙头公司帝亚吉欧在估值方面无法同酒中"贵族"贵州茅台相媲美，放眼全球，我们再将饮料行业龙头公司可口可乐、快餐连锁老牌巨头麦当劳，甚至是市场空间更大的快速消费品行业龙头公司联合利华与贵州茅台对比。如图1-3所示，在各大公司中，贵州茅台虽然在利润方面逊于可口可乐，但在估值方面，仍然以2 617亿美元的市值及超过40倍的市盈率傲视群雄。

全额单位：亿美元

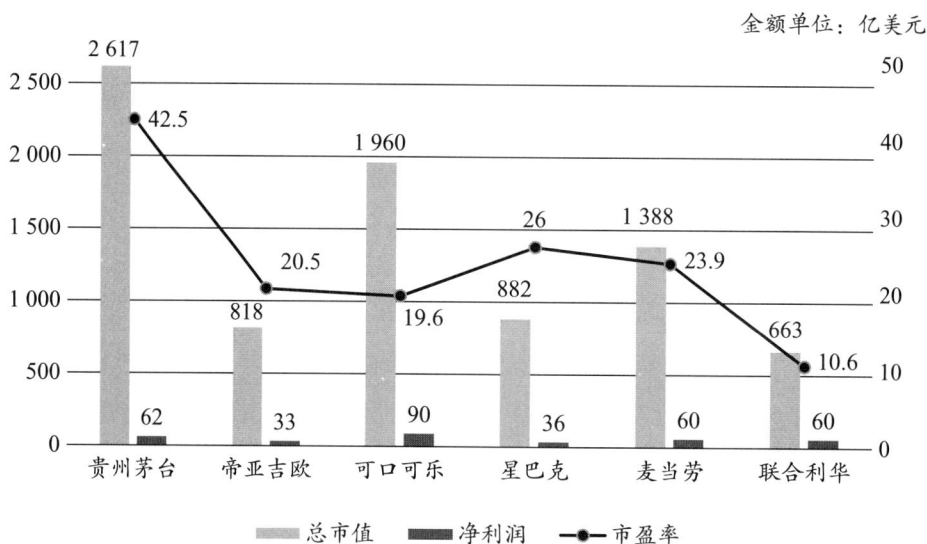

图1-3　贵州茅台与全球食品饮料、快消品公司估值与利润对比

数据来源：万得数据，截至2020年6月23日。

　　食品饮料行业乃至快速消费品行业的投资逻辑已然无法解释贵州茅台的市值。贵州茅台以高毛利率著称，与奢侈品类似，有投资者把贵州茅台定位于奢侈品，那么是否可以用奢侈品的估值逻辑对贵州茅台进行估值呢？

奢侈品茅台？

　　路威酩轩（LVMH）是全球最大的奢侈品集团，该集团的店铺数达1 700余个，其中68%分布在法国以外，雇员近6万人。旗下拥有50多个奢侈品品牌（包括LV、迪奥、纪梵希、芬迪、豪雅等知名品牌），也经营烈性酒与葡萄酒业务。

2020年5月，路威酩轩名列2020年福布斯全球企业2 000强榜第73位。

加入另一奢侈品巨头开云集团（PPR）进行对比（详见表1-2）。开云集团拥有古驰（Gucci）、圣罗兰（Saint Laurent）、巴黎世家（Balenciaga）等知名品牌。

表1-2 贵州茅台与奢侈品巨头估值对比 金额单位：亿美元

主要财务指标	贵州茅台	路威酩轩	开云集团
总市值	2 617.2	1 972.9	628.4
营业总收入	125.6	468.3	156
销售毛利率	91.3%	66.6%	74.4%
销售净利率	51.5%	14.9%	26.9%
净利润	62.1	63.54	42
净资产收益率	33.1%	20.78%	37.5%
市盈率	42.6	31.0	14.9

数据来源：万得数据，截至2020年6月23日。

如表1-2所示，路威酩轩的营业收入约是贵州茅台的4倍，净利润与贵州茅台相仿，估值大约为31倍。开云集团的营业收入比贵州茅台多了30亿美元，净资产收益率毫不逊色于贵州茅台，市场仅仅给予其不到15倍的估值。用奢侈品的逻辑似乎也很难解释茅台的估值。

那么，该如何对中国第一市值公司贵州茅台进行估值呢？

核心知识

绝对估值法

估值思想演变

1.确定性条件下资本价值的确定

1906年，艾尔文·费雪尔（Irving Fisher）在其专著《资本与收入的性质》

中完整地论述了收入与资本的关系及价值的相关问题。在这本著作里，费雪尔分析了资本价值的形成过程，说明了资本价值的源泉，归纳了人们的投资决策过程。

费雪尔指出，任何财产或所拥有财富的价值均来源于这种能产生预期货币收入的权利，从而使财产或权利的价值可通过对未来预期收入折现得到。连接收入与资本之间的桥梁就是利息率。正是利息率的作用，人们可以从货币的现值计算货币的未来价值，或从货币的未来价值得到货币的现值。而且，从某种意义上讲，货币收入来自资本物品。在费雪尔的论述中，资本价值是通过以下步骤确定的：

第一步，从资本物品确定未来所提供的产品或者服务；

第二步，确定这些产品或者服务的收入价值；

第三步，从这些收入的价值再倒推出资本的价值。

1907年，费雪尔又出版了另一部专著——《利息率：本质、决定及其与经济现象的关系》，通过对利息率的本质和决定因素的分析进一步研究了资本收入与资本价值的关系，从而形成了完整且系统的资本价值评估框架。1930年，费雪尔对《资本与收入的性质》这本书的体系和内容进行了重新编排和补充，更名为《利息理论》。这本书中提出的确定性条件下的价值评估技术，是现代标准或正统评估技术的基础。

在确定性情况下，一个投资项目的价值就是未来预期现金流量按照一定风险利率折现后的现值。如果项目预期现金流量的现值（价值）大于现在的投资额，则投资可行；反之则不可行。如果把建立企业也看作一种投资，则企业的价值就是企业所能带来的未来收入流量的现值。费雪尔价值评估模型用现在的眼光来看，确实很简单，但模型里所蕴涵的思想精髓正是现代价值评估技术发展的基础，也为价值评估理论思想演绎指明了方向。

同时也应当看到，费雪尔的资本价值评估模型思想在实践中是有前提的，即把企业当作能产生未来已知、确定收益的投资资本，企业资本的机会成本就是市场决定的无风险利率，企业的价值就是依照该利率折现的未来收益的现值。股东之所以投资，是因为投资能增加他们的财富，不管投资的资本来自企业债务还是股东的权益，只要投资的收益大于资金的成本，股东的利润和价值财富都会增加。最优投资量是由投资的内部报酬率（Internal Rate of Return，IRR）与资本市场利率共同决定的，在最优投资点，投资于企业的内含报酬率等于市场利率。因此，企业的价值最大化（或利润最大化）与企业的资本结构无关，也与股东权益和债权收益的机会成本无关。也就是说，在确定性情况下，企业的债务和权益在报酬上没有什么差别。

显而易见，这样的前提在现实的商业活动中是不可能存在的。企业面临的市场是不确定的，企业产品的需求是不确定的，企业所使用的技术前景是不确定的。最为重要的是，现实中企业的债务与权益有着很大的差别，特别是在不确定性的情况下，债务对企业所面临的风险有着放大作用，它的存在会使权益收益承受更大的波动风险，因而企业拥有负债权益的机会成本肯定不同于企业没有负债权益的机会成本，高负债的企业风险状况肯定不同于低负债的企业。但企业资本结构与资本成本之间到底存在什么关系，费雪尔对此并没有做出清楚的说明。企业资本的机会成本确定不了，企业价值的资本化利率就无法确定。

总而言之，企业自下而上的环境是不确定的。所以，费雪尔的思想在20世纪初到50年代末的这一段时间里，很难在实践中得到应用。

2. 不确定性条件下资本价值的确定

（1）资产组合理论和资本资产定价模型。

马科维茨（Markowitz，1952）的组合投资理论以严谨的数理工具向人们展示了投资者如何构建最优的资产组合的方法。但在当时，这种计算方法需要分析师能够持续且精确地估计出证券的预期报酬、风险和相关系数，并且成本非常高。

从20世纪60年代初开始，以夏普（W. Sharpe，1964）、林特纳（J. Lintner，1965）和莫辛（J. Mossin，1966）为代表的一些经济学家开始从实证的角度出发，探索马科维茨的理论在现实中能否得到简化。这些研究直接导致了资本资产定价模型（Capital Asset Pricing Model，CAPM）的产生。CAPM模型把资产的预期收益与风险之间的理论关系用一个简单的线性关系表达出来。

CAPM的核心假设条件为：

①投资者是理性的，而且严格按照马科维茨模型进行多样化的投资，并将从有效边界的某处选择投资组合。

②资本市场是完全有效的市场。根据CAPM模型，Beta系数是用来度量一项资产系统风险的指标，如果一只股票的价格和市场的价格是一致的，那么这时股票的Beta就是1。Beta大于1时，股票价格的波动大于市场的波动，小于1时则小于市场价格的波动。

（2）莫迪格莱尼和米勒的无套利价值理论——MM定理。

莫迪格莱尼（Modigliani）和米勒（Miller）针对费雪尔理论中的缺陷，于1961年第一次系统地把不确定性引入企业价值评估的理论体系，第一次对企业价值和企业资本结构的关系做了精辟的分析。它是对费雪尔理论的扬弃，进一步奠定了现代企业价值评估理论的基础。MM理论的发展也有几个不同的阶段：

①无税条件下的资本结构理论。

最初的MM理论（无税条件下的资本结构理论），即莫迪格莱尼和米勒于1958年6月发表于《美国经济评论》的《资本结构、公司财务与资本》一文中所阐述的基本思想。该理论认为，在不考虑公司所得税，且企业经营风险相同而只有资本结构不同时，公司的资本结构与公司的市场价值无关。或者说，当公司的债务比率由零增加到100%时，企业的资本总成本及总价值不会发生任何变动，即企业价值与企业是否负债无关，不存在最佳资本结构问题。

②含税条件下的资本结构理论。

修正的MM理论（含税条件下的资本结构理论），是莫迪格莱尼和米勒于1963年共同发表的另一篇与资本结构有关的论文中的基本思想。他们发现，在考虑公司所得税的情况下，由于负债的利息是免税支出，可以降低综合资本成本，增加企业的价值。因此，公司只要通过财务杠杆利益的不断增加，来不断降低其资本成本，负债越多，杠杆作用越明显，公司价值越大。当债务资本在资本结构中趋近100%时，才是最佳的资本结构，此时企业价值达到最大。

③其他资本结构理论。

最初的MM理论和修正的MM理论是资本结构理论中关于债务配置的两个极端看法。米勒模型理论，是米勒于1976年在美国金融学会所做报告中阐述的基本思想。该模型用个人所得税对修正的MM理论进行了校正，认为修正的MM理论高估了负债的好处，实际上个人所得税在某种程度上抵消了个人从投资中所得的利息收入，他们所交个人所得税的损失与公司追求负债、减少公司所得税的优惠大体相等。于是，米勒模型又回到最初的MM理论中去了。

产生于20世纪70年代的权衡理论，是MM理论的后续发展，它认为MM修正理论虽然考虑了负债带来的纳税利益，但忽略了现代社会中的两个因素：财务困境成本和代理成本。

而事实上，只要运用负债经营方式，就可能会发生财务困境成本和代理成本。在考虑以上两项影响因素后，运用负债企业的价值应按以下公式确定：

$$\begin{matrix}\text{运用负债} \\ \text{企业价值}\end{matrix} = \begin{matrix}\text{无负债} \\ \text{企业价值}\end{matrix} + \begin{matrix}\text{运用负债} \\ \text{减税收益}\end{matrix} - \begin{matrix}\text{财务困境} \\ \text{预期成本现值}\end{matrix} - \begin{matrix}\text{代理成本} \\ \text{预期现值}\end{matrix}$$

上式表明，负债可以给企业带来节税收益，使企业价值增大，但是，随着负债节税收益的增加，两种成本的现值也会增加。只有在负债节税收益和负债产生的财务困境成本及代理成本之间保持平衡时，才能够确定公司的最佳资本结构，即最佳的资本结构应为节税收益等于两种成本现值之和时的负债比例。

回顾MM理论的发展历史，我们不难看出，莫迪格莱尼和米勒通过对不确定性的论证，解决了费雪尔理论中难以解决的问题，使企业价值得到了更为明确和实际的表述。MM理论成功地说明了不确定性情况下，企业价值与债务的关系，在分析中把债务作为一个特别的因素加以考虑，改变了费雪尔资本价值评估方法始终把企业作为一项投资的缺陷，纠正了股东权益和债权权益不分的错误，并考虑了税收对企业价值的影响，比较"正确"地反映了企业的真实营运情况。

绝对估值法的逻辑

1.现金流折现（DCF）的逻辑

DCF系Discounted Cash Flow的缩写，意为现金流折现估值。方法是将企业未来多年的自由现金流，按折现率折现，折算出企业目前的价值。DCF模型的核心是自由现金流、企业存续期以及现金流折现。DCF模型可用公式表示如下：

$$V=\sum_{n=1}^{n}\frac{CF_n}{(1+r)^n}$$

式中，V——企业价值；

　　　CF_n——未来各期的现金流；

　　　r——现金流对应的折现率；

　　　n——企业存续期。

DCF模型是认识企业内在价值的重要思维方式。所有的定量研究都建立在恒定的假设条件基础上，即：

第一，假设公司未来现金流可预测；

第二，假设公司未来存续期可期；

第三，假设未来的折现率维持在固定水平。

（1）两阶段增长模型。

两阶段增长模型（Two-stage Growth Model）假设企业增长呈现两个阶段：第一阶段为超常增长阶段，又称观测期，其增长率高于永续增长率，实务中的预测期一般为5～7年；第二阶段是永续增长阶段，又称永续期，增长率为正常稳定的增长率。对达到稳定期前的预测期长度的估计非常重要。通常假设预测期为一个不稳定的发展期，即投资资本回报率与资本成本不相等。但长久的竞争最终会使投资报酬率等于其资本成本，也就是说最终会达到稳定期，可见预测期的长短会间接影响企业价值的大小。因此有必要根据行业的发展状况与公司的竞争战略地位估计公司的预测期长度。

该模型对企业股权价值计算的核心是正确区分观察期和永续期，并正确计算两个阶段的现金流量和折现系数。判断企业是否呈现永续增长状态的标志有两个：第一，在永续增长状态下，企业具有稳定的销售增长率，其大约等于宏观经济的名义增长率；第二，企业具有稳定的投入资本回报率，并与资本成本接近。

①两阶段增长模型的框架。

假设企业第 n 年现金流量为 D_n，$n+1$ 年以后增长率均为 g，则对企业两个阶段时间间隔的划分成为计算其现金流量的关键点。

将永续期起点视为第 $n+1$ 年，图 1-4 表明了两阶段增长模型的现金流量。

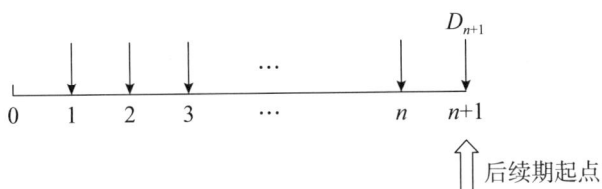

图 1-4　两阶段增长模型现金流量示意图

假设现金流对应的相应的资本成本为 R_s，永续增长率为 g，第 t 年现金流为 D_t，则所估值对象价值 V 为：

$$V=\sum_{t=1}^{t=n} \frac{D_t}{(1+R_s)^t} + \frac{\dfrac{D_{n+1}}{(R_s-g)}}{(1+R_s)^t}$$

式中，V——公司价值；

　　　D_n——第 1 阶段第 n 期现金流；

　　　D_{n+1}——第 2 阶段第 $n+1$ 期现金流；

　　　R_s——折现率；

　　　t——期限；

　　　g——第 2 阶段固定增长率。

②应用局限。

其一，理论假设存在局限性。

该模型假设企业现金流量的增长呈现出两阶段态势。这种假设在实务中只是一种近似正确的假设，企业的发展不可能在每个会计年度都完全符合两阶段的假设。因此该模型只能近似估计企业的股权或实体价值。

其二，未来现金流量难以确定。

两阶段增长模型作为现金流量折现法的一种应用，带有现金流量折现法的一些缺陷。现金流量折现法的核心思想是将企业未来预期的现金流量按一定的折现率进行折现，将其折算为现值以评价公司价值。这种方法需要预测公司各个已投资项目以及公司整体的未来净现金流量，然后根据一定的折现率计算出投资项目的现值，也就是公司的价值。然而宏观经济未来的不确定性以及经营环境的复杂多变性，导致投资项目未来收益的不确定性，投资的现金流从本质上说是不确定的，一般而言，决策者很难准确估计某个投资项目在其寿命期内的净现金流量。很显然，由于企业未来的现金流量难以或者无法得到准确的预测，因此这种方法存在难以弥补的缺陷。

其三，折现率的确定存在问题。

评估方法中，折现率一般是在企业资金成本的基础上，综合考虑企业的财务风险因素而选取的。在具体评估企业价值时，一般会以静止的方法确定折现率，以资本结构下的折现率进行企业价值评估，折现率是固定的。但是在实践中，企业经营活动不断变化，致使企业风险也在不断变化，进而影响到资本结构中各种资金的权重，导致折现率出现波动，从而引起企业价值评估结果变化。

综上所述，两阶段增长模型带有较强的主观性。无论其假设条件、未来现金流量还是折现率的估算都带有主观色彩。尽管两阶段增长模型存在诸多局限性，但其仍然具有一定的科学性，在实践中也初步展现出其优越性，因而受到国内外许多专家学者的关注，并且为世界许多先进企业所接受及应用。我们必须清楚其适用性，在理论与实务中不断促进其逐步完善。

③适用性。

运用该模型进行估值时，还必须注意模型的约束条件。稳定增长模型所要求的增长率约束条件或假设在两阶段增长模型中依然必须具备。除此之外，如何判断高速增长？如何划分高速增长阶段与稳定增长阶段？这也是实际工作中较难把握的事实。特别是公司高速增长时期的红利增长率与稳定增长时期的红利增长率存在明显的不同，由此导致资本所有人要求的收益率也相应不同，因而分析人员在两阶段模型中能否合理地使用不同阶段所要求的股权收益率，直接关系到估值的有效性。

两阶段模型一般适合于具有如下特征的公司：公司当前处于高速增长阶段，并预期今后一段时间内仍保持这一较高的增长率，在此之后，支持高速增长率的因素消失。例如，模型适用的一种情形是：某公司拥有一种在未来几年内能够产生出色盈利的产品专利权，在这段时间内，预期公司将实现超常增长，一旦专利到期，预计公司无法保持超常的增长率，从而进入稳定增长阶段。另一种情形是：某公司处于一个超常增长的行业，而这个行业之所以能够超常增长，是因为存在很高的进入壁垒（国家政策、基础设施所限），并预计这一进入壁垒在今后几年内能够继续阻止新的进入者进入该行业。当然，我们在使用两阶段增长模型时，两阶段之间增长率的悬殊不能过大，要适中。如果公司运营从一个高速增长阶段陡然下降到稳定增长阶段，用这种模型进行估值得到的结果不太合理。

（2）三阶段增长模型。

三阶段增长模型（Three-stage Growth Model）最早是由尼古拉斯·莫若多夫斯基（Nicholas Molodvsky）、凯瑟琳·梅（Catherine May）和谢尔曼·查廷那尔（Sherman Chattiner）于1965年在《普通股定价——原则、目录和应用》一文中提出的。它是假设所有的公司都经历三个阶段，与产品的生命周期的概念相同。在超常增长阶段，由于生产新产品并扩大市场份额，公司取得快速的收益增长。在过渡阶段，公司的收益开始成熟并且增长开始减速。在稳定阶段，公司收入以整体经济的速度稳定增长。在超常增长阶段假设红利的增长率为常数 g_a，在过渡阶段不妨假设红利增长率以线性的方式从 g_a 变化为 g_n，g_n 是稳定阶段的红利增长率。如果 $g_a > g_n$，在过渡阶段表现为递减的红利增长率；反之，则表现为递增的红利增长率。

①三阶段增长模型的公式。

三阶段的增长关系可以用图1-5表示。

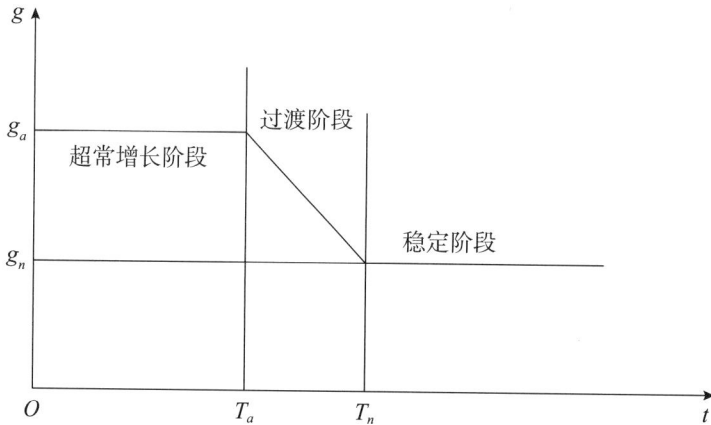

图1-5　三阶段增长关系图

从图1-5能够看出，所估值对象价值经历了超常增长阶段T_a、过渡阶段（T_a到T_n），并且当t等于T_a时，现金流增长率等于g_a；当t等于T_n时，现金流增长率等于g_n；假设在过渡阶段内，现金流增长率从g_a下降到g_n，那么在过渡阶段内任何时点上的现金流增长率可假设如下：

$$g_t = g_a - (g_a - g_n)\frac{t - T_a}{T_n - T_a}, (g_a > g_n)$$

如果再假定初期的红利水平为D_0，则三阶段增长模型的计算公式为：

$$P_0 = D_0 \sum_{t=1}^{T_a}\left(\frac{1+g_a}{1+r}\right)^t + \sum_{t=T_a+1}^{T_n}\left[\frac{D_{t-1}(1+g_t)}{(1+r)^t}\right] + \frac{D_{T_n}(1+g_n)}{(1+r)^{T_n}(r-g_n)}$$

式中，r为资本所有人要求的收益率（假定在整个生命周期内资本所有人要求的收益率不变）。

上式中的三项分别对应现金流的三个增长阶段。

②三阶段增长模型的优劣势。

它的突出优点在于：

第一，反映了待估值对象理论上的价格，还允许在高利润－低增长的公司同低利润－高增长的公司之间做比较；

第二，能容易地处理增长公司的情况，有广泛的应用性；

第三，提供一个构架以反映不同类型公司的生命循环周期的本质。

在三阶段模型中，不同的公司处于不同的阶段。成长中的公司的超常增长阶段比成熟公司的要长。一些公司有较高的初始增长率，因而超常增长和过渡阶段也较长。其他公司可能有较低的增长率，因而超常增长和过渡阶段也比较短。此外，与前面的红利增长模型相比，不存在许多人为强加的限制条件，但在实际估值中，使用三阶段模型也存在诸多困难。

首先，有许多输入变量和难以确定的股权收益率。

其次，过渡阶段现金流的计算比较复杂。

估值模型

1.股利折现模型

股利折现模型（Dividend Discount Model，DDM），是一种最基本的股票内在价值评价模型。威廉姆斯（Williams）和戈登（Gordon）1938年提出了公司（股票）价值评估的股利折现模型，为定量分析虚拟资本、资产和公司价值奠定了理论基础，也为证券投资的基本分析提供了强有力的理论依据。

使用股利折现模型来评价股票的思想是：股利是发行股票的股份公司给予股东的回报，按股东的持股比例进行利润分配，每一股股票所分得的利润就是每股股票的股利。如果股东持有这个股票，那么股东从公司获得的股利的折现值就是这个股票的价值。

股利折现模型是研究股票内在价值的重要模型，其基本公式为：

$$V = \sum_{1}^{n} \frac{D_n}{(1+k_e)^n}$$

式中，V 为每股股票的内在价值，D_n 是第 t 年每股股票股利的期望值，k_e 是股票的期望收益率或折现率（Discount rate）。上述公式表明，股票的内在价值是其逐年期望股利的现值之和。

根据一些特别的股利发放方式，DDM模型还有以下几种简化了的公式：

（1）零增长模型。

即股利增长率为0，未来各期股利按固定数额发放。计算公式为：

$$V = \frac{D_0}{k_e}$$

式中，V为公司价值，D_0为当期股利，k_e为投资者要求的投资回报率，或资本成本。

（2）不变增长模型。

即股利按照固定的增长率g增长。计算公式为：

$$V = \frac{D_1}{k_e - g}$$

注意：此处的$D_1 = D_0(1+g)$，为下一期的股利，而非当期股利。

（3）二阶段、三阶段、多阶段增长模型。

二阶段增长模型假设在时间L_1内红利按照g_1增长率增长，L_2外按照g_2增长。

三阶段增长模型也与之类似，只不过多假设一个时间点L_3，增加一个增长率g_3。

使用二阶段、三阶段、多阶段股利增长模型为公司估值时，只需将现金流折现模型（DCF）中的现金流替换为公司股利D_n即可，相应的折现率为股权成本K_e。

股票价格是市场供求关系的体现，不一定反映该股票的真正价值，而股票的价值应该在股份公司持续经营中展现。因此，公司股票的价值是由公司逐年发放的股利决定的，而股利多少与公司的经营业绩有关。说到底，股票的内在价值是由公司的业绩决定的。通过研究一家公司的内在价值而指导投资决策，即是股利折现模型的现实意义。

2.公司自由现金流量估值模型

公司自由现金流量（Free Cash Flow of Firm，FCFF）是指扣除税收、必要的资本性支出和营运资本增加后，能够支付所有的清偿权者（债权人和股东）的现金流量。公司自由现金流量用于计算公司价值，其公式为：

$$公司自由现金流量=息税前利润加折旧-所得税-资本性支出-营运资本净增加$$
$$=税后净营业利润+折旧-资本性支出-营运资本净增加$$
$$=税后净营业利润-净投资$$

式中：

$$税后净营业利润=息税前利润-所得税$$
$$净投资=资本支出+营运资本净增加-折旧$$

净投资就是投入资本的变化额，等于会计年度内营运资本投资、固定资产投资、在建工程投资和无形资产投资的总和。

若公司价值为 V，公司自由现金流为 FCFF，则：

$$V=\sum_{1}^{n}\frac{FCFF_n}{(1+WACC)^n}$$

利用公司自由现金流对公司估值，其折现率应采用公司加权资本成本 WACC。其公式为：

$$WACC=\frac{E}{D+E}\times K_e+\frac{D}{D+E}\times K_d\times(1-T)$$

式中，$WACC$——加权平均综合成本；

　　　K_e——股权成本；

　　　K_d——债权成本；

　　　T——所得税税率；

　　　D——有息负债市值；

　　　E——股权市值。

同理，利用公司自由现金流对公司估值，也可以衍生出两阶段公司估值法与三阶段公司估值法。只需将现金流折现模型中的现金流替换为公司自由现金流 FCFF 即可，相应的折现率为加权平均资本 WACC。

3.股权自由现金流量估值模型

公司的股权投资者拥有该公司产生的现金流的剩余要求权，即拥有在公司偿还债务，满足了投资需要、营运资本增加之后的全部剩余现金流。所以，股权自由现金流量（Free Cash Flow to Equity，FCFE）是指公司支付所有营运费用、再投资支出、所得税和净债务支付（即利息、本金支付减发行新债务的净额）后可分配给公司股东的剩余现金流量。股权自由现金流量用于计算公司的股权价值。

股权自由现金流量与公司自由现金流量的区别是：它需要再扣除与债务相联系的现金流量。其公式为：

$$股权自由现金流量=公司自由现金流量-债权人现金流量$$
$$=公司自由现金流量-税后利息支出-偿还债务本金+新借债务$$
$$=公司自由现金流量-税后利息支出+债务净增加$$

股权自由现金流量模型也可以用另外的形式表达：以属于股东的净利润为基础扣除股东的净投资，得出属于股东的现金流量。其公式为：

$$股权自由现金流量=公司自由现金流量-债权人现金流量$$
$$=税后净营业利润+折旧与摊销-营运资本增加-资本支出-税后利息费用+债务净增加$$
$$=(利润总额+利息费用)\times(1-税率)-净投资-税后利息费用+债务净增加$$
$$=(税后利润+税后利息费用)-净投资-税后利息费用+债务净增加$$
$$=税后利润-(净投资-债务净增加)$$

如果公司按照固定的负债率为投资筹集资本，公司保持稳定的财务结构，"净投资"和"债务净增加"存在固定比例关系，则股权自由现金流量的公式可以简化为：

$$股权自由现金流量=税后净营业利润-(1-负债率)×净投资$$

$$=税后净营业利润-(1-负债率)×(资本支出-折旧与摊销)-$$

$$(1-负债率)×营业流动资产增加$$

该模型表示，税后净营业利润是属于股东的，但要扣除净投资。净投资中股东负担部分是"（1-负债率）×净投资"，其他部分的净投资由债权人提供。税后利润减去股东负担的净投资，剩余的部分成为股权自由现金流量。

若公司价值为 V，股权自由现金流为 FCFE，则：

$$V=\sum_{1}^{n}\frac{FCFE_n}{(1+K_e)^n}$$

利用股权自由现金流对公司估值，其折现率应采用股权加权资本成本 K_e。同理，利用股权自由现金流对公司估值，也可以衍生出两阶段公司估值法与三阶段公司估值法。只需将现金流折现模型中自由现金流替换为股权自由现金流 $FCFE_n$ 即可，相应的折现率为加权平均资本 K_e。

4.剩余收益估值模型

剩余收益估值模型（Residual Income Valuation Model，RIM）最早是由爱德华兹（Edwards）和贝尔（Bell）于1961年提出的，但并没有引起理论界多大的重视，沉寂了很长一段时间。1995年美国学者奥尔森（Ohlson）在其论文《权益估价中的收益、账面价值和股利》中对这个方法进行了系统的阐述，建立了公司权益价值与会计变量之间的关系，使该方法重新得到理论界的重视，并成为近十年来美国财务学、会计学界最热门的研究主题之一。

剩余收益是指公司的净利润与股东所要求的报酬之差。剩余收益估值模型的基本观点是，企业只有赚取了超过股东要求的报酬的净利润，才算是获得了正的剩余收益；如果只能获得相当于股东要求的报酬的利润，则仅仅是实现了正常收益。用公式表示为：

$$RI_{t+1}=NI_{t+1}-rBV_t$$

式中，RI_{t+1} —— $t+1$ 期的剩余收益；

NI_{t+1} —— $t+1$ 期的企业净收益；

BV_t —— t 期企业权益的账面价值；

r —— 权益投资者要求的必要报酬率。

剩余收益需要进行资本成本的调整从而反映会计上未加确认但事实上存在的权益资本的机会成本。

剩余收益估值模型使用公司权益的账面价值和预期剩余收益的现值来表示股票的内在价值。在考虑货币时间价值以及投资者所要求风险报酬的情况下，将企业预期剩余收益按照一定的折现率进行折现以后加上当期权益价值就是股票的内在价值。

剩余收益估值模型的基本公式为：

$$V = BV_0 + \sum_1^n \frac{RI_n}{(1+r)^n}$$

可以进一步地考虑，企业净收益的增加来源是什么？

因为 $NI_{t+1} = ROE_{t+1} \times BV_t$（$ROE_{t+1}$ 代表 $t+1$ 期的净资产报酬率），所以上述公式可以表示为：

$$V = BV_0 + \sum_1^n \frac{(ROE_t - r)BV_{t-1}}{(1+r)^n}$$

净资产报酬率ROE，可以根据杜邦财务分析体系再分解为资产报酬率、销售净利率、权益乘数等，所有这些参数都可以从企业的财务报表中得到，至于投资者要求的必要报酬率，可以根据资本资产定价模型（CAPM）或者套利定价理论（APT）进行估算。

这个模型吸收了现金流量折现模型中货币的时间价值、风险收益对等原则的优点，同时又与传统的方法有所不同，不是从利润分配角度出发，而是从企业的价值创造（ROE）观点考虑问题。企业的一切生产经营活动都是围绕价值创造进行的，其结果又会在财务报表中得到最终反映，因此更为贴切地反映了企业的真实情况。

　　一个公司的市场价值由两部分组成：无增长机会下现有资产价值和增长机会的现值之和。运用该模型，股票价值等于当期净资产价值加上未来增长机会的净现值，这正是对企业增长机会的期权价值的一种衡量。加之近年来，越来越多的公司都趋向于不派发或少派发现金股利，使该模型的应用受到前所未有的推崇。从剩余收益概念出发，思腾思特咨询公司（Stern Stewart Co.）创造了经济利润、经济增加值（EVA）、市场增加值等多种方法应用于公司管理及价值评估中，并在实践中取得了良好的效果。

　　剩余收益估值模型使用企业资产负债表和利润表的数据来计算股票价值，然而在企业会计上不可避免地存在核算方法上的差异，使得会计数字容易受到人为操纵，这样是否会影响股票价值评估的准确性呢？完全不会。因为股票价格是以未来收益与当前账面价值为基础的，而复式记账原理具有内在的自我调整性质，使会计方法选择的差异也会同时在未来收益和当前账面价值上反映出来。由于会计数字对该模型具有特殊的重要性，评估人员需要对会计方法非常熟悉，洞悉企业可能存在的会计调整事项，才能做出客观的估算。

　　金融分析人员热衷于会计基础的剩余收益估值模型，因为该模型体现了企业价值成长的驱动因素所在。只有企业的投资活动创造出高于股权资本成本的收益，才能提升公司股票的内在价值，投资者才会支付比净资产高的价格。否则，企业的收益低于正常收益水平（权益资本成本），投资者不会对这种股票支付任何溢价。至于企业的"增发"和"配股"等融资活动，虽然增加了公司权益的账面价值，但同时增加了公司的股份数量，在新的融资不能创造出高于资本成本的财富情况下，公司的股票价值就不会得到提升。因此，公司股票价格与其所代表的净资产价值的偏差依赖于企业创造"剩余收益"的能力。

　　传统的现金流量估值模型"用净现金流量公式来估算公司价值时不使用公司财务报表上的数据，使该方法失去了实用性"（奥尔森）。事实上，股票价格里包含了多少会计信息是证券市场价格发现功能发挥与否的重要判定标准，是资本市场效率体现的主要标志。传统的现金流量折现模型信息不能从财务报告直接获得，会计信息在股票估价中的作用不易显现；剩余收益估值模型使用企业资产负债表和利润表的数据来计算股票价值，不需要进行多余的调整，作为基于应计会计信息的估价模型，明确了会计信息在股票估价中的作用。尽管基于历史成本原则的会计信息遭到了诸多证券市场人士的批判，但大量的实证研究表明，会计信息对于股价变动具有较强的解释能力。运用会计信息直接进行价值评估，摆脱了传统现金流量折现模型从会计数字转化为现金流量数字的"曲折"，增强了实用性。美国会计学会就认为剩余收益估值模型是一种比现金流量折现模型更准确的模型，并加以推荐应用。

"剩余收益定价着眼于公司的价值创造过程"，美国著名会计学家斯蒂芬·佩因曼（Stephen Penman）认为，这是该模型与传统股利折现和现金流量折现模型的最大区别。一家企业的投资价值取决于它将来赚取收益超过资本成本的能力，价格与账面价值比率（P/B）将会随着公司增加"经济价值"的能力增强而增加；如果公司不能赚取超过资本成本的收益，那么其股票价格低于净资产也毫不奇怪，因为这恰恰是资本市场对其内在价值的正确反映。

传统的企业经营绩效评价指标通常包括权益报酬率、总资产报酬率、每股收益等，但这些指标都没有考虑资本成本因素，不能反映资本净收益的状况和资本运营的增值效益。企业财务报表显示正的利润并不意味着企业资产得到保值增值。剩余收益估值模型的核心在于，它从股东的利益出发评价公司管理层的经营管理活动，只有当公司的税后净利润（已扣除债务利息）大于股东对公司的投资资本时，才能认定管理层的经营管理活动为公司创造了价值。由此看来，把权益资本的成本作为考核公司经营业绩的一个要素，正是剩余收益估值模型与传统财务分析工具的最大区别。

根据传统的"会计利润"计算惯例，很多公司的财务报表显示都在盈利。但事实上，许多公司并没有真正盈利，因为其所赚取的"利润"往往小于公司全部投入的资本成本。作为一种新的会计核算方式与管理理念，剩余收益估值模型纠正了这个错误，并明确指出，管理人员必须"为资本付费"，就像支付工资一样。剩余收益估值模型对资本成本的重视，使企业可以避免隐性亏损。一般企业投资时，只要回报率高于贷款利率，就认为是一个可行决策，事实上，如果考虑股东要求的报酬，项目预期现金流量未必能全部满足，用剩余收益估值模型的方法计量，投资于该项目可能会遭受损失。

　　此外，基于剩余收益观念，可以更好地协调公司各个部门之间的利益冲突，促使公司的利益最大化。公司的生产、营销、采购、服务是一个复杂的系统，各个部门之间可能存在利益冲突；特别是公司的资源有限时，这种冲突更为严重。如果从剩余收益角度思考，无疑为解决这种冲突提供了一条较好的途径。不同的部门目标实现都需要一定的投资，如果它能够创造较多的剩余收益，那么就应该被优先满足；如果它不能创造剩余收益或者创造的很少，那么只能排队等候。建立在剩余收益框架下的企业决策准则，可以保证企业战略的顺利实施。

　　公司价值的来源有很多：率先开发出新的产品、进入一个新的行业、现在投入可在未来获益的资本性支出、创新带来的生产成本降低，等等。对于公司的高层管理者而言，并不是缺乏投资项目，而是通常面临太多的项目可供选择；每一个项目经理都会把自己的项目描绘得美妙无比，因为他们在公司总体利益条件下，还具有不同的私人利益诉求。在这样的情形下，如何选择一个真正好的项目，就成为高级管理者的难题。由于兼顾了收益与成本，采用剩余收益作为财务衡量指标，所有的决策过程都归结到一个问题——能否提高剩余收益。

　　任何企业都有其成长生命周期，都要经过起步、快速发展、成熟和衰退这几个阶段。企业处于一个竞争激烈的环境中，膨胀阶段的高增长最终会归于平庸。根据微观经济理论，除非拥有特殊的技术和产业进入壁垒，当一个行业进入长期竞争均衡的时候，所有的企业只能期望获得与资本的机会成本相等的收益。如果有些企业赚取经济利润，由于新的竞争对手不断加入及本行业内部企业扩大生产的冲动，企业的"经济租金"很难在较长时间内维持。因此企业的超常收益并非一定能持续下去，即剩余收益的期限一般不会太长。在这样的情形下，如何保持住企业当前的剩余收益水平并不断创造新的价值就成为企业战略决策的首要问题。

　　剩余收益的最大来源无疑是专有技术和产业壁垒，产业壁垒并非每个企业都能具备，创新才是大多数企业的秘诀所在。通过品牌、技术和服务创新，建立更有吸引力的市场，构建更为强劲的竞争地位和竞争优势，最终成为"剩余收益的永动机"。基于剩余收益理念的核心的竞争优势和正确的决策准则是企业生存、发展的基本要求，是保证公司创造价值的必然需要，也是公司基业常青的源头所在。

另外，剩余收益估值模型可由公司自由现金流量估值模型推导而来：

$$V=\sum_{t=1}^{n} \frac{FCFF_t}{(1+WACC)^t}$$

$$V=\sum_{t=0}^{n} \frac{IC_t}{(1+WACC)^t}-\sum_{t=0}^{n} \frac{IC_t}{(1+WACC)^t}+\sum_{t=1}^{n} \frac{FCFF_t}{(1+WACC)^t}$$

$$V=IC_0+\sum_{t=1}^{n} \frac{IC_t}{(1+WACC)^t}-\sum_{t=1}^{n} \frac{IC_{t-1}}{(1+WACC)^{t-1}}+\sum_{t=1}^{n} \frac{FCFF_t}{(1+WACC)^t}$$

$$V=IC_0+\sum_{t=1}^{n} \frac{IC_t}{(1+WACC)^t}-\sum_{t=1}^{n} \frac{(1+WACC)IC_{t-1}}{(1+WACC)^t}+\sum_{t=1}^{n} \frac{NOPLAT-(IC_t-IC_{t-1})}{(1+WACC)^t}$$

$$V=IC_0+\sum_{t=1}^{n} \frac{IC_t-(1+WACC)IC_{t-1}+NOPLAT-(IC_t-IC_{t-1})}{(1+WACC)^t}$$

$$V=IC_0+\sum_{t=1}^{n} \frac{NOPLAT-(WACC)IC_{t-1}}{(1+WACC)^t}$$

$$V=IC_0+\sum_{t=1}^{n} \frac{EVA}{(1+WACC)^t}$$

式中，V——公司价值；

$FCFF_t$——公司自由现金流；

$WACC$——加权平均资本成本；

IC_t——投入资本；

$NOPLAT$——息前税后经营利润；

EVA——经济增加值。

估值因子

在下面的推导中，我们定义：

V——公司价值。

FCFF——公司自由现金流。

NOPLAT——Net Operating Profits Less Adjusted Taxes，扣除调整税后的净营业利润，即息前税后经营利润。是指税后扣除非经常性损益之后的公司核心经营活动产生的税后利润（包括利息）。

IR——*NOPLAT*中再投资的比率。

ROIC——投入资本回报率。

g——*NOPLAT*的可持续增长率。

WACC——加权平均资本成本。

$$\because FCFF=NOPLAT-净投资$$
$$=NOPLAT-(NOPLAT \times IR)$$
$$\therefore FCFF=NOPLAT \times (1-IR)$$
$$\because g=ROIC \times IR$$
$$\therefore IR=\frac{g}{ROIC}$$
$$\therefore FCFF=NOPLAT \times (1-\frac{g}{ROIC})$$

假设公司以一固定比率 *g* 增长，则

$$V=\frac{FCFF_{t=1}}{WACC-g}$$
$$\therefore V=\frac{NOPLAT_{t=1}(1-\frac{g}{ROIC})}{WACC-g}$$

由上可见，公司价值由四因素决定，即公司成长性（*g*）、公司盈利能力——投入资本回报率、扣除调整税后的净营业利润及加权平均资本成本。

相对估值法

相对估值法的逻辑

相对估值法又称乘数估值法，是指现在在证券市场上经常使用到的市盈率法、市净率法、市销率法等比较简单通用的比较方法。它是利用类似企业的市场价来确定目标企业价值的一种评估方法。这种方法假设存在一个支配企业市场价值的主要变量，而市场价值与该变量的比值对各企业而言是类似的、可比较的，由此可以在市场上选择一个或几个跟目标企业类似的企业，在分析比较的基础上，修正、调整目标企业的市场价值，最后确定被评估企业的市场价值。实践中被用作计算企业相对价值模型的有市盈率、市净率、收入乘数等比率模型。

相对价值法是建立在可比基础之上的，要有可以参照的企业和能够应用的指标，这就要求有一个较为发达和完善的证券交易市场，还需要有数量众多的上市公司。

运用相对价值法评估公司价值时，有两个障碍必须克服。其一，与其他可交易的资产不同，公司的出售相对较少。因此，要找到一个刚刚出售的公司作为比较标准并不容易。其二，更为重要的是，"可比公司"在概念上是模糊不清的。一个公司总是包含有许多复杂的项目，有各种变幻不定的特征。对于两个公司来说，哪些特征必须类似，才能使两个公司之间具有可比性？第一个障碍可以通过运用公开上市公司的有关数据加以克服。公开上市公司的股票或债券的交易每天都在进行，虽然这些交易数额不大，但都代表了证券持有人对公司一定的要求权。这些可比上市公司的价值可以运用交易价格加以估算。对于第二个障碍，明白这一点很重要：从估值的角度看，所有的公司都生产同样的产品——现金。不管公司具体生产什么产品或提供何种服务，其对于潜在投资者的价值是由其预期的未来现金流量决定的。因此，理想的情况是，可比性应该由预期的未来现金流量的统计特征来定义。按照这样的定义，如果两个公司预期的未来现金流量相关程度较高，这两个公司就可比。按照这样的可比性定义，要求对未来多年的现金流量做出预测，才能判断公司之间的可比性。而相对价值法之所以得到普遍的运用，一个主要原因是其不需要预测未来的现金流量，如果在选择可比公司时就需要做现金流量预测，那么运用相对价值法就没有什么意义了。进一步，如果被评估公司的现金流量预测是可行的，那么，这个公司的价值就可以通过将预测的未来现金流量折现来求得，这样，也就没有必要再去寻找可比公司了。

要使相对估值法真正有用，就必须找到一种方法，不需要对每个公司未来现金流量做详细的预测就可以找出可比公司。一种常用的方法是依靠行业分类。这一方法所暗含的假设是，如果两个公司在同一行业，它们的现金流量将反映类似的市场力量，因此将会高度相关。然而，行业分类仅仅是对可比性的一种大致的估计。例如，美的集团和格力电器，两者都处于家电行业，且以白色家电为主。

除了行业分类，可比性还应该通过其他一些因素加以确认：产品、资本结构、管理深度、人事经验、竞争性质、盈利、账面价值、信用度。评估一个公司产品的性质，考虑其员工的福利待遇及管理层的管理深度和人事经验，主要取决于公司的财务状况。除了财务方面的知识，要判断一个公司是否可以用于比较，需要对所评估公司的业务、所在的行业以及有关的竞争和政府干预力量有详尽的了解。建议的可比公司的选择标准为：同一行业或同一业务，最好在同一市场交易且具有相似的增长率。

常用相对估值法

1.市盈率法

（1）市盈率法定义。

市盈率法是指以行业平均市盈率（PE）来估计企业价值，按照这种估值法，企业的估值得自可比公司的定价。这里假设，同行业中的其他企业可以作为被估价企业的"可比企业"，平均市盈率所反映的企业绩效是合理而正确的。市盈率法通常被用于对未公开化企业或者刚刚向公众发行股票的企业进行估价。

（2）市盈率法公式。

市盈率反映的是公司按有关折现率计算的盈利能力的现值，它的数学表达是 P/E。根据市盈率计算企业价值的公式为：

企业价值=可比公司市盈率 × 目标企业的收益

（3）市盈率法估值过程。

①选取参照企业。

一般选取与目标企业相类似的三个以上的参照企业，参照企业最好与目标企业同处于一个产业，在产品种类、生产规模、工艺技术、成长阶段等方面越相似越好。但很难找到相同的企业，因此，所选取的参照企业尽可能是成熟、稳定企业或具有稳定增长率的企业，这样在确定修正系数时只需考虑目标企业的变动因素即可。

②计算市盈率。

选取了参照企业之后，接下来就是计算市盈率。首先，收集参照企业的股票交易的市场价格以及每股净利润等资料。

市盈率是指每股现行市场价格与每股净利润之比，即：

$$PE = \frac{P}{EPS}$$

式中，PE——市盈率；

P——每股现行市场价格；

EPS——每股净利润。

③比较分析差异因素，确定因素修正系数。

尽管参照企业尽量与目标企业相接近，但是，目标企业与参照企业在成长性、市场竞争力、品牌、盈利能力及股本规模等方面总会存在一定的差异，在估计目标企业的价值时，必须对上述影响价值因素进行分析、比较，确定差异调整量。目标企业与参照企业的差异因素主要为成长性，需对该差异因素导致的估值差异进行修正。

（4）市盈率法的使用原因。

市盈率法被广泛使用的原因有三个：首先，它内在逻辑清晰；其次，对于大多数股票而言，计算简单易行，数据查找方便，同时便于股票之间的互相比较；最后，它能反映股份公司的许多特点，如风险和增长潜力等。

市盈率法也有其缺陷，其他定价法（如现金流量折现估值法等）都对风险、增长和股东权益进行了估计和预测，市盈率法却没有对这些因素做出假设。另外，市盈率在某种程度上反映了投资者情绪，受主观因素影响较大。

2.市净率法

（1）市净率定义。

市净率（PB），也称市账率，是指每股股价与每股净资产的比率。

市净率可用于投资分析。每股净资产是股票的账面价值，它是用成本计量的，而每股市价是这些资产的现在价值，它是证券市场上交易的结果。市价高于账面价值时企业资产的质量较好，有发展潜力；反之则资产质量差，发展前景不佳。优质股票的市价都超出每股净资产许多，一般说来市净率达到3，可以树立较好的公司形象。市价低于每股净资产的股票，就像售价低于成本的商品一样，属于"处理品"。当然，"处理品"也不是没有购买价值，问题在于该公司今后是否有转机，或者购入后经过资产重组能否提高获利能力。市净率越低意味着风险越低。

（2）市净率的计算公式。

市净率＝每股股价／每股净资产

净资产的多少是由股份公司经营状况决定的，股份公司的经营业绩越好，其资产增值越快，股票净值就越高，股东所拥有的权益也越多。

一般来说，市净率较低的股票，投资价值较高；反之，则投资价值较低。但在判断投资价值时还要考虑当时的市场环境以及公司经营情况、盈利能力等因素。

（3）市净率法的应用。

使用市净率法估计股票发行价格时，首先应根据审核后的净资产计算出发行人的每股净资产；然后，根据二级市场的平均市净率、发行人的行业情况、发行人的经营状况及其净资产收益率等拟定发行市净率；最后，依据发行市净率与每股净资产的乘积决定发行价。

（4）市净率法的特点。

市净率能够较好地反映出"所有付出，即有回报"，因此，市净率法能够帮助投资者寻求哪个上市公司能以较少的投入得到较高的产出，对于大的投资机构，它能够帮助其辨别投资风险。

3.市销率法

（1）市销率定义。

市销率（PS）等于总市值除以主营业务收入或者股价除以每股销售额。市销率越低，说明该公司股票的投资价值越大。

收入分析是评估企业经营前景至关重要的一步。没有销售，就不可能有收益。对于那些处于初创期、利润为负的公司，无法用市盈率对公司估值进行判断的，可用该指标进行评判。同时，在国内证券市场运用这一指标来选股可以剔除那些市盈率很低但主营业务没有核心竞争力而是主要依靠非经营性损益增加利润的股票（上市公司）。因此该项指标既有助于考察公司收益基础的稳定性和可靠性，又能有效把握其收益的质量水平。

在基本分析的诸多工具中，市销率是最常用的参考指标之一。可以认为，对于成熟期的企业，通常使用市盈率来估值，而对于尚未盈利的高成长性企业，使用市销率来估值则更为可靠。

（2）市销率法优点。

第一，它不会出现负值，对于亏损企业和资不抵债的企业，也可以计算出一个有意义的价值乘数；

第二，它比较稳定、可靠，不容易被操纵；

第三，收入乘数对价格政策和企业战略变化敏感，可以反映这种变化的结果。

（3）市销率法缺点。

第一，不能反映成本的变化，而成本是影响企业现金流量和价值的重要因素之一；

第二，只能用于同行业对比，不同行业的市销率对比没有意义；

第三，上市公司关联销售较多，该指标也不能剔除关联销售的影响。

（4）市销率法适用范围。

主要适用于销售成本率较低的服务类企业，或者销售成本率趋同的传统行业的企业。

分母主营业务收入的形成是比较直接的，避免了净利润复杂、曲折的形成过程，可比性也大幅提高（仅限于同一行业的公司）。该项指标最适用于一些毛利率比较稳定的行业，如公用事业、商品零售业。

4.企业价值倍数法

（1）企业价值倍数定义。

企业价值倍数（EV/EBITDA）是一种被广泛使用的公司估值指标，等于EV除以EBITDA，EV为企业价值，EBITDA为息税折旧及摊销前利润。它和市盈率等相对估值法指标的用法一样，其值相对于行业平均水平或历史水平较高通常说明高估，较低说明低估，不同行业或板块有不同的估值（倍数）水平。

$EV=$ 市值 + 总负债 – 总现金 = 市值 + 净负债的市场价值

$EBITDA=EBIT$（息税前利润）+ 折旧费用 + 摊销费用

式中，

$EBIT=$ 经营利润 + 投资收益 + 营业外收入 – 营业外支出 + 以前年度损益调整

　　　 = 净利润 + 所得税 + 利息

（2）估值方法。

企业价值倍数和市盈率同属于可比法，在使用的方法和原则上大同小异，只是选取的指标口径有所不同。

从指标的计算上来看，企业价值倍数使用企业价值（EV），即投入企业的所有资本的市场价值代替市盈率中的股价，使用息税折旧及摊销前利润（EBITDA）代替市盈率中的每股净利润。企业所有投资人的资本投入既包括股东权益也包括债权人的投入，息税折旧及摊销前利润则反映了上述所有投资人所获得的税前收益水平。

相对于市盈率是股票市值和预测净利润的比值，企业价值倍数则反映了投资资本的市场价值和未来一年企业收益间的比例关系。因此，总体来讲，市盈率和企业价值倍数反映的都是市场价值和收益指标间的比例关系，只不过市盈率是从股东的角度出发，企业价值倍数则是从全体投资人的角度出发。在企业价值倍数法下，要得到对股票市值的最终估计，还必须减去债权的价值。在缺乏债权市场的情况下，可以使用债务的账面价值来近似估计。

在具体运用中，企业价值倍数法和市盈率法的使用前提一样，都要求企业预测的未来收益水平必须能够体现企业未来的收益流量和风险状况的主要特征。这体现在可比公司选择的各项假设和具体要求上，缺失了这些前提，该方法同样也就失去了合理估值的功能。

（3）企业价值倍数法优势。

相比而言，由于指标选取角度的不同，企业价值倍数弥补了市盈率的一些不足，使用的范围也更为广泛。首先，以收益为基础的可比法的一个使用前提是收益必须为正。如果一个企业的预测净利润为负值，市盈率法就失效了。相比而言，由于息税折旧及摊销前利润指标中扣除的费用项目较少，因此其相对于净利润而言成为负数的可能性也更小，因而具有比市盈率更广泛的使用范围。其次，息税折旧及摊销前利润不受企业融资政策的影响，不同资本结构的企业在这一指标下更具有可比性。同样，由于息税折旧及摊销前利润为扣除折旧摊销费用之前的收益指标，企业间不同的折旧政策也不会对上述指标产生影响，避免了折旧政策差异以及折旧反常等现象对估值合理性的影响。最后，息税折旧及摊销前利润指标中不包括投资收益、营业外收支等其他收益项目，仅代表了企业主营业务的运营绩效，这也使企业间的比较更加纯粹，真正体现了企业主业运营的经营效果以及由此而应该具有的价值。当然，这也要求单独评估长期投资的价值，并将其在最终的计算结果中加回到股东价值之中。

同时，从指标对企业价值的反映程度上来说，由于剔除了折旧、摊销等因素的影响，企业单一年度的息税折旧及摊销前利润指标与企业未来收益和风险的相关性更高，换句话说，影响企业单一年度息税折旧及摊销前利润水平的因素和影响企业未来所有年度息税折旧及摊销前利润水平的因素更为一致，而影响企业单一年度净利润的因素则相对复杂和多变。也正因为如此，作为一种以可比为基础的估值方法，企业价值倍数法的合理性相对于市盈率法也就更强。

但企业价值倍数更适用于单一业务或子公司较少的公司估值，如果业务或合并子公司数量众多，需要进行复杂的调整，有可能会降低其准确性。

总体而言，相比于将所有因素都综合在一起的净利润指标，息税折旧及摊销前利润剔除了诸如财务杠杆使用状况、折旧政策变化、长期投资水平等非营运因素的影响，更为纯粹，因而也更为清晰地展现了企业真正的运营绩效。这有利于投资者排除各种干扰，更为准确地把握企业核心业务的经营状况。

（4）企业价值倍数法缺陷。

当然，和其他任何方法一样，企业价值倍数法也有一些固有的缺陷。

首先，和市盈率法相比，企业价值倍数法要稍微复杂一些，至少还要对债权的价值以及长期投资的价值进行单独估计。

其次，息税折旧及摊销前利润中没有考虑到税收因素，因此，如果两个公司之间的税收政策差异很大，这个指标的估值结果就会失真。

（5）企业价值倍数法适用条件。

最后，和市盈率一样，息税折旧及摊销前利润也是一个单一的年度指标，并没有考虑到企业未来增长率这一对于企业价值判断至关重要的因素，因而也只有在两个企业具有近似增长前景的条件下才适用。企业价值倍数法作为当前专业投资人员越来越普遍采用的一种估值方法，其主要优势在于息税折旧及摊销前利润指标对企业收益更清晰的度量，以及该指标和企业价值之间更强的相关性。然而，在某些具体行业中，行业特性和会计处理规定可能会导致上述关系发生一定程度的扭曲，这时就需要使用者对息税折旧及摊销前利润指标进行一定的调整，恢复其衡量企业主营业务税前绩效的合理性。

以航空公司为例，公司运营的飞机有的是自筹资金购买的，这在财务报表上显示为企业的固定资产，需要每年计提折旧，这类费用是包含在息税折旧及摊销前利润指标中的。但航空公司中还有相当一部分飞机是租来的，每年付给飞机租赁公司一定的费用，而这部分费用在财务报表中显示为经营费用，在息税折旧及摊销前利润指标中不包含该类费用。显然，如果单纯地比较航空公司的息税折旧及摊销前利润水平就会有失公允。所以，此时应该将航空公司息税折旧及摊销前利润指标中已经扣除的租赁费用加回，变形为EBITDAR指标，从而实现公司之间的可比性，相应的估值方法也变形为EV/EBITDAR倍数法。在石油行业中，勘探活动可以界定为高风险投资活动。要衡量石油公司的运营绩效，需要将勘探费用加回以进行比较，此时相应的估值方法就演化为EV/EBITDAX倍数法。

案例讨论

贵州茅台的估值

贵州茅台财务报表分析

贵州茅台近十年来的净利润增长率如图1-6所示。

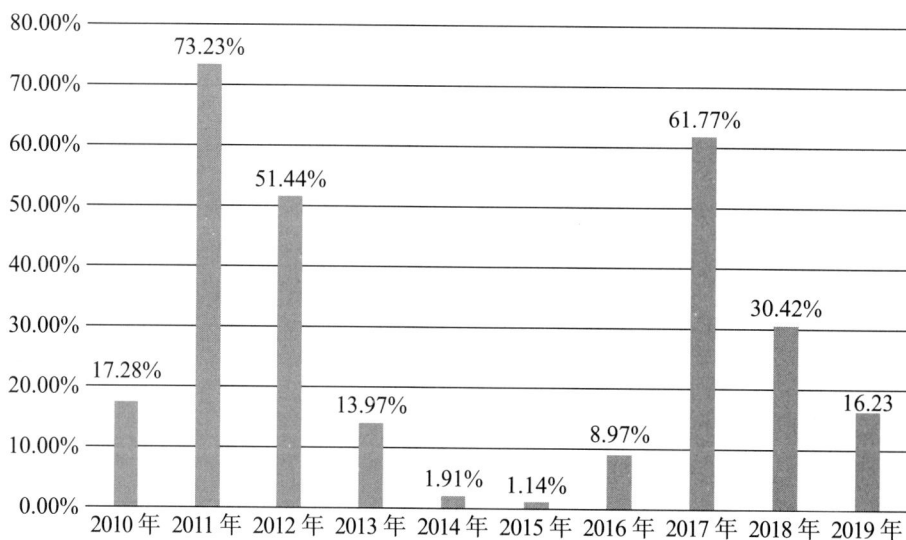

图1-6 贵州茅台近十年净利润增长率

数据来源：整理自新浪财经。

如图1-6所示，2010—2019年的十年间，贵州茅台的净利润总体上保持高速增长。期间的2013—2016年，受塑化剂风波与三公消费禁令的影响，净利润的增速曾有较大幅度的下降，到2017年回暖之后又暴涨至61.77%，直至近2019年才开始有所回落。

1. 杜邦财务分析体系下的贵州茅台

贵州茅台2015—2019年的净资产收益率（ROE）如图1-7所示。

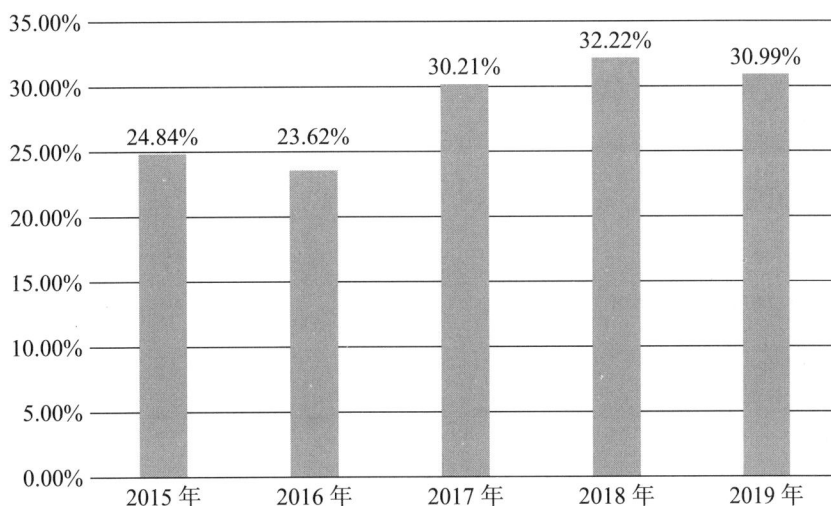

图1-7　贵州茅台近5年净资产收益率

数据来源：整理自贵州茅台历年年报。

如表1-3所示，将贵州茅台的ROE进行拆解，进行杜邦分析。

表1-3　贵州茅台2016—2019年各项指标

	2016 年	2017 年	2018 年	2019 年
ROE	23.62%	30.21%	32.22%	30.99%
销售净利率	46.14%	49.82%	51.37%	51.47%
总资产周转率	0.34	0.43	0.46	0.47
权益乘数	1.49	1.40	1.36	1.29

数据来源：整理自贵州茅台历年年报。

由表1–3可知，2016—2018年间，ROE持续上升，但是到了2019年，ROE开始有一点下滑，表1–4用连环替代法来判断各项指标对ROE的影响。

表1-4　各项指标对 ROE 的影响

	2016—2017 年	2017—2018 年	2018—2019 年
销售净利率的影响	1.86%	0.93%	0.06%
总资产周转率的影响	6.68%	2.16%	0.70%
权益乘数的影响	−1.93%	−0.95%	−1.69%

由表1–4可知，销售净利率和总资产周转率对ROE都贡献了正向的影响，只有权益乘数年年都在拖ROE的后腿。下面，我们将逐个对三个指标进行分析，观察它们是如何影响ROE的。

（1）销售净利率。

销售净利率对ROE的影响是正向的，我们可以将销售净利率拆解为两个指标：销售成本率与成本净利率[1]（见图1–8）。

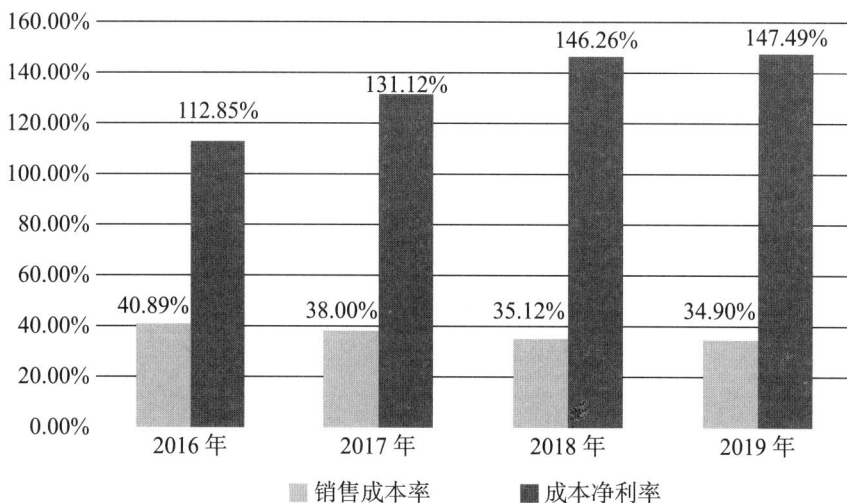

图1-8　贵州茅台2016—2019年销售成本率和成本净利率

数据来源：整理自贵州茅台历年年报。

---

[1] 销售净利率＝销售成本率 × 成本净利率。

由图1-8可以看出，贵州茅台的营业总成本每年都在下降，其中，几类主要的成本费用占比如表1-5所示。

表1-5 贵州茅台2016—2019年主要成本费用占收入比重

	2016年	2017年	2018年	2019年
营业成本	8.77%	10.20%	8.86%	8.70%
销售费用	4.33%	5.13%	3.49%	3.84%
管理费用	10.77%	8.11%	7.23%	7.22%
财务费用	−0.09%	−0.1%	0.00%	0.01%
税金及附加	16.75%	14.44%	15.33%	14.91%

数据来源：整理自贵州茅台历年年报。

由表1-5可知，贵州茅台成本中占比最大的为税金及附加，近四年来，贵州茅台销售费用、管理费用以及税金及附加有所下降，分别从4.33%、10.77%和16.75%降到了3.84%、7.22%和14.91%，合计降幅5.88%。而财务费用从负转正，同比增加主要是商业银行手续费支出及汇兑损益增加，但是比例太小，因此对成本的影响十分微小。以上几个因素降低了贵州茅台的销售成本率，抬高了净利润，进而提升了销售净利率。

（2）总资产周转率。

为了了解贵州茅台2016—2019年的总资产周转状况，查阅贵州茅台2016—2019年的年报，发现贵州茅台连续四年的应收账款都为零！因此这里只对存货周转率进行分析（见图1-9）。

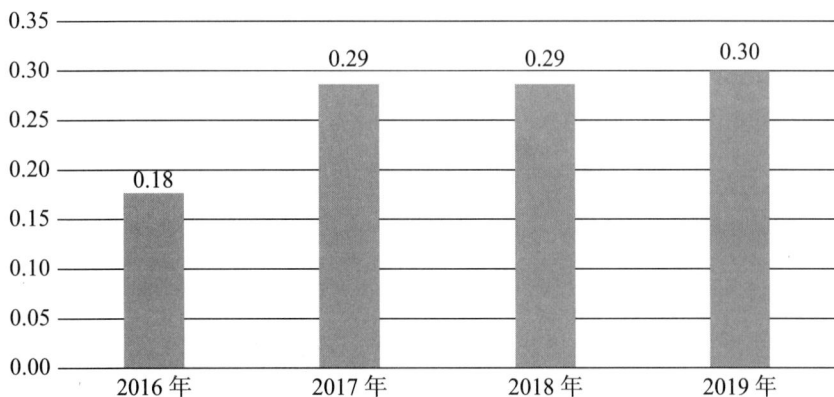

图1-9 贵州茅台2016—2019年存货周转率

数据来源：整理自贵州茅台历年年报。

由图1-9可知，贵州茅台2016—2019年存货周转率有所增加，与总资产周转率的变化趋势一致，说明存货占用的资金越来越少，提高了总资产的周转效率。

（3）权益乘数。

由图1-10可知，贵州茅台的销售净利率和总资产周转率在兢兢业业推动ROE增长或者至少保持ROE不下滑的同时，它的权益乘数却拖住了ROE增长的步伐。

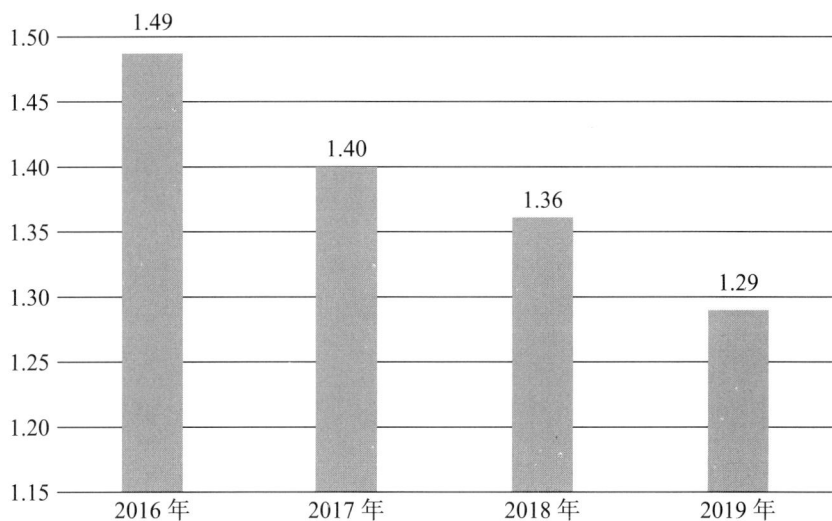

图1-10　贵州茅台2016—2019年权益乘数

数据来源：整理自贵州茅台历年年报。

这反映了贵州茅台2016—2019年的负债率有所降低，但是负债率降低可能未必是件好事，因为茅台本来就没有银行借款，因此负债率下降并不是由于借款减少引起的。

表1-6　贵州茅台2016—2019年股东权益与总负债　　　　　　　　　　　　单位：元

	2016年	2017年	2018年	2019年
股东权益	75 898 542 854.72	96 019 627 475.08	117 408 487 922.53	141 876 380 228.65
总负债	37 035 995 425.69	38 590 489 400.00	42 438 186 813.48	41 165 991 813.85

数据来源：整理自贵州茅台历年年报。

由表1-6可知，2016—2019年股东权益的增幅为86.93%，而总负债仅增加了11.15%，导致股东权益占比增加，进而拉低了权益乘数，影响了ROE的增长。

2.定价权

除了ROE之外，贵州茅台有着惊人的毛利率：酒类的毛利率为91.37%，茅台酒的销售毛利率更是高达93.78%！

表1-7显示了贵州茅台2016—2019年预收账款占总负债的比率。

表1-7　贵州茅台2016—2019年预收账款占总负债比率　　　　　金额单位：元

	2016 年	2017 年	2018 年	2019 年
总负债	37 035 995 425.69	38 590 489 400.00	42 438 186 813.48	41 165 991 813.85
预收款项	17 541 082 237.01	14 429 106 902.38	13 576 516 813.44	13 576 516 813.44
预收款项占比	47.36%	37.39%	31.99%	32.98%

数据来源：整理自贵州茅台历年年报。

如表1-7所示，贵州茅台的预收账款占总负债比率常年在30%以上，说明贵州茅台在市场上拥有极强的议价能力，具备定价权。

贵州茅台的故事

茅台镇地处海拔400余米的低热河谷地带，气候冬暖夏热，赤水河两岸高山耸峙，极其适宜酿酒微生物的生长和繁衍。这里的酿酒活动历史悠久。明末清初，茅台地区酿酒技术已经演变出独具特色的"回沙"工艺；康熙年间，以"回沙茅台""茅台烧春"为标志的一些品牌开始出现。

同治元年（1862年），贵州盐商华联辉开办"成义烧坊"，其酒俗称"华茅"。

光绪五年（1879年），石荣霄、孙金太等合股，开办"荣太和烧坊"，后改名"荣和烧坊"，几经周折于1945年落入王秉乾之手，其酒俗称"王茅"。

民国十八年（1929年），周秉衡创办"衡昌烧坊"，后因经营不善转让给赖永初，并于1941年更名为"恒兴烧坊"，其酒俗称"赖茅"。

这三家酒坊正是贵州茅台的前身。新中国成立后，成义、荣和、恒兴被收归国有，三家烧坊合而为一，成立了国营茅台酒厂。

1935年遵义会议后，红军在茅台镇西渡赤水，离开遵义，向川南方向前进；群众捧出当地白酒来欢迎，战士们用白酒擦洗脚腿伤口，止痛消炎，喝了可以缓解腹泻，解决了当时缺医少药的困难。周恩来总理说，"长征胜利了，也有茅台酒的一大功劳"。开国大典当晚的开国第一宴在北京饭店举行，主酒为茅台。国运兴，国酒兴，当年为红军疗伤洗尘的茅台酒成为共和国的"开国喜酒"。但所谓的"开国喜酒"也遭到了各方质疑，质疑的证据就是当时茅台镇还位于敌占区，真正的"开国喜酒"应当是山西汾酒。

茅台曾宣传的"怒掷酒瓶振国威，香惊四座夺金奖"，故事讲得神乎其神，说茅台酒参加了1915年在美国旧金山举办的"巴拿马万国博览会"，因为包装简陋不受待见，直到工作人员不小心打翻了酒坛，酒香四溢，沁人心脾，茅台才凭此一掷成名。但有好事者始终找不到茅台获得金奖的证据，倒是与茅台渊源颇深的周恒刚老先生在《知味斋杂记》里尽述于是：每闻某厂曾得巴拿马赛会奖牌，然而吾得以亲睹者，唯汾酒耳。

不过厚重的历史积淀、红色的革命背景，还是为茅台酒的发展奠定了基础，茅台酒在不断强化宣传的作用下，逐渐被人们认可，成为茅台文化的重要组成部分。值得关注的是，在受到各大酒厂质疑后，贵州茅台国酒茅台商标迟迟申请不下来，从此也不再以国酒进行宣传。

大家耳熟能详的还有1972年尼克松总统访华的故事，茅台酒也是当年宴会的主角之一。

有媒体报道，20世纪70年代，为了实现党和国家领导人"茅台酒要搞到1万吨"的指示，国家组织专门队伍，在遵义北郊十字铺筹建了"茅台酒异地实验厂"，并从茅台酒厂搬来全套酿造设备、酿酒技师、发酵的大曲乃至窖泥。但历经10余年，酿出的酒仍然不像茅台酒。更有甚者，以工匠精神注重细节闻名于世的日本人曾偷师茅台，获取了全部的生产工艺和配方，但由于地理位置因素，也无法造出茅台酒。也有人认为，"茅台酒只有在茅台镇才能生产出来"，不过这种说法只是茅台前总工程师、前董事长季克良的一家之言，并不可靠。

2001年3月，国家质量技术监督局发布2001年4号公告，茅台酒获得地理标志产品保护，将茅台镇7.5平方千米土地划为茅台酒原产地域，予以保护。原产地保护的光环，在贵州茅台初期打造稀缺性的过程中，起到了非常重要的作用。

但仅凭一个个"故事"，断然撑不起万亿市值；更何况"故事变成事故"的例子屡见不鲜。那么贵州茅台是如何一步步塑造品牌，并且支撑起如今的万亿市值的呢？

贵州茅台的产品线

以飞天茅台为轴心，茅台产品分为非标酒、普飞、系列酒三类。

我们日常说到茅台酒，一般特指飞天茅台。贵州茅台在飞天茅台的基础上针对高端客户需求，相继开发了价格更高的年份酒、生肖酒、定制酒、精品茅台等非标酒。

系列酒则指茅台王子酒、迎宾酒、赖茅、汉酱、贵州大曲、仁酒等，覆盖100～500元中低价位市场。

茅台酒的生产工艺

茅台酒的生产工艺可概括为"12987"酿造工艺，即1年制酒周期，2次投料，9次蒸馏、8次摊晾、7次取酒；基酒经过3年以上贮存，然后进行勾兑、调味，再经过一年贮存才能装瓶出厂。也就是说，整个生产周期长达5年，这就是宣传所称的"不卖新酒"。

贵州茅台在宣传茅台酒的历史、文化、酿酒工艺、原产地保护等方面的过程中不断强化其稀缺性、差异性，并通过有节奏地放大基酒产能及逐步提升价格来将品牌转化成实实在在的业绩。业绩是支撑茅台市值的关键因素，市值受业绩影响，业绩受"量、价"两个核心因素影响，因此基酒产量（产能）和出厂价是估值的关键因素。

贵州茅台的产能

根据年报及相关研报，贵州茅台的飞天茅台及系列酒的产能与销售数据如表1-8和表1-9所示。

表1-8 茅台酒产能

年份	茅台基酒产能（吨）	茅台酒设计产能	产能利用率	茅台酒销量（吨）	同比增长	茅台酒营收（亿元）	茅台酒吨价（万元）
2016	39 312	32 592	120.6%	22 918	18.0%	367.1	160
2017	42 771	35 292	121.2%	30 206	31.8%	523.9	173
2018	49671	37408	132.8%	32464	7.5%	655	202
2019	49922	38528	129.6%	34562	6.5%	758	219

说明：相关数据来源于贵州茅台财务报表。

表1-9 系列酒产能

年份	系列酒基酒总产能（吨）	系列酒设计产能	产能利用率	系列酒销量（吨）	同比增长	系列酒营收（亿元）	系列酒吨价（万元）
2016	20 575	17 665	116.5%	14 026	81.7%	21.3	15
2017	20 959	17 725	118.2%	29 903	113.2%	57.7	19
2018	20 545	21 245	96.7%	29 774	−0.4%	80.8	27
2019	25 112	21 245	118.2%	30 082	1.0%	95.4	32

说明：相关数据来源于贵州茅台财务报表及网络资料。

通过设计产能与实际产能计算出茅台酒产能利用率最高大概为130%，而系列酒的产能利用率可高达120%。

贵州茅台2017年的年报里面有这么一段话："为保证公司可持续发展，每年需留存一定量的基酒，按茅台酒工艺，当年生产的茅台酒最少五年后才能销售。"2018年4月，前董事长季克良在采访中提及茅台酒从生产到上市需要五年。如果认为这五年是没有水分的，那么2015年的基酒是2014年端午开始生产，大致到2015年7—9月生产完成。那么销售启动时间是2019年7—9月。

年报公布勾兑用基酒（飞天茅台）数据时，基酒已储存近1年，根据茅台的生产工艺，还需4年方可出库销售。考虑勾兑过程中的挥发等物理损耗因素，根据以往成品酒产量，推算4年前基酒数量大约82%可转换为可销售成品酒数量（见表1-10）。公司酒库容量有限，主要用于存储高价值的飞天茅台酒，系列酒可销售时即进行出库销售，因此，系列酒制酒周期（从原材料入库到成品酒出库销售）大概在3年左右，即系列酒基酒生产出来后，还需2年方可出库销售。

表 1-10　茅台酒基酒转化率

	2012 年	2013 年	2014 年	2015 年	2016 年	2017 年	2018 年	2019 年
茅台酒基酒产量（吨）	33 600	38 452	38 745	32 179	39 312	42 828	49 671	49 922
成品酒产量（吨）	16 753	18 863	21 553	24 621	27 552	31 509	31 771	26 387
四年前基酒转化率					82%	82%	82%	82%

贵州茅台集团的"十三五"规划提到，由于茅台镇的环境承载能力有限，至2020年茅台酒设计产能达到5.6万吨后将不再扩建。也有报道提到，系列酒的产能2022年将达到5.6万吨。

茅台酒由不同年份、不同轮次、不同浓度的基酒勾兑而成，另外由于非标酒勾兑中年份基酒占比较高，茅台每年会根据实际预留一部分基酒。由于上述原因，贵州茅台并没有明确的产销率数据，这也给我们预测未来贵州茅台产销数据带来了困难。由于有未披露信息，我们只能追求模糊的正确，但稍有偏差的定量分析并不妨碍对贵州茅台的估值给出相对准确的定性结论。

估值之惑

根据贵州茅台2019年股东大会信息，2020年，茅台酒的扩建工程将全面竣工；2021年，系列酒扩建工程也将全面竣工。因此，2020年茅台酒产能将达到5.6万吨。假设实际产能利用率为130%，根据飞天茅台5年的生产周期，2025年后开始销售成品茅台酒；系列酒的产能2022年将达到5.6万吨，实际产能利用率为120%，根据系列酒3年的生产周期，同样在2025年后开始销售成品系列酒。2025

年后，贵州茅台可利用产能将不会增加，贵州茅台的收入和利润增加主要靠提价。我们采用两阶段估值法，即估值阶段分为产能及销售量增长的可明确增长阶段（2020—2025年）及2025年后的连续增长阶段，其中，飞天茅台酒净利润预测如表1-11所示，系列酒净利润预测如表1-12所示，贵州茅台估值如表1-13所示。

表1-11　飞天茅台酒净利润预测

	2020 年	2021 年	2022 年	2023 年	2024 年	2025 年
飞天茅台基酒产量（吨）	61 361	72 800	72 800	72 800	72 800	72 800
成品酒产量（吨）	32 236	35 119	40 730	40 936	50 316	59 696
四年前基酒转化率	82%	82%	82%	82%	82%	82%
成品酒销量（吨）	39 258	42 141	47 752	47 958	46 479	45 000
库存成品酒增减（吨）	（7 022）	（7 022）	（7 022）	（7 022）	3 837	14 696
累计库存成品酒盈余（吨）	21 066	14 044	7 022	（0）	3 837	18 533
净利润（亿元）	430	461	523	525	509	493

表1-12　系列酒净利润预测

	2020 年	2021 年	2022 年	2023 年	2024 年	2025 年
系列酒基酒产量（吨）	46 156	67 200	67 200	67 200	67 200	67 200
成品酒产量（吨）	20 592	37 848	55 104	55 104	55 104	55 104
两年前基酒转化率	82%	82%	82%	82%	82%	82%
成品酒销量（吨）	25 286	42 542	59 798	55 104	55 104	55 104
库存成品酒增减（吨）	（4 694）	（4 694）	（4 694）	0	0	0
累计库存成品酒盈余（吨）	9 390	4 696	2	2	2	2
净利润（亿元）	40	68	96	88	88	88

表1-13　贵州茅台估值分析

单位：亿元

	2020 年	2021 年	2022 年	2023 年	2024 年	2025 年
净利润	470.3	529.5	618.6	613.3	597.1	580.9
折旧与摊销	13.4	16.0	17.1	19.1	21.3	21.3
资本支出	30.7	26.7	26.7	27.3	29.1	33.6
营运资本变动	（311.0）	26.7	28.0	19.9	29.8	（8.9）

	2020 年	2021 年	2022 年	2023 年	2024 年	2025 年
折现值（6.61%）	740.0	447.1	495.1	467.8	419.5	406.2
连续价值						10 129
股权价值						13 390

折现率取值为6.61%，采用CAPM模型计算股权成本K_e，其中无风险利率取十年期国债到期收益率（YTM）2.84%，贝塔系数（Beta）以沪深300指数过去十年数据为参照，计算值为0.730 8，市场预期收益率取值为8%，最后计算值为6.61%，它是股东要求的必要风险回报率，也是贵州茅台股东的机会成本。

公司价值的两个敏感变量，一为折现率，也就是股东要求的必要风险回报率；二为永续增长率。在贵州茅台产能达到极限后，收入增长只能通过提价来实现，我们取值2.5%，2.5%的永续增长率约等同于成熟发达经济体的自然增长率。我们对折现率（K_e）取值4.5% ~ 13.5%、永续增长率（g）取值1.5% ~ 4%进行敏感性测试，并进行两两组合。表1–14显示，在贵州茅台不提价，且所有产能能够被市场所消化的情景下，贵州茅台市值达到18 063亿元时，其股东大概可以获得每年5.5%的有风险的预期回报。

表1-14　贵州茅台估值敏感性分析

		永续增长率					
		1.50%	2.00%	2.50%	3.00%	3.50%	4.00%
折现率	4.5%	18 800	21 958	26 696	34 592	50 383	97 759
	5.5%	14 280	15 901	18 063	21 089	25 628	33 192
	6.5%	11 563	12 529	13 738	15 291	17 363	20 263
	7.5%	9 746	10 378	11 136	12 063	13 222	14 712
	8.5%	8 445	8 884	9 397	10 003	10 731	11 620
	9.5%	7 466	7 786	8 151	8 573	9 065	9 647
	10.5%	6 702	6 943	7 213	7 521	7 872	8 276
	11.5%	6 088	6 275	6 482	6 713	6 973	7 268
	12.5%	5 585	5 732	5 894	6 073	6 272	6 494
	13.5%	5 164	5 282	5 412	5 553	5 708	5 880

图1-11显示，当前贵州茅台的滚动市盈率PE TTM（Trailing Twelve Months）处于上市以来的最高位置。

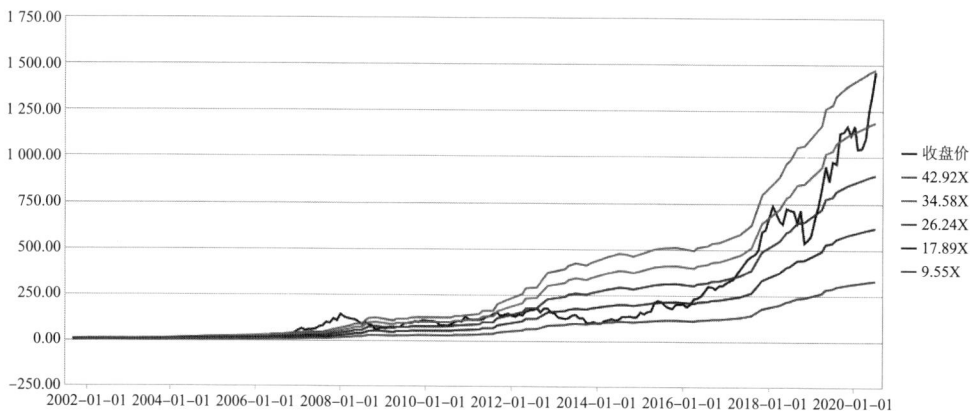

图1-11　贵州茅台历史滚动市盈率

数据来源：万得数据，截至2020年6月23日。

谁的茅台——众人皆醉我独醒？

贵州茅台自上市以来，就备受机构投资者关注。据各大基金公司公布的2020年第一季度投资组合数据，共有1 237家公募基金持有贵州茅台，市值高达642亿元，名列沪深交易所所有上市公司第一位。图1-12及表1-15显示，自2014年以来，包括公募基金、券商等机构投资者持有贵州茅台的比例一路走高，至2020年第一季度，机构持有比例创历史新高，达到13.8%，总市值达到1 925亿元。

机构投资者大规模持有贵州茅台，一方面是因为其卓越的盈利能力，另外一方面也反映了机构投资者对于确定性收益投资品种的追捧，即对于确定性的盈利机会，投资者愿意给予高溢价；当然也反映了A股市场存在优质资产荒现象，即确定性收益品种缺乏，市场投资者情绪依然处在低位，风险偏好仍然较低。市场笑称的"茅台不死，行情不来"，从因果关系的角度来看，应当是"行情不来，茅台不死"。再有，由于市场存在对公募基金业绩考核短期化的现象，以及机构投资者的羊群效应，机构投资者在投资行为上倾向于抱团。如果贵州茅台业绩增长不及预期，羊群效应下的机构投资者抱团行为可能会带来较大的流动性风险。

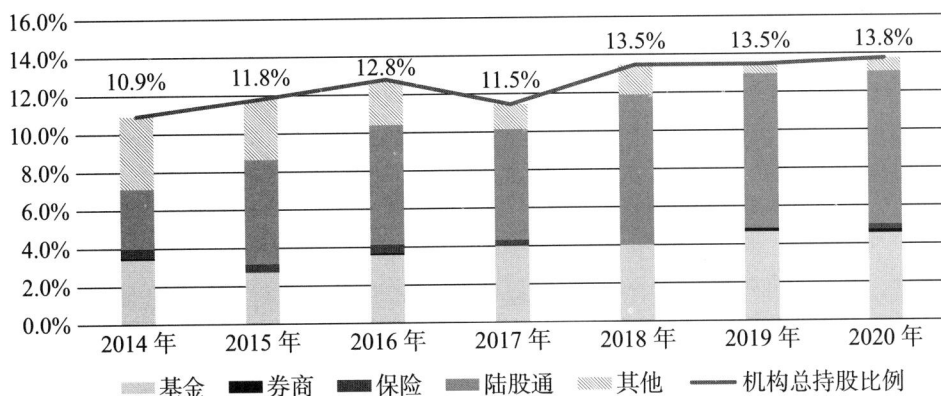

图1-12　贵州茅台机构持股比例

数据来源：万得数据，截至2020年3月31日。

表 1-15　贵州茅台机构持股比例

年份	基金	券商	保险	陆股通	其他	机构总持股比例
2014	3.4%	0.0%	0.6%	3.1%	3.8%	10.9%
2015	2.7%	0.0%	0.5%	5.5%	3.2%	11.8%
2016	3.6%	0.0%	0.4%	6.4%	2.3%	12.8%
2017	4.0%	0.0%	0.3%	5.9%	1.3%	11.5%
2018	3.9%	0.0%	0.0%	8.0%	1.6%	13.5%
2019	4.6%	0.2%	0.0%	8.2%	0.6%	13.5%
2020	4.6%	0.2%	0.3%	8.0%	0.7%	13.8%

数据来源：万得数据，截至2020年3月31日。

《股市真规则》（作者为晨星公司股票研究部负责人——帕特·多尔西）里有一句话可以很贴切地描述贵州茅台当前高估值之因：

"强大的品牌和可靠的财务业绩常常意味着生活消费品公司的股票可能会高于估值交易。尤其是在经济增长乏力阶段，生活消费品公司的股票可能被哄抬到不切实际的高价。记住，这种增长对这些进入成熟期的公司来说常常是一种挑战，买入这些公司的股票还是应该使用和买其他股票同样的估值原则。"

隐　忧

1. "前浪"的黄昏？

中国有悠久的白酒文化。40～60岁的人群是高端白酒的主力消费人群，对应的是人群中的"60后"到"80后"。葡萄酒、啤酒和洋酒则更受稍年轻的"90后"欢迎。世卫组织把含高浓度酒精的酒定义为"一级致癌物"。如果买高端白酒喝，可谓是对财富和身体的"双收割"。健康意识的提高，使得白酒文化对年轻一代的影响也将逐渐势微，随着"90后"及"00后"渐渐成为社会中坚，白酒的远期消费并不明朗。

巴菲特午餐会是由沃伦·巴菲特创立的年度慈善拍卖项目，这项拍卖的收益都悉数捐给慈善机构，用来帮助穷人和无家可归者。2006年，一位名为"快即是慢"的网友最终报出62.01万美元的历史新高价。两天后大家发现这位"快即是慢"网友，正是步步高创始人段永平，而他成为和巴菲特吃饭的第一位中国人。这顿饭只能带7个人，段永平除了带了自己的亲儿子，还带上了当时在谷歌的黄峥。多年后，黄峥回忆道："这顿饭对我最大的意义，是意识到了简单和常识的力量。"那么，我们不妨从简单和常识的角度来看看茅台巨大的产能能否被市场所消化。

茅台的设计产能为5.6万吨，按照130%产能利用率计算，可生产7.28万吨基酒，按照82%的成品酒转化率，对应的是每年1.2亿瓶（500ml）的供应量。根据中国第6次人口普查数据（2010年），30～50岁男性人数为2.266亿，2020年这一部分人群正好是40～60岁，为白酒的目标消费群体，则大约每年2个人消费1瓶茅台。若按家庭计算，中国有4亿户家庭，则大约3个家庭消费一瓶茅台，上述推断尚没有考虑五粮液、泸州老窖等竞品的竞争，以及中低收入群体的消费能力不支持对高端白酒的消费，要知道中国有6亿人每月可支配收入不足千元。如此，茅台酒产能并不稀缺，贵州茅台通过上产能扩大收入的战略存在不可持续性。因此，贵州茅台的远期成长性存疑。

既然有巨大的产能供给，那么为什么市场上53度飞天茅台还是一瓶难求呢？

这是因为，除消费属性外，茅台酒还发展出了独特的金融属性。对于具有金融属性的茅台酒，还有三种需求：

（1）避险需求：由于预期CPI走高或担心未来涨价，投资者提前购买茅台酒抵御通货膨胀或涨价的风险。

（2）套利需求：有些经销商认为当前茅台酒价格被低估了，短期内会涨价，所以提前囤货期待赚取差价。

（3）收藏需求：类似收藏艺术品一样收藏茅台酒的需求，部分人出于爱好，以可接受的价格收藏投资茅台酒。

金融属性造成的后果就是杠杆增加，而这个杠杆最终撬动了对茅台酒的巨大需求。

但是，与艺术品投资有所不同，凡·高或者莫奈的画绝无仅有，供给有限；但飞天茅台每年5.6万吨的产能供给却是实打实的，经销商或者囤货投资者都以获利为最终目的，累积库存最终会释放变为有效供给。

2.公司治理

（1）腐败频生。

在飞速成长的几年，贵州茅台成了腐败多发地，高管落马的信息频频见报。在一瓶难求的情况下，53度飞天茅台的出厂价（969～1 199元每瓶不等）与市场实际零售价（约2 500元每瓶）仍然存在巨大的差价，经销商赚取的利润比例远高于贵州茅台公司。贵州茅台的经销商体系备受诟病，利益输送严重也频受质疑。迫于经销商压力，电商直营平台无疾而终。

（2）关联交易。

2019年5月，贵州茅台控股股东成立茅台集团营销公司。营销公司的成立可能在两个方面影响贵州茅台的利润：一是未来近2万吨增量中渠道差价利润有可能消失，二是未来茅台提价动能枯竭，差价越大，集团利润越丰厚。

3.企业家才能

贵州茅台近两任掌门人都为行政官员调任，而非白酒行业专业人士或出自职业经理人市场。贵州茅台的成长依赖于近乎垄断的品牌溢价能力和基于地理位置形成的竞争优势，而非企业家才能。不似美的方洪波或云南白药的王明辉，身处竞争性行业，企业家才能在职业经理人市场已经获得证明。

茅台酒限价备受诟病。在一瓶难求的情况下，53度飞天茅台限价1 499元，由此出现了三个现象：一是全国所有专卖店都不肯按此价格卖酒，消费者想买却买不到；二是黄牛数量爆发式增长；三是假茅台酒数量激增。茅台酒与春运期间的火车票等商品有本质不同，并不属于影响生活的刚需品，贵州茅台经营层应以股东利益为出发点，在营销上采取撇脂策略，以实现股东利益最大化。但是公司管理层非要把茅台酒变成大众消费品，坚持"讲政治"，立志让普通人也能喝得起茅台，这完全是拿生活必需品的逻辑去运营"奢侈品"，有违市场基本规律。贵州茅台是贵州国资委下属的国有企业，茅台酒的让利有国有资产流失之嫌，不利于国有资产保值增值，从这个角度看恰恰是"不讲政治"。

4.国际化的困境

国际化程度的提高有利于增强企业的抗风险能力。同帝亚吉欧、保乐力加等世界领先酒业公司不同，贵州茅台的国际化步履蹒跚。近十年的财务报表显示，贵州茅台国外销售收入占比从来没有超过5%。

"精神食粮"与"国之重器"

茅台主要用于商务接待和请客送礼，请的是面子，喝的是感觉。茅台虽用粮食酿造，但更像是精神食粮。所以茅台酒不以成本来定价，中国博大精深的酒文化成就了茅台超过90%的毛利率，成就了2019年总产量达786万吨、销售额达5 618亿元的中国白酒市场。

茅台不需要过多的资本投入，不需要研发和创新，就可以产生让人叹为观止的高额利润。这样的商业模式对投资者当然很理想（贵州茅台分红远超融资金额，笔者十分不理解贵州茅台为什么要上市），但是对整体经济体系来说，茅台酒是体现了运行成本还是展示了价值创造？

美国的创新力毋庸置疑，因为有苹果、谷歌、特斯拉等新经济公司；有全球三大芯片公司博通、高通和英伟达，拒绝出售光刻机的阿斯麦（ASML）背后也是美国资本；还有辉瑞、默沙东等世界顶级创新药公司；这些公司以创新推动人类文明发展，极大地影响了人们的生活。但美国源源不断的创新不仅来源于其对全球顶级人才的吸引力、对知识产权强有力的法律保护、对创新支持的文化氛围与完备制度设计，也来自其发达的资本市场提供的支持。

图1-13显示，贵州茅台的市值已经超越了众多以创新闻名、为人类文明进步做出卓越贡献的公司。

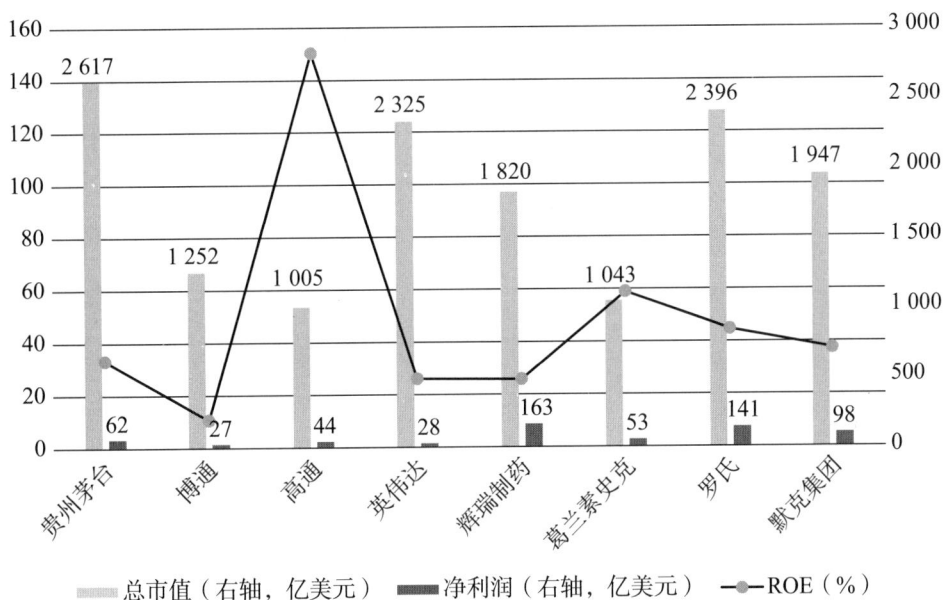

图1-13 贵州茅台与头部创新型企业市值及利润对比

数据来源：万得数据，截至2020年6月23日。

我想大家都会问，在我们的经济体系里，是更想要贵州茅台还是那些创新公司？资本市场方面，随着科创板的推出和深圳创业板的改革，我们看到创新正在开启一条变革之路。好的资本市场不仅需要完善的监管，也要有对创新的定价能力。

茅台酒是好酒，但茅台酒的世界，只在中国人的酒桌上……

"米"价，值多少
——互联网公司商业模式与估值

1995年8月，互联网浏览器公司网景公司上市，上市日收盘市值为54亿美元，成为当时全球市值最大的互联网公司。这一年，网景公司发生亏损，作为网景公司的上市主承销商，摩根士丹利找不到合适的财务模型对网景公司进行定价，因而提出了"市值/点击率"的估值方法来说服潜在投资人。

26年后，沧海桑田，资本市场发生了翻天覆地的变化。1995年，全球市值前五大公司为通用电气、电话电报公司（AT&T）、埃克森美孚、可口可乐和默克；2021年，则是苹果、微软、亚马逊、谷歌和腾讯（见图1-14和图1-15）。利润方面，传统公司依然丰厚，或许这些互联网新贵不及老牌公司，但是资本市场给出了乐观且坚定的评价。那么，互联网公司该如何估值？这个问题虽然被广泛提及，但并没有特别满意、统一的答案。

传统公司的估值方法总体上分为两类。一类是绝对估值法，即基于未来自由现金流折现的DCF模型，比如股利折现模型、公司自由现金流折现模型、股权自由现金流折现模型，等等；另一类是基于可比公司估值的相对估值法，比如我们常用的市盈率、市净率、EV/EBITDA，等等。那么，这两类常用的公司估值方法能用来对互联网公司估值么？基于未来自由现金流折现的DCF模型，依赖于对公司未来现金流的准确预测。互联网行业竞争惨烈，"一将功成万骨枯"，甚至互联网公司本身都很难对自己的未来有明确和清晰的认识。马化腾每次在减持腾讯股票后，公司利润都迎来爆发式增长。可见，未来的现金流很难预测，基于未来现金流折现的绝对估值法很难对目标公司进行准确的估值。相对估值法要适用于目标公司的估值有几个前提条件。其一，相对估值法本质上是一个性价比指标，分子是公司价值，分母是价值的驱动因素，它可以是净利润，也可以是现金流或者销售收入，等等。如此，相对估值法就要求找到具有相同价值驱动因素的可比公司。其二，基准公司的估值必须正确，就好比用来量长度时，尺子的刻度首先必须正确。互联网行业商业模式层出不穷，各个公司有共性也有个性，很难找得到完全相同或者接近的可比公司，也没有办法保证可比公司的估值完全正确。

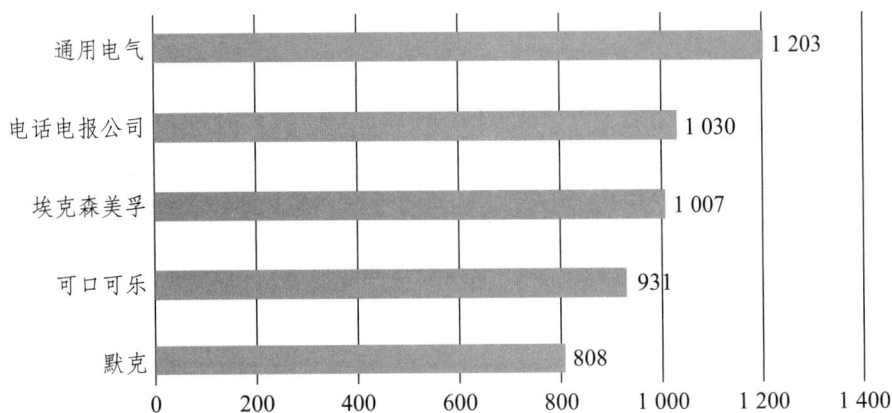

图 1-14 1995年全球市值前五大公司（亿美元）

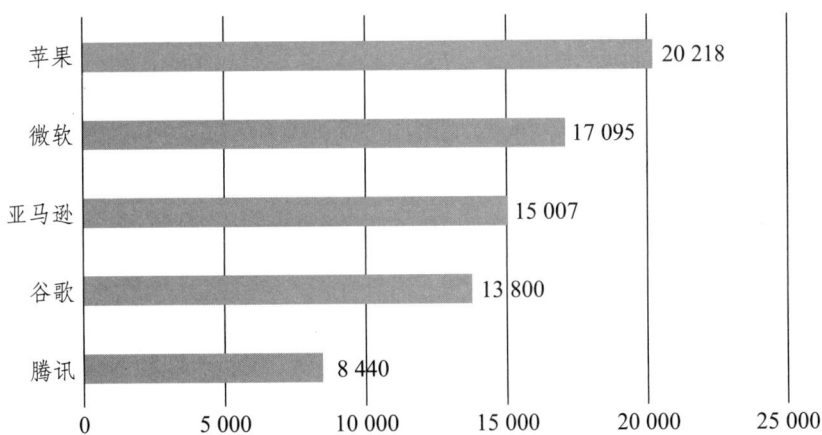

公司	市值
通用电气	1 203
电话电报公司	1 030
埃克森美孚	1 007
可口可乐	931
默克	808

图 1-15 2021年全球市值前五大公司（亿美元）

公司	市值
苹果	20 218
微软	17 095
亚马逊	15 007
谷歌	13 800
腾讯	8 440

说明：数据更新至2021年3月5日。

　　另外，这两类估值方法的共同特点是依赖于财务数据的预测，但是，基于指标分析与结构分析的传统财务分析方法很难适应这些新经济公司的估值需要。原因如下：第一，互联网公司经营的是数据，这些数据来源于其用户。此外，企业家才能等人力资源对互联网公司价值影响巨大。然而，用户、数据及企业家才能在财务报表中都没有体现。第二，现有会计准则规定的会计处理要求或许并不符合互联网公司经营的经济实质。譬如，2010年，京东商城与当当网图书大战中，京东商城大规模投入广告，并且持续以低于成本价销售图书，那么按照会计准则，广告等促销费用将计入销售费用，实际上京东商城则是着眼未来，意图通过"烧钱"来获取用户，按照经济实质本应计入投入资本，却计入了期间费用，如此就高估了期间费用且低估了投入资本。第三，如果执着于用传统财务分析方法和工具来分析互联网公司价值，而忽略了对公司价值影响更大的商业模式和公司战略，难免掉入"不识庐山真面目，只缘身在此山中"的财务分析之坑。第四，财务报表反映的是历史信息，公司价值却面向未来。互联网公司的历史财务信息与未来公司价值并不存在必然的逻辑关系。根据互联网公司的生命周期，相当多的互联网公司在历经多年亏损，行业地位确立后，将迎来利润爆发式增长，而基于财务报表的分析无法做出这样的预测，这个逻辑在谷歌、腾讯公司都得到过验证。

那么，什么才是互联网公司正确的估值之道呢？实证上，我们可以观察到互联网公司价值和它的用户数密切相关。那么，用户数这个指标对互联网公司估值够不够用呢？我们知道，公司的股权融资实际上是投资人和融资人之间基于资金价格的跨期价值交换，交换的是未来现金流的所有权。投资人或许可以承受较长时间的亏损，但他们终究还是要利润和现金流的。对于互联网公司，直接预测未来现金流是很困难的，但是，对互联网公司的盈利模式可以有清晰的认识：先获取流量（用户），再将流量转化成收入和利润（变现）进而获得自由现金流。将流量变现的方式可以是收广告费，比如谷歌和百度；可以是佣金收入，比如亚马逊；可以是会员费收入，比如美国奈飞公司。总之，互联网公司的盈利模式多种多样，有人这样总结互联网公司的盈利模式：羊毛出在猪身上，狗来买单。于是，我们就有了互联网公司估值的一个三因子模型：互联网公司价值（V）=f（流量，变现能力，利润转化率），由此分析互联网公司价值就转化为分析互联网公司未来的流量、变现能力和利润转化率。很重要的一点是，互联网公司的商业模式及行业竞争决定了互联网公司未来的流量、变现能力和利润转化率。在这个框架下，我们还需要量化这个估值三因子，譬如，流量的指标可以分解为：流量=用户数×访问频率×每次滞留时间，互联网公司特别强调用户体验，因为用户转移几乎无成本，而好的用户体验有利于保有存量客户和吸引增量客户；对于变现能力，我们可以借鉴通信运营商的估值指标ARPU（Average Revenue Per User）来衡量；而利润转化率是一个有关定价权的概念，定价权取决于行业竞争及公司是否能够为客户提供独特不可替代的价值，它可以用毛利率或者净利率来表征。

互联网公司特别强调流量的重要性，因为，变现能力和利润转化率是基于流量的。影响互联网公司流量和收入的有四大效应。其一，马太效应。互联网经济的本质是眼球经济，在各种信息充斥的年代，人们的注意力是一种稀缺资源，人们只会关注行业的领头羊，所以行业地位高的互联网公司应该有溢价。实证显示，市值较大的互联网公司营收或者净利润高速增长的概率较大。其二，网络效应。和传统媒介的信息单向传播不同，互联网的信息传播是网状传播，信息接收者和信息发送者可以交互和相互影响，这个交互和相互影响会带来流量的增加。其三，规模效应。互联网公司边际成本几乎为零。由于互联网公司经营的是用户和数据，越过盈亏平衡点后的收入几乎皆为利润，即边际收入等于边际利润。贝索斯对互联网的规模效应有着异常深刻的认识，早在1997年，他在给亚马逊股东的信中就写道："我们平衡长期盈利与资本管理二者之间的增长关系。在这个阶段，我们会把市场增长放在最优先的位置，因为我们相信，一定的规模是实现我们商业模式最为核心的基础。"其四，长尾效应。传统行业由于资源约束特别是人力资源约束，不得不将资源配置在重点客户上，体现为典型的二八效应，而互联网公司经营的数据、提供的服务由计算机来完成，长尾客户由于数量众多，累加起来流量可以比重点客户带来的流量更多。

商业模式对于互联网公司的估值三因子影响巨大，相较于传统的财务指标，商业模式处于核心地位。以小米公司为例。小米集团2019年整体营收中，小米智能手机营收约1 221亿元，出货量达到了1.25亿部，在总营收中占比59.8%；物联网（Internet of Things，IoT）与生活消费产品营收621亿元，占比30.4%；互联网服务营收约198亿元，占比9.7%。若根据营收占比来确定公司主营业务的传统财务报表分析方法，将认定小米为一家硬件销售商。若参考硬件制造商或销售商的利润与估值，则有两家对标公司——联想集团与中兴通讯和小米较为相近，它们2019财年的税后利润分别为6.65亿美元和8.28亿元，对应的市值分别是154.9亿美元和225.4亿元（数据截至2021年3月5日），对应的市盈率分别为23.3倍与27.2倍。小米公司2019年财年利润为14.4亿元美元（非公认会计准则Non-GAAP下），若按照联想集团和中兴通讯市盈率作为参照，小米集团的估值应为335.5亿~392亿美元，这显然不符合市场给出的793.9亿美元的估值（数据截至2021年3月5日）。小米自2010年成立以来，颇受资本的青睐，8年里经历了数轮融资，估值也随之不断飙升，从2.5亿美元、10亿美元、40亿美元、100亿美元、450亿美元（见表1-16）到目前的793.9亿美元，显然不能用理解硬件产品销售商的逻辑来解释小米的估值。如果将小米的终端（硬件）销售当作其获取用户及内容分发的一个平台及工具，其商业模式就变得清晰起来，即雷军将其硬件综合利润率控制在5%以内的策略，意在获取用户（流量），并将其变现。截至2020年9月，MIUI月活用户超过了3.7亿。2015—2019年，小米互联网服务收入分别为32.4亿元、65.4亿元、98.9亿元、160.0亿元、198亿元，呈现逐步上升之势。

表1-16　小米历轮融资及估值概况

日期	融资额	投资方	公司估值
2010/12/21	4 100 万美元	IDG、顺为、晨兴	2.5 亿美元
2011/11/10	9 010 万美元	IDG、高通、淡马锡、启明	10 亿美元
2012/6/22	2.16 亿美元	DST、淡马锡	40 亿美元
2013/8/5	1 亿美元	DST	100 亿美元
2014/12/23	11.34 亿美元	新加坡政府投资、厚朴、云锋	450 亿美元

数据来源：根据小米招股说明书及网络资料整理。

1988年6月，雷军在武汉大学的图书馆第一次看到写乔布斯等硅谷创业精英的《硅谷之火》，于是问自己："我能不能办一个世界顶级的企业？"但是，当年19岁的雷军一定没有想过公司估值的市场逻辑与商业逻辑，也不知道资本市场具有对未来现金流定价的魔力。

梦想还是要有的，万一实现了呢？

作者按：

①公司估值是基于未来的估值，财务报表反映的是历史的信息，然而历史并不代表未来。我们面对的是一个全新的时代，互联网公司业绩呈现爆发式增长与非连续增长，商业模式与公司战略对公司价值影响巨大，在对互联网公司等新经济公司合理定价的要求下，传统公司估值方法已难以应对。要在这样一个最好的时代迎接这个挑战，会计准则要与时俱进，财务报表分析方法要与时俱进，对公司估值的方法也要与时俱进，这样才能适应经济发展的需要。

②用户数是流量的一个重要指标，但不是流量的全部。移动互联网时代的竞争体现为对用户时间的争夺。流量可以认为是用户在网络上的总时间。在数量上，流量=用户数×访问频率×每次滞留时间。另外，不同互联网公司不仅流量数量有差别，流量的质量亦有所不同。

③黄世忠教授关于互联网公司规模效应和长尾效应另有精辟见解：利用零边际成本开拓"长尾客户"。参考微信公众号"云顶财说"推文——黄世忠教授的《当会计遇见新经济》。

④关于国际财务报告准则（IFRS）与非公认会计准则Non-GAAP下利润合理性的讨论，请参考微信公众号"云顶财说"推文——黄世忠教授的《横看成岭侧成峰——评小米令人困惑的财务报告》。

互联网公司估值特点

惊天大收购：WhatsApp的估值逻辑

在谷歌（Google）和脸书（Facebook）之间爆发过争抢WhatsApp的价格战。2012年底，市场对其估值仅为2.5亿美元。随着时间的推移，WhatsApp用户迅速增加，估值也以几何级数增加。到2013年7月，估值达到15亿美元，而当谷歌决定收购WhatsApp时，将收购价格提高到100亿美元。最终，也就是2014年2月，Facebook决定出价190亿美元，这个价格也震惊了负责此次交易的投行摩根士丹利，甚至用"荒诞"来形容Facebook的CEO扎克伯格的疯狂举动。但从交易公布当日的华尔街反应来看，Fachbook当天早盘虽然走低，但当日股价就已恢复，并且涨幅超过2.2%，超过纳斯达克整体表现，说明华尔街看好这笔收购。

如图2-1所示，以各大社交软件2014年2月的市值为例，从每一移动用户驱动的市值而言，对于Twitter，每个移动用户支撑了212美元的市值，而每个Facebook移动用户支撑了170美元的市值。用同样的计算方法，可以看到Line的每个用户市值为32美元，而按照收购价计算，WhatsApp的每个用户价值42美元，并没有高得离谱。

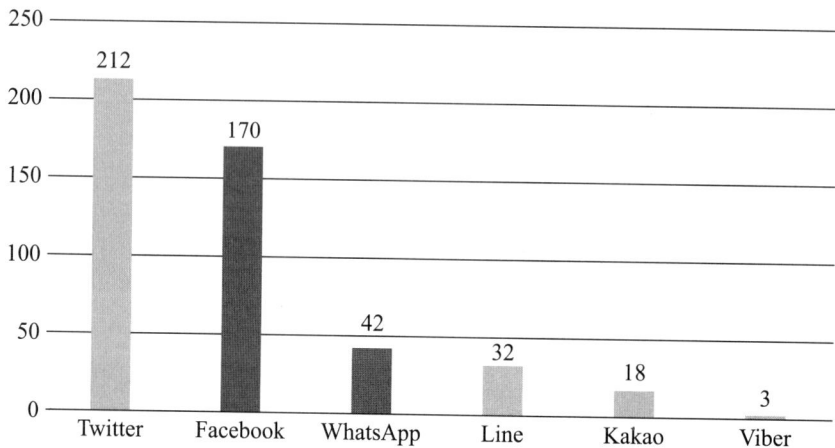

图2-1　社交工具每用户市场价值（美元）

Facebook是全世界最大的社交网络平台，WhatsApp则是非常火爆的即时通讯工具，Facebook收购前，其月活跃用户超过9.5亿。被收购前WhatsApp每日新增用户接近300万。日活跃用户超过70%，说明WhatsApp有相当黏性。每天WhatsApp发出和接收430亿条信息，上传6亿张照片、2亿条语音、1亿条视频信息。WhatsApp在美国和东亚以外的大多数市场都占统治地位。WhatsApp的战略重心主要是增加新用户，因此和微信一样，它对用户基本免费。在部分地区对部分一年以上的用户收1美元/年的使用费。

图2-1的估值分析，是基于资本市场对于类似平台的估值。每个用户42美元，纸面上不算高，但是按照目前WhatsApp的收费模式，Facebook显然永远也赚不回来。假定每用户每年带来1美元收入，减去苹果和谷歌收取的30%的应用手续费，每用户只能产生70美分的收入，还不够42美元的利息。即使能在未来一年内让用户数翻番，同样远远不够成本。所以，Facebook必须通过其他方式拿回这42美元，主要通过如下几个方面：

首先是极速增加用户。Facebook和WhatsApp的用户并不完全重合。Facebook可以利用自己的平台，把WhatsApp用户数量极速推向极限。在互联网经济中，每个用户的价值不是恒定不变的，实际上，用户数量越多，每个用户的平均价值趋于上升。对于实时通讯平台来说，一个大范围内绝大多数人都能使用的统一平台是关键。传统短信的力量就在于，你几乎可以向全球任何一个角落的手

互联网公司估值

机用户发送短信，不管对方用什么手机，用什么运营商。如果把短信视为一个App，那么它就是一个内置在所有手机里的App。比如，在中国，你可以向另一个智能手机用户发送微信消息，因为大部分智能手机用户都使用微信。但是如果你的父母不用微信，或者你要找国外的朋友，他们常常没有微信，微信作为一个通讯平台的作用就降低了。现在想象一下，如果全世界每个用户都使用WhatsApp，那么WhatsApp就会取代短信。实际上，如同微信在中国一样，WhatsApp在很多国家已经取代了短信——前提是在这些国家的市场占有率，也就是用户覆盖程度超过了临界点。这一点，WhatsApp在美国这个全世界最大的市场没有做到，靠它自己可能永远也做不到。但是Facebook有能力让WhatsApp统治美国市场。按照WhatsApp目前的成长轨迹，考虑到Facebook的支持，加上收购的媒体新闻效应，WhatsApp的用户数可能很快超过10亿，并且指向12亿～15亿，直到东亚以外的全部市场趋于饱和。这样，一个全球统一的移动即时通讯平台就建成了。

其次是平台的整合。在互联网经济下，1+1常常大于2，这是包括Google、Facebook、腾讯、百度等致力于并购的主要原因。任何一项资产，一旦被收购，就立刻获得了向大量用户的访问，为大量用户创造价值。企业获得的价值，是用户获得的价值的一部分。也就是，企业为用户每创造1美元（或者用户认为企业给他们创造了1美元）的价值，企业就可以从中赚几十美分。所以，为用户创造价值，是一切可持续经营的企业的核心。Facebook收购一个优秀的平台后，可以为它的全部十几亿用户创造价值，它就有可能把一部分价值提取出来。这就是"规模"的力量。"规模"是互联网经济体系的驱动力。平台的整合还包括数据共享。未来5～10年，整个行业竞争的核心应该是对用户有效数据的竞争。在这一点上，Google极有优势。Google的大部分服务都专注于获取用户信息：Google搜索引擎通过搜集用户的搜索行为获得用户的兴趣，Gmail电子邮件和Google日历获得用户日常生活的所有片段，还有Google Hangouts，这是一个Android平台上整合了短消息收发的App，当然还有收集物理信息的Google Map，等等。这一切，让Google有能力收集用户各方面的信息。在这个竞赛中，所有的对手，包括Facebook、亚马逊，都被Google甩在后面。用户在Facebook上分享的是他们愿意分享的一些片段，这基本也是Facebook能获得的用户信息。然而Google通过邮件、日历、地图这些服务，获得大量用户被动提供的信息，这样，Google掌握的用户信息比Facebook等高一个数量级。然而控制WhatsApp，并且用它统一即时通讯平台，可以让Facebook彻底改变自身的劣势，从而控制海量用户信息。比如，你给朋友的一条信息里，如果出现了"鼠标""买"这样的关键字，Facebook的大数据就会对你推送关于罗技新产品的信息。

综上所述，虽然单就一个几乎免费的软件而言，Facebook收购WhatsApp所付出的代价可以用匪夷所思来形容，但考虑互联网公司的特点后，Facebook的疯狂并购也并非不能理解。并购后，Facebook将会在互联网领域整合成为一个用户量巨大的综合平台，为成为具有极大竞争优势的国际互联网公司奠定基础。

核心知识

互联网经济的四大效应

互联网经济作为新经济的代表，其价值驱动因素和传统公司有着显著的区别：互联网公司最重要的资产是用户，它实际上是经营数据的公司。正是因为其经营的是数据，互联网营收体现四大效应，即网络效应、马太效应、长尾效应与规模效应。

网络效应

在市场上有这样一类产品，消费者消费这些产品所获得的效用会随着购买这种产品的其他消费者数量的增加而不断增加，即该产品的新用户可以给老用户带来正的外部收益，经济学家把这种现象称为"网络效应"或"网络外部性"。网络效应具体可以分为有形网络效应与无形网络效应两种形式。有形网络效应来自消费者数量增加直接提高了网络产品或服务的质量，给参与这个网络的消费者增加了效用。例如电信网络。在电信网络中，每增加一个用户，整个网络的规模扩大，所有消费者的效用就会增加。无形网络效应主要来自消费者所消费的产品存在互相补充的关系，只有在这些产品组成一个系统时，消费者才能从中获得效用；这些辅助的产品如果分开，给消费者带来的效用可能很小或为零。克兹和夏皮罗（Katz & Shapiro，1985）把这种产品关系或间接的网络效应称为硬件/软件系统，典型的如 PC 系统。消费者在购买硬件产品时，通常要对未来的硬件用户基数和辅助软件的数量形成一定的预期。消费者对未来网络规模的预期主要与产品的现有用户基数、产品的相对优势、未来辅助产品的价格、生产者在其他市场的声誉、厂商的财务支持能力等有关。其中现有用户基数起着关键的作用。在硬件/软件系统中，如果一种硬件的用户基数大，就意味着在这种硬件环境下将会有大量的软件可供消费者选择，因为软件提供商可以在大的用户基数的硬件产品的网络中销售更多的软件，获取更多的利润。因此，大量的消费者可能购买这种硬件产品，而这种硬件产品网络规模的扩大，又进一步促使大量的软件开发商为这种硬件产品提供软件。当市场上某一种技术的硬件产品获得消费者的广泛认同时，这种硬件产品的用户基数就会迅速扩大。由于网络外部性的作用，其他的消费者也会蜂拥而至，网络效应所引起的正反馈效应进一步增加了网络扩张的动力，这种硬件产品销售量和市场占有率会呈指数级增长，市场进入一种正反馈的循环。对一种产品的正反馈的循环对另一种产品却是一种恶性循环。一种产品不受欢迎，则它的用户基数会很少，在网络效应存在的情况下，其他的消费者就不会购买这种产品，产品的市场占有率会进一步下降。因此，这种网络效应的作用最终会导致市场的天平产生偏向，市场均衡的结果会向某一种产品系统集中，集中的结果是市场结构不断地向垄断或寡占的市场结构转变。一旦一种产品系统在市场上占据主导地位，潜在的进入者就很难进入该市场，即使潜在的进入者拥有的产品系统的性能优势明显，但对于前途未卜的网络来说，它很难使消费者相信可以获得较大的用户基数，而网络效应的存在会使消费者害怕加入一种新产品的网络后难以获得与现有的产品网络相同的网络外部性收益，从而不敢轻易放弃现有的产品而加入新产品的网络系统。因此，网络效应的存在就构筑了很高的进入壁垒，可能使消费者集体锁定在一种系统产品网络上。

互联网公司的营收具有典型的网络效应。如图2-2所示，Facebook营收数据与其月活跃用户数的平方成正比，腾讯营收数据与其月活跃用户数的平方也成正比。

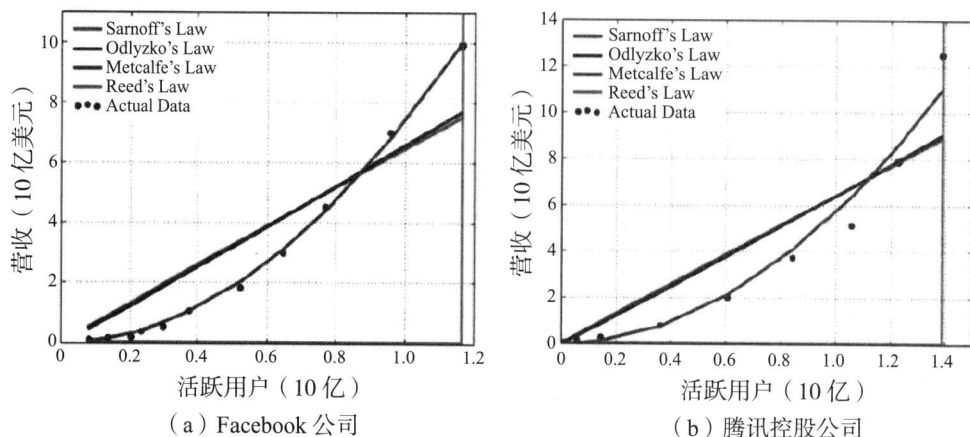

图2-2　Facebook与腾讯控股的营收数据与月活跃用户数的关系

资料来源：王德伦、张晓宇、乔永远，互联网公司估值那些事儿（R）。

究其原因，传统经济模式下的信息或者数据传递模式是轮状式的信息或数据传递，即如图2-3所示的$1×N$式，即信息或者数据从一个中心单向的传递到N个点，期间一般无互动与反馈，典型的如报纸、杂志、广播与电视等；互联网经济模式下的信息或者数据传递模式是网状式的信息或数据传递，即如图2-4所示的$N×(N-1)$式，即信息或者数据从N个点传递到（$N-1$）个点，典型的如微信与微博等，期间有互动与反馈，那么发生连接的关系的数量就是$N×(N-1)$。

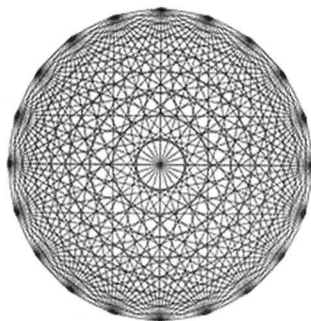

图2-3　传统经济模式下的信息交换　　图2-4　互联网经济模式下的信息交换

美国人罗伯特·梅特卡夫提出了梅特卡夫定律（Metcalfe's Law）：网络的价值与联网的设备数量的平方成正比。互联网的网络效应就是信息交换的数量、质量、容量、速度、深度、广度随用户数呈现指数级增长。例如，从网页浏览与网络论坛BBS（单方面的信息展示）到互动性的媒体，互动就产生了网络效应，比如微博与微信具有较强的网络效应；从拨号上网到5G技术，从阅读文本、收听音频到观看视频多媒体，及VR技术体验，信息交换的质量、容量、速度等都有较大提高，经营这些信息或者数据的互联网公司可以获得更高投资密度的信息或数据，因此具有很好的网络效应。

互联网理论界的梅特卡夫定律告诉我们：互联网公司的收入和用户数的平方成正比，即用户数增长会带来收入更大幅度的增长。

马太效应

中外关于社会资源分配的哲学都一样。《马太福音》里提到："凡有的，还要加给他叫他多余；没有的，连他所有的也要夺过来。"中国的老子说，"天之道，损有余而补不足；人之道，损不足而补有余。"

马太效应，通俗地讲就是强者越强，弱者越弱。这一特征在互联网行业愈发明显。当今市场上的互联网巨头企业，正是因为马太效应的作用而变得越来越强，市场中其他弱势企业与它们的差距越来越大。在互联网行业，技术、资金、人才、用户、市场份额等众多方面向巨头聚拢的特征十分显著。比如，搜索引擎、网络购物、即时通讯、社交媒体等领域，行业内80%以上的收入基本都是被前三名所垄断的。马太效应决定行业的领头羊相对于其他公司有更大可能性获得关注并实现增长。由表2-1可知，市值较大的互联网公司营收或者净利润高速增长的概率较大。

人的注意力具有稀缺性。例如，人们可以记住世界第一高峰——珠穆朗玛峰，记住其海拔高度为8 844.43米，但人们很难记住世界第二高峰——海拔8 611米的乔戈里峰和世界第三高峰——海拔8 586米的干城章嘉峰。互联网经济即注意力经济，互联网行业因此具有很强的马太效应。另外，商业模式的影响、宣传方式、用户偏好等也是造成这种现象的主要原因。

表2-1　不同市值的互联网公司营收及净利润高速增长的概率对比

市值范围	样本数	一半以上的会计年度营收超过50%的概率	一半以上的会计年度利润超过50%的概率
大于100亿美元	13	46%	38%
大于50亿美元	23	35%	35%
大于10亿美元	77	26%	29%
大于3亿美元	123	20%	23%
大于1亿美元	192	17%	21%
大于0.5亿美元	243	16%	21%
全部样本	437	14%	20%

资料来源：申银万国证券研究所。

　　互联网经济形成马太效应的另一重要基础是：互联网的领头羊往往能形成自发增强的闭环。互联网社交产品主要用于沟通及交流，互相影响巨大。社交领域是特定用户间的闭环，朋友都用QQ，所以我也用QQ；同事都在用微信，所以我也用微信。某宝网则是用户和商家的闭环，用户多则商家多，商家多则商品多，所以商品便宜，进而吸引更多用户。但在京东、苏宁易购等参与的自营类百货类B2C领域，马太效应较弱。原因是这几大B2C目前差异较小，多数是标准化商品，用户基本是哪里便宜去哪里，因此几大B2C都在努力地发展商户开放平台以求突围。

　　在游戏领域，竞技类游戏也会有马太效应，如英雄联盟、穿越火线等，基本垄断了所在的细分市场。但其他端游和页游的马太效应就不太明显，如天龙八部、征途、传奇等可以同时存在多年。究其原因，大致是RPG（角色扮演游戏）游戏玩家的需求多样化，需要不同类型的游戏来满足。而细分市场的竞技类游戏，用户需求明确、精确，而且玩家间的互相影响也更大，如射击游戏，所有参与者都玩《CF-穿越火线》这款游戏。

　　视频行业的马太效应则比较弱，仍处在厮杀阶段：拼外部内容的话，要么是看谁独家买断"烧钱"多，要么就没有实现差异化，去谁家看都一样；拼自制内容的话，马太效应更弱，用户口味的多样性，决定了每家都只能抓住一部分用户，有人喜欢看美剧，有人则更喜欢看综艺节目。

长尾效应

19世纪末20世纪初，意大利经济学家帕累托（Pareto）发现80%的社会财富被20%的人所拥有，这就是"帕累托法则"，也称"二八定律"。除财富分配外，"二八定律"还适用于多种现象，成为生活中各种不平衡现象的简称。长期以来，企业界将"二八定律"奉为铁律，但随着社会的发展，互联网经济逐渐兴起，这项铁律已被打破，取而代之的是"长尾效应"。"长尾"实际上是统计学中幂律（Power Laws）和帕累托分布特征的一个口语化表达。2004年，《连线》杂志主编克里斯·安德森在《长尾》一文中最早提出长尾的概念，用来描述诸如亚马逊（Amazon）和奈飞（Netflix）之类网站的商业和经济模式。

安德森用事实向我们直接勾画出了长尾现象：在线音乐店Rhapsody里下载排行10万名以后的那些歌，在任何一家最最专业的唱片店都找不到，每月下载次数只有几次、几十次，加起来却占了所有下载次数的15%；在线DVD租赁店Netflix销量占末尾21%的碟片在任何一家线下碟店都找不到。这些"多出来"的冷门产品每样都卖得少的可怜，但因为品种数目庞大，加起来却能带来不小的销售量。

【案例】
Google公司的长尾效应

Google有效地利用了长尾策略。Google收入主要来源于广告，特别是中小企业的广告。Google的Adwords广告（关键词广告）按照点击率来收费，Adwords广告使得无数中小企业都能自如投放网络广告，而传统的网络广告投放是只有大企业才能涉足的领域。此外，Google通过程序来分析网站的内容，并且投放与网站内容相关的广告，即Adsense广告。Adsense广告又使得大批中小网站都能自动获得广告商投放广告。Adwords和Adsense因此汇聚成千上万的中小企业和中小网站，其产生的巨大价值和市场能量足以抗衡传统网络广告市场。如果 Google 只是将市场的注意力放在 20% 的大企业身上（像许多门户网站的网络广告策略那样），就很难创造如今的辉煌了。

亚马逊公司的长尾效应

传统书店由于资源的约束，比如场地有限，货架有限，只能选择销量最大的图书进行销售。比如一家书店，店中的货架可以摆放 1 万本书，通常情况下店主会选新书、畅销书来卖，因为旧书、冷门的书不但不好卖，而且还占用书店的空间，而空间是有限的、要交租金的，所以一般书店都靠畅销书来赚取大部分收益。

网上零售巨人亚马逊的商品包罗万象，而不仅仅是那些可以创造高利润的少数商品，因为网上书店的库存管理是灵活的，甚至在销售前是没有库存的。结果证明，亚马逊模式是成功的，而那些忽视长尾，仅仅关注少数畅销商品的网站经营状况并不理想。亚马逊有超过一半的图书销售量都来自在它排行榜上位于 13 万名开外的图书。如果以亚马逊的统计数据为依据的话，这就意味着那些不在普通书店里出售的图书要比那些摆在书店书架上的图书形成的市场更大。也就是说，长尾效应使得亚马逊摆脱了资源稀缺的限制。

电子商务平台的长尾效应

电子商务平台按照交易金额收取网上交易的成交佣金，分不同行业收取 1% ～ 3% 的佣金。虽然单个网店贡献的佣金比不上那些知名品牌的旗舰店，但中小企业主开的店铺由于数量众多，它们累加起来贡献的佣金占到了平台总佣金收入的 90% 以上。

互联网公司经营的数据和信息是互联网经济存在长尾效应的基础。与传统经济的资源约束有所不同，互联网公司可以关注到传统经济未曾关注的非流行市场或者小众市场，而所有非流行市场累加起来会形成一个比流行市场还要大的市场。无数的小数积累在一起就是一个不可估量的大数，无数的小生意集合在一起就是一个不可限量的大市场。具体而言，三方面的因素促成了互联网行业长尾效应的出现。

1.生产工具的普及

科技发展降低了生产成本和难度，生产者队伍的壮大使得我们的选择空间以前所未有的速度膨胀。这会让长尾向右延伸，成倍扩大可选产品的阵营。以当当网为例，简单的在线图书经营模式代替了过去繁杂的实体店经营模式。一台电脑，一个仓库，灵活的库存，一个并不十分专业的生产者也能完成一家网络书店的全部运营。自营店与专营店在当当网聚合，形成一个大型的网络图书商城，不论畅销书还是冷门书，在当当网都能快速找到，这是实体图书商城不可能达到的规模。

【案例】

奥巴马筹款事件

奥巴马建立了一个美国政界前所未闻的筹款机制，同时吸引了各个层面的选民。美国的选举是"市场民主"的金钱游戏，没有资金是无法竞选的。奥巴马在2009年2月份就筹到5 500万美元，打破美国总统竞选单月筹款纪录，其中4 500万美元来自网络，而奥巴马本人甚至一次也没出席过募捐活动，钱就这样滚滚而来，不可阻挡。超过10万人捐钱给奥巴马参加总统选举，其中5万人是通过互联网捐款的。2009年2月份，奥巴马阵营报告说，奥巴马94%的捐款由200美元或更少的捐赠构成，希拉里这一比例为26%，来自共和党的参议员麦凯恩则为13%。整个3月份，有1 276万人为奥巴马捐款，奥巴马阵营筹款数额每个月都在增长。从某种意义上说，奥巴马的胜利是互联网的胜利，是长尾理论的胜利，是一种全新的信息体系带来的变革性胜利。

2.互联网使得信息更易传播

互联网把每个人变成传播者，同时也大大降低了接触消费者的成本，不需要遍布全球的连锁店便能涉足全球市场。这一力量有效地提高了长尾市场的流动性，继而带来了更多的消费。对当当网来说，PC端上，竞价排名、banner、贴片、信息流等广告形式也大大提高了当当网的推广覆盖面与精准度。而在移动端，"两微两端"已渗透到大众消费者的日常生活之中。例如，通过微信朋友圈分享，就能把当当网页面传播至朋友圈每个好友的视野中。没有诸如网页、微信、微博这样的平台，当当网就无法到达更广泛的消费市场。

3.互联网连接供给与需求

互联网连接供给与需求，将新产品介绍给消费者，推动需求曲线向右移动。这种作用形式多样，可能是搜索引擎，可能是App推荐，也可能是口头传播效应或消费者的微博、微信等。对消费者来说，这意味着寻找非主流内容的搜索成本降低了。在当当网上书店搜索书籍的时间和精力成本远低于实体书店，尤其是在搜索冷门书籍时这种优势更为明显。此外，当当网还利用消费者的集体智慧，它会观察数百万人的行动，然后将这种信息转化为相关的搜索结果或建议。当个别消费者贴出评论时，他们也扮演了指导者的角色。这类基层参考信息让消费者在寻找新产品时能更容易以更快的速度找到自己满意的选择。这会鼓励消费者去探索新产品，经济效果不言而喻，即推动需求向利基市场转移。

规模效应

互联网公司是经营数据和信息的公司。如图2–5所示，其初始的研发费用与广告费用巨大，但边际成本接近于0，随着用户数的增长，跃过盈亏平衡点后增加的都是利润。另外，梅特卡夫定律及马太效应决定了，随着用户数的增长，收入及利润将呈现几何级增长。

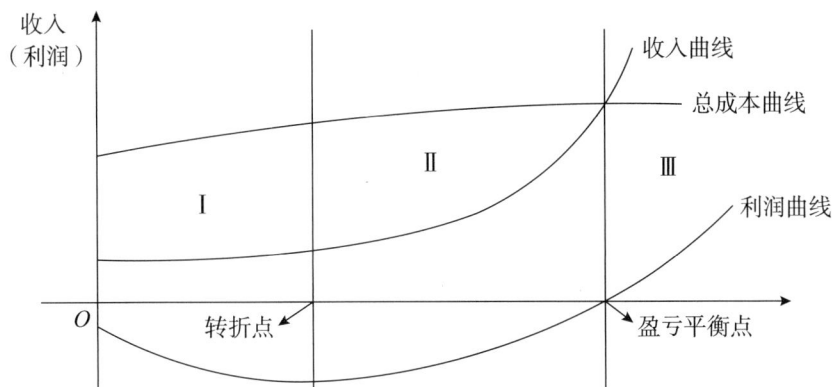

图2-5　互联网企业的成长模式

互联网规模效应是互联网公司的竞争优势。公司一旦具备规模效应，在获客、留存、商业变现等方面都会有很大的优势。

当前全球市值最大的十家公司都是数字化的企业。在数字经济中，规模效应要比制造行业更强大。在互联网行业，用户成了公司创新流程中非常重要的一部分，因为用户会提供反馈，企业以此进行产品或服务的迭代，进而帮助提升产品或服务质量。此外，规模效应可以帮助互联网公司在市场中抢得先机。对于有14亿人口的中国，哪怕只有万分之一的用户渗透率，也可以形成14万人的市场。这能够帮助互联网公司在越早的时间把产品做对，对于数字经济或者网络经济来说，其影响非常大。这就是为什么我们看到很多美国公司一旦有了产品之后通常都能够做得很好，这是因为美国也有不错的人口规模，在自己国家做得很好之后就能很快地进入其他国家。

传统估值方法的现实困境

对待估公司进行估值通常有以下三种方法：收益法（绝对估值法）、市场法（可比公司法或者相对估值法）、成本法。这三种常用的估值方法是否适用于互联网公司的估值呢？

收益法

收益法的基本原理是：一项资产的价值是利用它所能获取的未来收益的现值，其折现率反映了投资该项资产并获得收益的风险回报率，即高收益与高风险相匹配，对于投资者而言，企业的价值在于预期企业未来所能够产生的收益。选择收益法进行企业价值评估应具备的条件是：目标企业的未来收益和风险能合理地予以量化。收益法在估值逻辑上非常完美，但需要对目标公司未来现金流和获得现金流对应的成本和风险有一客观的估计。

使用收益法对互联网公司估值需要确定分子端的未来现金流与分母端的折现率。首先，互联网公司未来的现金流难以直接预测。其次，资本成本不仅是成本指标，还是风险指标。即互联网企业产生现金流的数量和持续的时间都很难预测。此外，互联网公司的盈利能力变化幅度较大。所以，用收益法对互联网公司进行估值，对于互联网公司而言也许是"精确的错误"。

市场法

市场法认为，类似的资产应有类似的交易价格。使用市场法对待估值公司进行估值的假设条件为：如果类似的资产在交易价格上存在较大差异，则在市场上就可能产生套利行为，套利的结果是使得两个公司价格存在可比性。采用市场法进行企业价值评估需要满足以下条件：一是要能找得到可比公司，即待估值公司与可比公司在业务属性、规模、地域与发展阶段应该接近，即可比公司是可比的，可比公司的价值驱动因素必须一致；二是可比公司定价要正确，即市场要有效。市场法实际上是一个性价比指标，在对公司进行估值时简单且易于理解，但应用时首先要确认公司价值的驱动因素，然后根据驱动因素选择不同的相对估值指标。其次需要找到可比公司，最后可比公司定价必须正确。

对于传统公司而言，不同公司的价值驱动因素是不一致的。有的是利润驱动，有的是资产驱动，而互联网公司是流量驱动、用户驱动，那么用市场法对互联网公司进行估值，可比公司与待估值公司驱动因素必须一致。

但是，互联网公司是轻资产公司，如果用相对估值方法中的市净率进行估值则会高得离谱；企业初创阶段盈利能力弱，迎来拐点后，业绩迅速增长，用相对估值方法中的市盈率法又容易低估公司价值。此外，互联网企业更迭快，创新商业模式频出，可比标的少。所以，如果找不到合适的可比公司，相对估值法对于互联网公司的估值就谈不上"模糊的正确"。

成本法

成本法的基本原理是：重建或重置评估对象，潜在投资者在购置一项资产时所愿意支付的价格不会超过建造一项与所购资产具有相同用途的替代品所需要的成本。运用成本法则要求财务报表中单项资产的市场价值能够公允客观反映所评估资产的价值，即资产得到很好的计量及确认。成本法假设投资者不会支付超过与目标公司同样效用的资产的收购成本。但其不足之处在于没有考虑到目标企业的表外项目价值，如管理效率、自创商誉、销售网络等。

成本法需计算资产现时重置成本，即托宾 Q（净资产值），托宾 Q 为企业市价（股价）/企业的重置成本。当 $Q < 1$ 时，即企业市价小于企业重置成本，经营者将倾向于通过收购来建立企业实现企业扩张。厂商不会购买新的投资品，因此投资支出便降低。

成本法适用于互联网公司估值吗？互联网公司是典型的轻资产公司，是经营数据的公司，其最重要的资产是用户，它的发展离不开企业家才能与团队。数据、用户、企业家才能与团队在资产负债表上都没有体现，难以用会计手段来计量。此外，成本法不适用于互联网公司估值，还有资本化与费用化的问题。高成长公司的历史数据往往具有误导性，主要原因是维持高成长的长期投资是无形的，在目前的会计准则下，对这些投资必须进行费用化处理，投资费用化的问题导致会计利润和投入资本被低估：成长型的销售团队更感兴趣的是为未来产品培育基础客户群，而非推广现有产品。把所有销售支出都作为营业费用处理，就少算了利润，结果也少计了现有资产的价值。譬如，京东的促销是为了获取客户，用户才是互联网公司的资产，而按照现有会计准则，这个要计入期间费用。也就是说，销售费用、经营支出和资本支出的模糊界限，导致利润和资本支出走形。譬如，不少销售费用的支出是为了获取客户、驱动未来增长。

互联网公司估值的逻辑

互联网企业与传统企业不同，它不能够依托实物进行相对可靠的价值评估，但如何对互联网企业做出合理的估值又是投融资双方所共同关注的问题。正因如此，构建一个合理的互联网公司估值体系尤为迫切。

相对于传统行业，互联网企业的特点如下：第一，互联网企业发展的周期比较短，技术更新换代的速度快，效率高、成本低、规模效应明显。第二，多数互联网企业在成长和盈利阶段的商业模式与传统企业存在较大差别。第三，互联网行业内上市的公司数量较少，可参照公司较少。

互联网营收的四大效应（网络效应、马太效应、长尾效应与规模效应）决定了互联网公司需要用适合互联网行业特点的估值方法进行估值。另外需要特别强调的是，现金流的折现是一种估值的逻辑，它并不因为互联网属于新兴经济行业就应受到挑战，对于互联网公司的估值，应当找到未来自由现金流在估值阶段的替代指标。

互联网经济即注意力经济或者"眼球"经济，因此流量（关注度与使用者多少，使用者使用的程度）决定了互联网公司价值的基础，其次是基于流量的变现能力（有没有收费的能力）和利润转化率（收多少的能力，即定价权）。另外，未来流量的增长状况也决定了互联网公司的成长空间。对于公司价值的定量分析需要相应的财务数据的预测，而同传统行业由历史财务数据来预测未来财务数据相区别的是，从流量、变现能力及利润转化能力的视角对互联网公司未来关键财务数据进行预测是一种可行的方式。

流　量

互联网公司经营的是用户的数据。而数据是基于用户所产生的流量。流量分为流量的数量与质量。流量的数量即用户在网络上所耗费的总时间，流量的质量是用户在单位时间里获取的内容，表示信息的密度。流量的数量与流量的质量可用公式表示如下：

流量的数量＝用户在网络上所耗费的总时间

用户在网络上所耗费的总时间＝用户数×访问频率×每次滞留时间

流量的质量＝用户在单位时间里获取的内容

1.流量的数量

（1）用户数。

用户是互联网公司流量的基础，所有的数据都来源于用户。较高的用户数量是一种结果，并不代表未来。用户数来源于两个渠道：第一，保有老用户，即黏性；第二，吸引新客户。

①保有老客户——黏性。

互联网公司的服务对用户应有黏性。互联网公司用户转换非常容易，即可替代性强。有了好的用户体验才有人用，只有重视用户体验的公司才能真正经营好互联网。好的用户体验有两个标准：其一，简单，如微信的界面非常简洁，微信始终坚持主界面不超过4个菜单项；其二，流畅。另外，先发优势也有助于互联网公司保有老客户，因为有助于用户使用习惯的形成。

微信具有较强的黏性。在功能上，易信、来往和微信都能满足需求，但用户不愿意离开微信去用易信，因为社交关系链在这里。类似的社交黏性公司还有新浪微博、YY、豆瓣、知乎等各种社区化产品。

游戏开发中，通过社交机制加强用户黏性也是最重要的环节，因为玩家长期留在游戏里并付费，更多的是因为他在游戏里遇到的人，以及与这些人之间的"爱恨情仇"。

没有社交关系的公司怎么办？用户体验和用户习惯也可以建立黏性。比如，搜索用百度，一是长久养成的习惯，二是搜索结果还算满意。同样，过度关注营收也让百度备受诟病，这也是市场质疑百度估值的原因。购物上某宝，是因为它东西多，价格便宜，还有 ZFB 保障，是 C2C 网站里体验最好的。如果没有特别大的差异化优势，用户习惯一旦确定就很难改变。比如各个视频网站，都培养了自己的习惯用户，即使看《中国好声音》不得不去搜狐，但看完之后，因为习惯，还是继续用爱奇艺。

由习惯带来的黏性，虽然在同质竞争里问题不大，但容易被新的模式和差异化竞争取代。例如多年前的新闻门户，新浪和搜狐都有一批忠实用户，后来 QQ 开始弹窗……再后来，出现了微博、微信、自媒体……

②吸引新客户。

一方面，马太效应有助于吸引老客户，另一方面，互联网公司推出的产品和服务如果具备新功能，可以满足用户的新需求，也有助于吸引新客户。

美国的书特别贵。当初亚马逊正是抓住了消费者的这个痛点而崛起。在互联网最早期的时代，贝佐斯就琢磨着如何让消费者能够回到他们的网站，增加客户黏性。于是他增加了读者撰写书评的环节，贝佐斯是最早使用 UGC（用户生成内容）互联网模式的人。而这个小小的特色也促进了公司最初的成功。

（2）访问频率。

2007 年被认为是移动互联网的元年，原因是苹果公司推出了智能手机，使得用户和互联网可以实时发生连接。移动互联网的出现使得碎片化时间可以得到有效利用，用户使用互联网服务的频率得以增加。

使用频率较高的典型代表还是微信，用户每天打开微信的次数、使用微信阅读各种资讯的时间在各大应用中名列首位。一个产品，用户用得越多，用的时间越长，积累的数据就越多，可商业化的空间就越大。

另外一个例子是个人电脑（PC）上的 360。安全产品其实是一个使用频率很低的产品，收入空间也非常有限。奇虎在完成安全产品布局后，借势推广了 360 浏览器、导航站、游戏、搜索等高频率的产品，营收开始爆发。

使用频率低的产品能不能成功？可以，在单次使用期间，蕴含了比较大的商业价值。比如搜房网、汽车之家、易车网，每一个用户，都有潜在的购房和购车意愿，所以在收入上也能找到大空间。另外以年度为周期来看，搜房和易车的用户访问频率不高，但在用户买车和买房的时间区间里，访问频率是比较高的。

（3）滞留时间。

即用户每次停留时间。移动端的应用微信很好地把握了碎片化时间，带来高频次的访问；相比于微信，墨迹天气这个应用的访问频率则较低。

2.流量的质量

流量的质量存在差别。流量的质量体现为内容的密度。就内容的密度而言，视频要大于音频、文本及图片。

3.衡量流量的指标

（1）日（月）活跃用户数。

日（月）活跃用户数指的是每天或者每月至少登录一次的用户数。截至2020年9月30日，微信每月活跃用户数已经超过12.1亿。截至2019年12月31日，Alibaba零售平台年度活跃买家增至7.11亿，移动端月度活跃用户高达7.21亿。

（2）访问量。

网站的访问者是公司的客户基础，也是公司未来发展的基础。访问量可以用点击率来衡量。

（3）独立访问者数量。

表示一定时间内网站的非重复访问者数量，一般是以一天来计算。

（4）滞留时间。

指访问者在网站上的停留时间。滞留时间通常用"平均每个用户每月的页面访问量"以及"平均每个用户每月滞留时间（分钟）"来衡量。

（5）注册用户数。

指通过提供个人信息登录来获得网站提供的某种服务的用户数量。通常是指每月至少访问网站一次的用户数量。在2019年，微信用户数达到了11.12亿，稳居榜首，而腾讯QQ号活跃账户数为6.5亿。

（6）到达率。

指在一定时间内到达网站的人数占总上网人数的比例。该指标描述了一家网站的影响力。

（7）访问频率。

指单位时间内，用户访问互联网的频率。

变现能力

对互联网公司进行估值时，不仅需要考虑用户数量的多少，还应该更进一步地考虑用户数量所带来的变现能力。例如，近年来出现的一些互联网应用，典型的如美图秀秀，虽然用户数量在节节攀升，但占领大量的市场份额后，却迟迟找不到合适的变现方式，使得公司整体估值受到了很大的影响。

变现能力反映的是互联网公司能不能收费的问题，而收费能力取决于互联网公司给用户带来的价值创造。流量质量高的公司有较强的价值创造能力。变现能力与以下三个因素有关。

1.付费吸引力

付费吸引力指的是用户的付费意愿，也就是互联网公司的收费能力。收费能力来源于两个方面。其一是广告属性。互联网是注意力经济，"眼球经济"有很好的广告属性。典型的有视频网站和搜索引擎。其二是付费属性。付费属性较强的应用包括会员制、电商、游戏等。2014年，视频网站爱奇艺引进韩剧《来自星星的你》，在国内斩获超28亿的点击量、创视频网站购买海外版权剧难以复制的辉煌佳绩后，剧集首播24小时便获超3 000万流量，前八集内容播放量就已达8.2亿。爱奇艺又将付费模式应用到《太阳的后裔》当中。仅VIP会员可以同步韩国观众一起追剧，而非会员要延迟一周才能观看上周播出的剧集内容。《太阳的后裔》为爱奇艺带来了上千万元的会员费收入。

2.付费深度

付费深度指的是收费的多少。房产和汽车企业明显比某宝小二有付费深度。

3.付费的稳定性和可持续性

例如大环境不好的时候，向企业收费的公司受影响程度较大，所以2B类的公司付费的稳定性和可持续性弱于2C类的公司。

利润转化能力

利润转化能力代表了互联网公司对提供的产品或者服务的定价能力，即定价权。定价权决定了收入中有多少能转化为公司的利润。定价权取决于两个因素。第一，为用户创造了多少价值，即客户让渡价值；第二，提供服务或者产品的可替代性问题，这又取决于掌握的流量资源是否具备稀缺性，如微信的流量具有较大的客户让渡价值及不可替代性。

▗ 推荐阅读

互联网公司估值与齐普夫定律

互联网公司的生命周期大致可分为三个阶段，一是初创阶段，大量的研发、服务器与带宽投入，少量或者几乎可以忽略的收入；二是成长阶段，表现为用户数的快速增长，商业模式的不断成熟，但这个阶段可能还没有盈利，理由是公司将利润用于补贴市场和最终用户，扩大自身的马太效应；三是成熟阶段，公司的用户数增速放缓但收入增速较快，开始实现盈利。

如果所有的互联网公司都能够在第三阶段上市，换句话说，在成熟阶段上市的互联网公司适用于传统的估值方法进行估值，就是比较熟悉的估值体系，我们可以简单地按照一些常用的估值方法如现金流折现法（DCF）或者市盈率倍数法等给它定价，但问题恰恰是：他们经常会在初创阶段或者成长阶段就上市，多数表现为有收入没利润，甚至是有用户没收入、大幅亏损！这确实让很多本有意愿的参与者无所适从。

如果用绝对估值法给公司定价，你会很郁闷地发现，企业的永续增长率的赋予是没有意义的，2%～10%，甚至更高，你永远说不清楚其间相差的几个点的区别在哪里。1926年到2018年期间，有25 000家公司在美国上市，但到2020年，只有不到5 000家公司还继续存续。我们会意识到，几乎80%的公司永续增长率其实是负值！但进行定价时，投行或者公司自己，甚至包括市场，会这样认为吗？

一句话，互联网公司作为新经济公司的代表，"未来"或者"新"是不确定的，这是区别于传统企业的最大之处，也正因为如此，他们才会在投资人心中种下诸多梦想，演绎无限的憧憬。因此，在激情与梦想之余，互联网公司估值所要面临的最大挑战是不确定性。

从传统的估值方法出发，互联网公司真实的发展趋势给投资人的答案是否定。

估值与收入或利润有关吗？

亚马逊是电商领域的龙头，过去的十年里，它的盈利能力可以忽略，但是由于它的营收增速始终保持在30%左右，因此它的市值从2005年的200亿美元增长到了2021年的约17 000亿美元，所以，估值和当前利润关系不大。

以中国移动为例，2014年的中国移动比2007年收入翻了近一番，利润增加了大约50%，但市值掉了一半。因为增速低了，所以PE下去了，因此，估值应该和收入或者利润增速有关吗？我们继续。

2011年以后，腾讯控股的营收增速和利润增速较早期有系统性的跌落，之前营收每年有60%～80%以上的增长，2011年以后增长率基本在50%以下，且利润的增速掉得更多，到了20%～30%，但是PE从23倍大幅向上摆动到47倍。那么，为什么增速低了市盈率反倒高了？有人说，因为有微信了啊，微信改变了市场对公司的预期，所以不必看当期的市盈率，而要看微信未来的产业布局。那就是用户了？换句话说，只要互联网公司的用户数在快速增长，就可以不必在意收入、利润、收入增速与用户增速？

可以验证该逻辑的案例有不少。例如，2012年Facebook上市，由于其用户数一直增长较快，因此它的市值也快速增加，尽管市盈率由2013年的90倍降为2014年的70倍。

我们终于讨论到用户了。

从梅特卡夫定律说起。梅特卡夫定律的内容是：网络的价值等于网络节点数的平方，网络的价值与联网的用户数的平方成正比。在有 N 个成员的通信网络中，每个成员可以与其他成员建立 $N-1$ 个关系。于是，网络价值 $V=K\times N^2$，K 是个常数。这个定律被称为"圣经"，主要用来说服那些投资人，互联网公司只要有用户就是好的，任务也是要获取用户。但伴随着互联网泡沫的破灭，回归理性来看梅特卡夫定律，它也有自身的不足。比如说，如果网络规模具有如此大的爆发力，那么为什么有诸多孤立网络公司的存在而不是一股脑地整合起来？或者，如果梅特卡夫定律正确，那么不管两个网络的相对规模有多大，它们都应当互联，但这与历史发展的事实相违背。

伴随着网络规模的扩大，每增加一个用户带给网络的价值效应应该是衰减的。举个简单的例子，如果我们再加入一个因子——时间，把公式改为：$V=K\times N^2\times T$，就比较能够说明问题。T 的含义是，我们究竟有多少时间停留在该网络里。停留时间越长，电商或者广告业务等变现的能力越强，网络价值越大。在微信中，我们增加了一个好友，我们会不会花一样多的时间关注他的点点滴滴呢？显然不会，如果我们有 10 000 个好友，我们会不会把一天 24 小时都用在微信中呢？也不可能。人们总是关注和自己关系最近、最好、最感兴趣的朋友或者话题，因此，伴随着网络规模的增加，后进入网络的用户对于网络中的个体的时间占用分布应该是逐渐衰减的，也就是说，N（数量）增加了，T（时间）减少了，因此网络的价值可表述为：一条低于 N^2 但大于线性的包含增长极限特征的曲线。

齐普夫定律很好地证实了这一点。齐普夫定律是美国语言学家 G.K. 齐普夫（George Kingsley Zipf）于 20 世纪 40 年代提出的词频分布定律。它可以表述为：如果把一篇较长文章中每个词出现的频次统计起来，按照高频词在前、低频词在后的递减顺序排列，并给这些词编上等级序号，即频次最高的词等级为 1，频次次之的等级为 2，……，频次最小的词等级为 N。若用 f 表示频次，r 表示序号，则有 $fr=C$，C 为常数。人们称该式为齐普夫定律。

齐普夫定律是描述一系列实际现象的特点非常到位的经验定律之一。它认为，如果我们按照大小或者流行程度给某个大集合中的各项进行排序，集合中第二项的比重大约是第一项的一半，而第三项的比重大约是第一项的三分之一，以此类推。换句话来说，一般来讲，排在第k位的项目，其比重为第一项的$1/k$。

齐普夫定律还从定量角度描述了互联网行业中的流行效应：长尾效应。以一个集合中按流行程度排名的物品（如亚马逊网站上销售的图书）为例。在坐标图中，表示流行程度的曲线会向下倾斜，位于左上角的是几十本最流行的图书。该曲线会向右下角逐渐下降，那条长尾会列出每年销量只有一两本的几十万种图书。如果把图书换成英文单词，就是齐普夫定律最初应用的领域（如图2-6所示），这条长尾巴就是你很少会遇到的几十万个单词，譬如floriferous或者refulgent。

把流行程度作为大致衡量价值的标准，齐普夫定律随后就会得出每一个物品的价值。也就是说，假设有100万个物品，那么最流行的100个物品将贡献总价值的三分之一，其次的10 000个物品将贡献另外的三分之一；剩余的98.99万个将贡献剩下的三分之一。有n个物品的集合，其价值与$\log(n)$成正比。

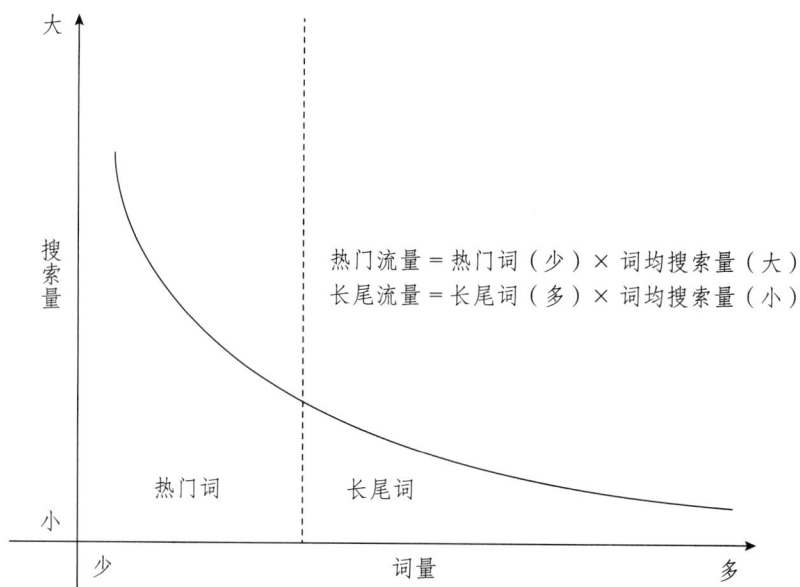

图2-6　齐普夫定律与长尾效应

如果我们用公式 $V=K×N×\ln(N)$ 来表达这样一个带有 N 与增长极限 e 共同存在的网络价值模型，似乎比梅特卡夫定律更接近真实情况。但这不是问题的关键，因为它们都是增长模型，如果我们不知道用户数在 X 时的网络价值，那我们也不知道用户数在 $X(1+Y\%)$ 时的网络价值。换句话说，K 如何确定？

关于 K。简要说来，K 是网络公司由用户变成盈利能力的系数，通俗说就是货币化系数。我们可以猜测，K 与几个要素有关：第一，互联网公司存在马太效应，因此行业地位或者先发优势非常重要，在 3～5 年的一拨趋势中，我们的记忆中几乎没有一个公司在市场份额超过 50% 以后被另外一个公司替代，因此 K 中应该包含某种先行者或者行业龙头的"马太"因子。第二，商业模式决定了一个公司的议价能力和盈利的持续性，因此，对于 2B/2C 的不同议价能力，也应该区分来看。第三，用户黏性与活跃度。平台本身的定位、产品、体验，会带来用户在不同平台上的活跃度，流失率也不尽相同，比如分析 SNS 属性的平台黏性，会发现熟人社交平台活跃度较高，而陌生人平台活跃度较低。第四，单体用户的盈利能力（ARPU），这个不需要多说，其稳定性、持续性和前几个因素都有关系。还有，一个网站在用户没有增长的前提下，今年和明年的收入可能大不相同，因为它开始货币化了，那么我们能说这个网站的价值在大幅度提高吗？换句话说，我们给 ARPU 赋值是预期值，还是现值？好像都不是，因为如果给现值，比如 ARPU=0，那么得到的结论是网站价值 $V=0$，如果给预期值，那么这种预期的可实现性如何保障？

当我们认为离真相似乎越来越近的时候，却让自己离实战越来越远。因为即便我们在形而上学层面上仿佛列出了可以导出问题答案的种种可能性的方法和步骤，依然会觉得这个方法无法落地实践。因为，马太效应、商业模式、用户黏性、用户活跃度与 ARPU 等，这些很难用一套模型去定量化，更何况，再加上时间与发展的维度，会让问题变得更加复杂。

简单来说，跟踪互联网公司的用户可以判断趋势，尤其在行业层面上，这种尝试会比较有意义，但用来判定公司的价值似乎并不容易。那么能否说这些方法没有意义呢？显然不能，因为这样的思考会让我们理解互联网的本质，权当是定性分析方法的有益探索，而且，不排除这些定性分析方法在未来被逐渐定量化的可能性。

Chapter 3

互联网公司的商业模式

爱彼迎的商业模式

爱彼迎的春天

2015年5月，美国内布拉斯加州的奥马哈，在巴菲特的大本营，像往常一样召开年度股东大会。巴菲特在此前给股东的信中，对于周末要在奥马哈寻找住宿的投资者，提了一个小小的建议：使用爱彼迎（Airbnb）的服务。在给股东的年度报告中，巴菲特写道："今年，由于参会人数创纪录，我们担心旅馆房间短缺。为了解决这个潜在的问题，Airbnb今年特地推动在会议期间让更多屋主出租自己的房屋……去年有些旅馆要求客人至少支付三个晚上的住宿费用，尽管许多股东只计划待一个晚上，Airbnb的服务可能会对这些人有帮助，看一下它的网站吧。"

2000年以前，巴菲特错过了互联网的爆发，他表示完全看不懂。

2019年3月，Airbnb曾经公布核心业务数据，入住Airbnb全球房源的客人数量已经超过5亿。这相当于在191个国家的81 000个城市，平均每0.5秒就有三位客人入住Airbnb房源。Airbnb客人的地理分布也在拓展：2009年，86%的客人都聚集在Airbnb的前10大市场；到了2019年，Airbnb在全球超过900个城市拥有至少 1 000 万个房源。公司从房东那里收取订房费用的 3%，并且从房客那里抽取 6%～12% 的服务费。

2019 年 Airbnb 的营收为 48 亿美元，利润为 9 300 万美元。Airbnb 在 2020 年 4 月份宣布，已从私募股权公司银湖资本（Silver Lake）和 Sixth Street Partners 筹集了 10 亿美元，融资将以债券加股权的形式完成。

Silver Lake 对 Airbnb 投资的预期目标值是 Airbnb 未来估值能达到 400 亿～500 亿美元。Airbnb 于 2020 年 12 月招股，发行价就达 68 美元/股，IPO 估值为 406 亿美元。其于 2020 年 12 月 11 日上市，开盘涨幅即超 100%，开盘价 146 美元，到了 2021 年 2 月 27 日，其总市值达到了 1 233 亿美元。

为了迅速扩张，Airbnb 预测未来五年还会继续迅速增长。与之相比，2021 年 2 月 21 日，酒店巨头 Marriott（万豪）市值 480 亿美元，2020 年营收 105.71 亿美元，全球有 4 000 多个酒店，接近 70 万个房间。

资本市场看好 Airbnb 的理由是其轻资产的商业模式。

爱彼迎的商业模式：将全球的闲置房子都变成酒店可用的资源

开一个酒店，如果自建需要买地盖楼，重资本投入；如果采取租用模式，也要装修并承担未来房租上涨的压力，同时派驻训练有素的多名酒店管理人才。万豪等传统酒店的扩张需要重资本、重人力投入，万豪 2020 年全球员工 12.8 万人，希尔顿 15.7 万人。因此，这类公司的净利润率只有 5%～6%。Booking 作为全球最大的在线旅游代理（Online Travel Agency，OTA）线上预订平台，或者叫网络中介，模式就轻很多，它只需要把网络客户需求交给酒店，然后收取酒店 15%～25% 的佣金。它与传统酒店相比的好处是模式轻很多，净利润率达到了 30% 左右。如果说 Booking 的定位是把全球的酒店信息汇聚起来为旅行者所用，那么 Airbnb 的定位则是：把全球的闲置房子都变成酒店的资源，为旅行者所用。房子和酒店的差别是：它们的空置成本很低，因为原来没有计划作为酒店使用，对营收的预期不高，一旦转化成酒店，其价格对于传统酒店来说是颇具杀伤力的。此外，它们能够提供传统酒店不具备的"家"的感受。

互联网公司的商业模式与盈利模式

互联网公司的商业模式

互联网公司的商业模式是流量的获取、保有、提升并利用各种渠道、各种方式变现的模式。对传统商家而言，其业务是经营产品或者服务，对互联网公司而言则是经营用户，产品或者服务是手段，用户才是资产。未来商业模式发展的趋势是从商品为中心到用户为中心，用户成为零售商最重要的资产和变现的基础。

【案例】

小米集团的商业模式

2019年全年，小米集团各项业务总收入达到2 058亿元，同比增长17.7%；净利润达到115亿元，同比增长34.8%。

智能手机方面，2019年的收入达到1 221亿元，同比增长7.3%；其中，第4季度为308亿元，同比增长22.8%。2019年小米智能手机销量达到1.24亿部，第4季度为3 260万部，同比增长30.5%。

小米2019年物联网（IoT）与生活消费产品部分收入为621亿元，同比增长41.7%；其中，第4季度为195亿元，同比增长30.5%。

互联网服务方面，2019年的收入达到198亿元，同比增长24.4%；其中，第4季度达到57亿元，同比增长41.1%。2019年12月，MIUI月活跃用户数达到3.096亿，同比增长27.9%，其中中国大陆地区的MIUI月活跃用户数为1.09亿。

2019年12月，智能电视及小米盒子月活跃用户数达到2 770万，同比增长49.1%。截至2019年12月31日，付费用户数超过370万，同比增长62.9%。

2019年，境外市场收入达到912亿元，同比增长30.4%；其中，第4季度达到264亿元，同比增长40.7%，占总收入的46.8%。

截至2019年12月31日，小米IoT平台已连接的IoT设备数（不包括智能手机和笔记本电脑）达到2.348亿台，同比增长55.6%；拥有5件及以上连接小米IoT平台的设备（不包括智能手机及笔记本电脑）的用户数增加至410万，同比增长77.3%；2019年12月，人工智能助理小爱同学的月活跃用户数达到6040万，同比增长55.7%；2019年12月，米家App月活跃用户数达到3680万，其中大约三分之二的用户是非小米手机用户。

小米MIUI的月活跃用户数由2019年3月的2.6亿增加26.7%至2020年3月的3.3亿。如果小米手机年收入一千亿元，软件分发赚50亿元的话，是不是真有可能让硬件完全变成免费平价？这才是恐怖的事情。MIUI是用户ID，如果你用了MIUI，你所有的消费数据小米全都知道，掌握了1亿人的ID，就掌握了大数据，未来二三十年最重要的商业模式就是大数据，小米已经占据了先机。

互联网公司的盈利模式

互联网公司的盈利模式可以分为两种：从上游商家获得和从下游用户获得。

1. 从上游商家获得

从上游商家获得盈利又可以分为两种，即对商家的推介和佣金。

（1）对商家的推介。

对商家的推介，有广告和实时搜索两种方式。

①广告。

这是所有互联网产品最常见的盈利方式。利用互联网浏览量大的特点，广告无处不在，特别是以关键词广告为代表的推广方式出现后。对于餐饮、旅游、汽车等垂直社区，广告在推广商家的同时，也可以个性化推荐。在这一点上，从早期的坚决不上到如今每个条目、活动的页面都会出现广告的豆瓣网页，应该是一个很好的范例。

②实时搜索。

实时搜索在一般互联网产品的盈利中仍然属于推介的范畴，特别是在垂直产品中，将用户的搜索直接引导向某些实现付费的商家，效果将非常明显。但和百度的竞价排名有显著区别的是，互联网产品必须直接对搜索的结果负责，也就是必须有一套排名的规则。否则，就如同病毒式营销，快速增长过后将不可避免地迎来信任危机。

（2）佣金。

来自上游的盈利的第二种模式是佣金，可分为线上到线下的佣金与线上到线上的佣金两种方式。

①线上到线下的佣金。

在线用户通过网站完成团购并付款，到线下享受服务后，网站收取佣金；或者如点评类的网站，发放会员卡后，用户持卡来到店内消费享受优惠，收取佣金。同理的还有优惠券等。再如途牛网，直接充当的就是旅行社的代理角色，而不是一般意义上的社区交流为主、商业模式藏在背后的互联网公司。

②线上到线上的佣金。

比如豆瓣，用户看到一本书后，就可以点击右侧的链接，或者将它们添加到购书单，到网上书城进行购买，豆瓣收取佣金。再如其他所有意义上的点击跳转，根据链接收取佣金。

第三种方式是对企业级商家收费，比如企业微博，但本质上仍然属于广告的范畴。

2.从下游用户获得

从下游用户获得盈利的主要方式是提供增值服务。

（1）虚拟货币或者虚拟物品等增值服务。

这种盈利方式可以说是腾讯对整个互联网的贡献，依靠这样的方式，腾讯构建了属于自己的、巨大的金融体系。但一般产品想这么做，至少要满足以下几个条件：

第一，足够大的用户数量。只有依靠足够大的使用人数，体系才可以被稳定建立。第二，有长久价值，并可以被交易的物品。虚拟世界商品的属性必须和现实世界大体一致，否则很难具有购买的吸引力。第三，不断演进完善的金融体系。用户具有大量的虚拟货币和虚拟物品后，要生产合理数量的新物品。因为对于运营商来讲，生产这样的物品完全是没有成本的，需要考虑到已经购买它们的用户的价值。另外，如何生产出新的商品，去不断消费掉用户手中的虚拟货币，让整个金融体系得以延续，也是一门学问。

（2）数据、信息等营销服务。

这种类型的商业模式主要面对下游的商家用户。在保护用户隐私的前提下，利用产品本身具有的庞大数据库和用户信息，向下游的商家或者第三方提供数据信息，以便其展开营销。例如某宝或者某猫对商家提供的数据分析服务。

（3）开放的API。

通过开放自己的应用程序接口（Application Programming Interface，API），允许第三方在自己的平台上提供应用，并借此收取佣金或分成。这种方式类似于苹果公司（Apple）的应用商店（App Store），不同的是，App Store中30%的收入归苹果公司所有，而目前大部分开放平台中的应用是不收取佣金的，仅收取广告或内容分成。好的商业模式通常都非常简单，即便外行也能一眼看清。和产品的核心价值一样，如何把最核心的部分做大做强，才是成功的关键。

互联网公司的商业模式层级

互联网公司的商业模式按照层级从低到高可分为应用型、平台型及生态型，每一更高的层级包含了下一层级的功能，是多个较低层级的集合，但又胜于较低层级功能的简单聚合。在生态型内，可实现多个应用型功能，各应用型功能又能彼此强化，相互引流，流量的增加带来变现基数的增加，而生态的确认，将有助于公司定价权的提升，提升变现能力及利润转化率，而公司流量、变现能力及利润转化率这三个因素将影响互联网公司的估值。

可根据互联网公司业务属性判断其商业模式的级别，并区分商业模式的不同及对公司流量、变现能力以及利润转化率的影响。

应用型

采用应用型商业模式的互联网公司主要满足目标特定客户的需要，现有流量取决于市场大小及重复购买率，增量流量有限，扩展性低。变现渠道单一，利润转化率取决于特定流量的竞争状况。

互联网公司竞争的核心规则是流量为王，赢家通吃。流量变现模式下，企业的胜出在于形成了一定程度的流量垄断，掌握了流量的定价权，所以第一代互联网的商业原则是流量为王，赢家通吃。最典型的代表是腾讯这类微信流量导入游戏收费的社交巨鳄。

采用应用型商业模式的互联网公司为聚集流量，往往通过免费提供服务聚集线上流量，再将流量导入广告或游戏来变现。其产业链短，参与方少，主要包括内容提供商（Content Provider，CP）、渠道以及广告主/用户，商业模式相对简单，供需均在线上完成。

较为典型的采用应用型商业模式的互联网公司是世纪佳缘。世纪佳缘最大的问题是重复购买率低，黏性低，即通过世纪佳缘找到对象后，不太可能再次成为世纪佳缘的客户。应用型商业模式的互联网公司的利润转化率取决于特定流量的竞争状况，例如，经营视频内容的视频网站，因视频行业竞争太过激烈，往往需要大规模"烧钱"购买视频版权。

平台型

采用平台型商业模式的互联网公司具有以下特点：流量具有马太效应，有利于获取新用户；收入具有网络效应，流量质量有所提升；业务拓展具备长尾效应，通过大数据分析，有利于个性化营销，增加变现渠道；成本费用体现规模效应，边际成本不断下降，有利于提高收入的利润转化率；实现风险剥离，平台不参与交易，有利于降低变现风险。

苹果公司（Apple）采用了平台化交易策略。Apple的商业模式可以概括为：硬件端销售变现软件端流量。Apple的硬件产品具备卓越的用户体验，品牌的美誉度使得其有较好的客户忠诚度。Apple通过销售硬件积累起大量客户，同时积累了巨大规模的用户，并通过软件开发外包，实现和软件开发商的合作共赢。

2003年，Apple推出iTunes音乐商店，用户可以通过其方便地购买和下载数字音乐。iTunes将"音乐版权商"和听众直接连接，使Apple成为全球最大的在线音乐零售商，它是Apple在开拓平台效应上的第一次尝试。

2008年，Apple推出应用商店（App Store），用户可以直接从iTunes浏览、购买、下载和安装应用程序。所有应用开发商都必须通过Apple的App Store渠道销售，Apple每单提取30%的版税，至此，Apple巩固了自己的平台战略。

亚马逊销售Kindle并不赚钱，其目的是能够与消费者建立起一个持续的关系，这样他们就会购买亚马逊的内容产品：电子书、音乐、电影、电视剧、游戏和其他应用，如此就形成了内容分销平台。亚马逊在2003年就有8.8万本图书供下载。与此相对比，百年老店Barnes&Nobles模仿亚马逊推出Nook，但没有任何软件支持，没有核心内容和流量导入，使用者寥寥。

2007年以前，游戏行业的领头羊还是盛大、九城等公司。到了2013年，腾讯在游戏领域已经是一骑绝尘，360也后来居上，而昔日几家公司的业务则大多处于停滞和衰落状态。很重要的一个原因是，腾讯和360具有平台优势，只要用户在，就可以源源不断地推送新产品。而单纯依靠游戏研发和代理公司，稳定性就会差很多，只要有一款产品不成功，用户就会流失到其他公司。

生态型

生态圈是升级的平台。生态圈的背后是物流（商品流）、资金流、信息流，三流有机融合形成生态圈。物流（商品流）是基本，商品本身是最重要的引流手段，物流既是竞争力也是未来盈利点。资金流是关键，资金流提供变现渠道。一方面向消费者提供消费金融服务，另一方面向第三方提供供应链金融服务。信息流扩展生态圈。信息流是未来，各种布局最后殊途同归——获取数据，数据是战略资源，先积累，后运用。

生态型的商业模式可以助力互联网公司形成内生性增长。生态型的商业模式具备三个特征。第一，生态系统形成闭环。闭环拓宽"护城河"，即闭环保持了流量的不溢出，维持流量的变现可能。第二，良性生态自我强化提升"天花板"，即业务空间得以拓展。第三，规模效应提升"定价权"。这个规模效应来源于长尾效应、网络效应与马太效应。长尾效应有助于提升成长空间，网络效应、马太效应与规模效应都将提升毛利率，有助于提升定价权。

案例讨论

小米的商业模式

小米集团基于硬件、新零售及互联网服务相互协作的"铁人三项"商业模式具体为：利用新零售渠道来销售其智能硬件，即销售综合净利率不超过5%、具备高性价比优势的智能手机及IoT硬件，以硬件为工具将用户引流至MIUI操作系统及IoT平台，通过提供软件及内容服务稳步推进互联网变现。

盈利模式

小米的盈利模式是通过供应链管理和削减中间环节来降低成本、压低价格，用高性价比的智能手机以及其他智能硬件来吸引大量用户。然后通过MIUI平台搜集用户行为数据向用户投放定制化广告以及提供各类网络增值服务，从而实现互联网业务变现，与此同时，小米手机内置的米家App、小米商城和小米有品又可以将用户导流到小米的零售业务上，进一步打造未来智能产品生态圈。硬件始终不作为小米的盈利点，主要的盈利贡献在于互联网服务及智能新消费业务。

互联网业务贡献高毛利

相比于硬件销售业务，互联网服务超过60%的毛利率展现出强大的盈利能力。小米互联网服务的用户基础是建立在硬件的销量之上的，流量入口主要依托于小米自有操作系统MIUI，小米MIUI的月活跃用户每天使用小米手机时长约4.5小时。小米牺牲部分硬件的利润，从而在手机、IoT消费品市场上杀出一条血路，为互联网服务积累用户基础，将互联网服务作为主要盈利点，逐步推进互联网服务变现。

互联网服务的变现能力良好

小米具有良好的用户基础。MIUI的月活跃用户数由2019年3月的2.6亿增加至2020年9月的3.68亿。截至2020年第三季度，小米集团互联网服务收入达到26亿美元，占总收入的比重达到10%。小米公司的粉丝战略为自己争取到了一大批用户粉丝——米粉。小米拥有庞大且高度活跃的全球用户群。他们非常忠诚于小米品牌，积极参与小米的平台建设并为小米的产品研发提供建议。未来这一部分用户都将为小米带来互联网服务的变现收入。

独有的互联网服务优势

小米的互联网服务具有低获客成本的优势。互联网企业要想发展，首先需要获取用户。对于大多数互联网企业来说，获取用户需要付出高额的成本，如滴滴、美团等为了获取用户，需要投入大量优惠券补贴，以此吸引用户。而对于小米来说，它是通过销售硬件来获取用户的，因此小米不仅不用付出获客成本，还能在获取客户的同时，获得硬件收入。

小米的互联网服务具有用户基础稳定的优势。如美团、滴滴等互联网企业，不仅要为获取客户付出高额成本，还要花费成本来维持用户，提高用户黏性，避免用户转向竞争对手。而小米的用户载体并非软件——应用，而是硬件——手机，中国智能手机的平均换机周期为22个月，这意味着小米的用户稳定性要远高于一般的互联网企业。

通过对小米的财务报表分析以及商业模式、盈利模式分析，可以认为小米是一家具有制造业特征但同时具有内在互联网思维，并自始至终朝着互联网方向发展的企业。尽管小米目前的互联网业务具有良好的用户基础及独特的优势，但也存在以下两方面问题。

第一，小米目前的互联网业务与以腾讯为代表的互联网企业相比仍有较大差距。第二，小米的智能家居硬件带来的用户活跃度不高，由于用户整体使用习惯尚未培养起来，多出于尝鲜心态，在一段时间后便回归至产品的基本功能，也导致了部分用户的流失。小米需要进一步提高以智能家居硬件作为入口的用户黏性。

传统财务报表分析的局限与启示

小米公司属于互联网公司，或者是新零售企业，或者是硬件销售公司的公司属性定位，取决于其商业模式而不是简单的财务报表数据。

其一，会计计量的原则之一是货币计量，制造业用以销售的存货可以用货币计量，而用户和数据目前却缺乏一致认可的计量方式，这就导致互联网企业最重要的资产无法真实准确地反映在财务报表上。例如，腾讯最重要的两大资产微信与QQ都无法在其财务报表中得到反映。这也是雷军想将小米划分为互联网企业，却无法从三张报表中找到强有力支持的原因。

其二，在行业划分层面，随着新商业模式的出现，行业划分的标准不应该局限于营业收入结构的分析，还应结合公司的商业模式以及盈利点进行多角度分析。

实际上，互联网公司最重要的资产是用户和数据，小米公司成功的秘笈可概括为八个字：流量为王，平台是金。平台汇聚用户，用户带来流量和数据，海量的用户还能作为讨价还价的强有力筹码；平台是金是指平台可以汇集资金流、信息流、物流，将这些资金流、信息流和物流加以开发利用，就可以衍生出无限的商机。

明确待估值企业商业模式具有重要意义，原因在于不同的商业模式对于公司的估值影响巨大。互联网公司和传统的硬件厂商具有不同的估值方式，表3–1列出了小米与传统硬件厂商的估值区别。

表3-1 小米与硬件厂商估值的区别

	小米	其他硬件厂商
立足点	未来	现在
增长预期	非线性	线性
估值模式	互联网企业	硬件制造厂商
估值方法	用户数、用户价值	PE、EV/EBITDA 等

推荐阅读

商业模式画布

商业模式画布的概念

商业模式画布（The Business Model Canvas）是亚历山大·奥斯特瓦德（Alexander Osterwalder）、伊夫·皮尼厄（Yves Pigneur）在《商业模式新生代》（Business Model Generation）中提出的一种用来描述商业模式、可视化商业模式、评估商业模式以及改变商业模式的通用语言。商业模式画布由九个基本构造块构成，涵盖了客户、提供物（产品/服务）、基础设施和财务生存能力四个方面，可以方便地描述和使用商业模式，来构建新的战略性替代方案。

商业模式画布9大元素的使用不是随便填写的，而是按一定顺序排列的——首先要了解目标用户群（客户细分），然后确定他们的需求（价值主张），思考如何接触到用户（渠道通路），制作怎样的业务（关键业务），怎么使产品盈利（收入来源），凭借什么筹码实现盈利（核心资源），投入产出比是怎样的（成本结构），能向你伸出援手的人（重要合作）有哪些，以及如何维护客户关系。

具体而言，每个元素的含义如下：

1.客户细分

客户是商业模式的核心，企业必须搞清要服务于哪些客户群体，为谁创造价值，谁是企业的重要用户。商业模式可以定义一个或多个或大或小的客户细分群体，以及该服务哪些客户群体。一旦做出决议，就可以凭借对特定客户群体需求的深刻理解，设计相应的商业模式。

2.价值主张

指企业要向客户传递什么样的价值，企业正在帮客户解决哪一类难题，企业正在满足哪些客户需求等。

3.渠道通路

指通过哪些渠道可以接触到企业的客户细分群体，如何去接触他们，哪些渠道成本效益最好、最有效，企业的渠道如何整合，如何把企业的渠道与客户的例行程序进行整合等。

4.客户关系

指每个客户细分群体希望与企业建立和保持何种关系，哪些关系企业已经建立了，这些关系成本如何，如何把它们与商业模式的其余部分进行整合等。同时企业还需要不断了解客户需求，不断改进产品和服务去满足顾客。

5.收入来源

指什么样的价值能让客户愿意付费，他们现在付费买什么，他们是如何支付费用的，他们更愿意如何支付费用等。

6.核心资源

指企业的价值主张需要什么样的核心资源，企业的渠道通路需要什么样的核心资源等。

7.关键业务

指企业的价值主张、渠道通路需要哪些关键业务，企业的客户关系和收入来源需要哪些关键业务等。

8.重要合作

指企业的重要伙伴是谁，谁是企业的重要供应商，企业正在从伙伴那里获取哪些核心资源，合作伙伴都执行哪些关键业务等。

9.成本结构

指企业商业模式中最重要的固有成本是什么，哪些核心资源以及关键业务花费最多等。

9个构造板块一起构成了企业对业务的系统、全局认识。

商业模式画布图的特点

1.完整性

虽说只有一页纸大小，但商业模式画布基本可以确定一款产品的商业模式的方方面面，能够让一般人在此模式下对该产品商业模式是否完整或者存在很大的纰漏一目了然。

2.一致性

可以判断商业模式的各个方面是否一致。比如，设计合作伙伴的假设与设计渠道假设是否保持一致性。

3.清晰性

商业画布的形式有助于更全面地看清公司的全貌，在全体业务参与的情形下，可以使大家对于信息的同步、各自的职责有一个更加清晰的认识。

Chapter 4

互联网公司的绝对估值法

贝索斯和他的亚马逊

2019年2月4日，这一天是中国农历己亥年的除夕，商场已是门可罗雀，人们都在迎接新年的到来。远在大洋彼岸的美洲大陆，亚马逊公司的物流自动分拣系统却还在有条不紊地运转，一架架无人机载着各类商品从亚马逊在全美的各个物流中心飞往城市的各个角落。在美国西雅图亚马逊全球总部，贝索斯正在阅读瑞士信贷集团金牌分析师罗格刚刚发布的关于全球云计算的市场研究报告。

华尔街并没有因中国农历新年的假期而休市。纳斯达克的报价牌在飞速地跳动，随着一声锣响，当天亚马逊的股价定格在1 633.31美元，亚马逊的创始人及CEO贝索斯的个人财富达到了1 300亿美元。2017年10月26日，亚马逊发布了亮眼的季度财报，其股价次日飙升13.22%，使得贝索斯净身价达到了906亿美元，贝索斯就此超越比尔·盖茨，成为新的全球首富，自那以后，贝索斯就牢牢地占据了这一位置。

SC是华尔街的一家共同基金，2018年，亚马逊出色的股价表现给这只主动型的基金带来丰厚的收益。但是，随着亚马逊总市值超越微软成为全球市值第三的公司，研究员和基金经理们的分歧也越来越大。

"亚马逊过去10年收入虽然在增长，但是利润波动性较大，资产负债率较高，其市值超过全球市值最高的零售企业沃尔玛的3倍，市盈率高达80多倍。这样的高估值很难支撑亚马逊股价的进一步上涨。横向比较，如果只看电商业务，亚马逊公司以自营模式为主，赚取进销差价，这种赚钱方式即便到现在仍只能让亚马逊电商业务实现微利，无法支撑股价的持续看涨。"零售行业的资深研究员杰夫表示了忧虑。

"虽然亚马逊的静态市盈率过高，但活跃用户超过4亿，Prime用户则超过1亿，而且在稳步增长。另外，亚马逊的云计算业务在全球所有云计算提供商中名列第一，其增速是微软的5倍。"作为公司TMT行业的研究员，琼斯依旧看好亚马逊的成长。琼斯是2018年入职的TMT行业的研究员，2018年他力荐在投资组合中加入亚马逊，给公司带来了丰厚的回报。

基金经理尼尔森陷入了沉思。亚马逊的股价在连续3个季度创新高后，在2018年第四季度下跌了25%，虽然营业收入也在不断增加，公司经营性现金流表现值得称道，但是公司的投入资本回报率始终处于较低位置。在2014年9月，亚马逊的股价在330美元左右，大概是2019年的五分之一。当时，来自中国的电商领导企业A集团的市值相当于亚马逊+eBay，但2019年亚马逊的市值已经高达8 101亿美元，超过了A集团。从2015年第二季度实现盈利开始，亚马逊就迎来了它自身20年发展中罕见的股价持续上涨。

尼尔森对贝索斯和他一手创办的亚马逊有着很深的了解。24年前的华尔街人来人往，全世界的精英们都来到这里追求梦想。而作为全美十大对冲基金公司D.E. Shaw最年轻副总裁的贝索斯却向总裁肖（Shaw）提交了辞呈。"来华尔街工作是每个美国精英的梦想，并不是每个人都有华尔街的工作经历"，肖试图挽留这个精力充沛的年轻人。但是贝索斯有自己的雄心壮志，他决定走自己的路。贝索斯出生于1964年，脾气火爆，执行力惊人。贝索斯总是抱怨他的公司价值被低估了。这句话最初出现在20世纪90年代，通常它意味着两件事：一是当所有人都拿他的公司来证明市场有泡沫的时候，他为自己辩解；另外一种可能就是他觉得他应该让资本市场再有耐心一点，"谁说我非得盈利呢？我可是在做一件大事。"

自1994年上市以来，亚马逊的业务范围不断扩大，从网上图书销售，到搭建综合性的零售平台；从推出Prime会员的2天内到货，到推出无人机送货；从推出Kindle电子图书阅览器，到推出云计算服务；甚至是送火箭上天。面对亚马逊的迅速扩张，华尔街认为是一种浪费，并表示被沃尔玛并购是亚马逊最好的结局。从互联网泡沫时代一路走来的亚马逊一直处于亏损状态，但是贝索斯对未来有很好的洞见，他曾在办公室的白板上写上"我不在乎股票价格"的字样。有着华尔街对冲基金工作经历的他始终相信："短期来看，股票市场像是一个投票机器；从长远看，股票市场是一个称重机。它能衡量一个公司的真实价值"。亚马逊星光熠熠，得到全世界的瞩目大约是两年前，亚马逊今天的市值与两年来的盈利有直接关系，但背后更重要的推动力是更早之前"播种的小麦陆续到了收割期"，比如在净利润中占大头的云计算AWS、Prime会员体系释放的用户价值等。

2018年1月，亚马逊公司在美国西雅图启用了新总部"生态圈"（Spheres）。"生态圈"的外型为三座圆顶玻璃屋，里头容纳了上万棵树木，宛如真实雨林一般，让人不禁想起了亚马逊的热带丛林，这恰恰就像公司的名字一样。亚马逊以其苛刻的工作文化而闻名，公司高层希望总部郁郁葱葱的办公环境能让员工们放松心情，激发灵感创造新产品或新计划。

中国农历己亥年的第一天，亚马逊的股价继续上扬，其市值达到了8 161.34亿美元，超越了Google 7 947.03亿美元的市值，成为当时全球市值最大的互联网公司。自此，亚马逊市值一路增长，到2021年2月27日，亚马逊的市值定格于1.54万亿美元。

这一次华尔街又对了么？

核心知识

互联网公司的绝对估值法

绝对估值法是通过对公司经营状况及财务数据的预测对公司进行估值的方

法。绝对估值法通过定量的研究，给出公司的内在价值。常用的绝对估值法有股权自由现金流模型（FCFE）、公司自由现金流量模型（FCFF）等。互联网公司的发展有其不同于传统公司的特点，因此互联网公司的绝对估值法亦有其独特之处。本书介绍了七种常见的绝对估值方法。

客户数量法

公式为：

$$V=f(M,C)=M \cdot C^2$$

式中，M——初始投入成本；

C——客户数量。

这是由摩根士丹利的 Mary Meeker 提出的对互联网公司进行估值的模型。该模型指出，互联网公司价值与公司的投入成本和公司客户数量有关。模型反映了客户数量和公司价值的指数关系，体现了梅特卡夫定律在互联网公司身上发生作用的事实。但是，初始投入成本是过去的现金流，从逻辑上看，公司过去的现金流并不影响公司价值，初始成本是沉没成本，沉没成本不应当对公司的价值产生影响。

国泰君安估值模型

公式为：

$$V=K \cdot P \cdot \frac{N^2}{R^2}$$

式中，K——变现因子；

P——溢价率系数；

N——网络的用户数；

R——网络节点之间的距离。

式中，*K* 表示互联网公司的变现能力；溢价率系数 *P* 体现了马太效应，即处于行业领先地位的公司可以享受更高的估值；用户数 *N* 体现了网络效应，体现了互联网行业的梅特卡夫定律；*R* 是网络节点之间的距离。

定性地来看，同样的信息，如果需要更长的时间才能传达，即可认为节点之间的距离"长"。如果相同的时间网络能传递更多或质量更高的信息，就可以认为节点之间的距离"短"。网络节点之间距离的影响因素，既有外生的，亦有内生的。科技进步和基础设施建设带来的诸如宽带网络的普及、4G 或者 5G 的大面积推广、智能手机等智能移动终端的广泛应用带来用户界面易用性提升等因素，可以全面提升整个网络的价值。对于互联网企业个体来说，这些是外生的因素。内生的因素包括网络的内容（数量和质量）、网络的联通度，这实际上是由网络自身的商业模式和运营情况决定的。网络中信息质量越高、数量越多、高连通度节点越多，网络节点之间的距离就越"短"，网络的价值就越大。如果一个网络本身只是一个中心联系众多用户，这种网络的价值实际上并不高。而类似像腾讯、Facebook 这种节点和节点间有着较多联系的网络价值会高很多，且有机会实现梅特卡夫定律所预测的平方级增长。

用户数是最大的影响因子。从该模型中我们可以理解为什么许多投资者在还看不到变现前景的情况下，愿意为互联网企业支付那么多钱。这是因为除了变现的因子 *K* 外，网络还可能因为其他三个因素而变得极为有价值：第一，从 *N* 的角度看，其可能有很多的用户数或潜在用户数；第二，从 *R* 的角度看，网络的质量可能较高或具有较多的高质量节点（名人、大型企业等），导致网络节点之间的距离很短；第三，从 *P* 的角度看，其目前正处在细分领域的行业前端（或宣称将要、愿意进行并购以成为行业领先者），而互联网行业的"赢者通吃"的确支持企业的想法，因为如果不这样做，企业可能很快就会死掉。

该模型虽然以模型的关系体现公司价值，但实际上无法进行定量分析，因为尚有以下问题没有解答：定价逻辑是否具备全面性与系统性？变现因子如何确定？数量关系是否可以反映现实？

申银万国估值模型

公式为：

$$V=f(T,M,C,R)=T \cdot M \cdot \frac{C^2}{R^2}$$

式中，T——创业团队价值因子；

M——初始投入成本；

C——客户数量；

R——客户互动因子。

该估值模型考虑到创业团队等人力资源对于公司价值的重要性，同时将互联网公司的初始投入、客户数量等纳入定价模型。但该模型的定价逻辑依然不是特别清晰。团队是个很主观的参数，如何计量与赋值并无定论。公司的初始投入成本是沉没成本，理论上不应该被纳入估值模型。

现金流量折现法

现金流折现模型（DCF）把互联网公司未来特定期间内的预期自由现金流折现为当前现值。公式为：

$$V=\sum_{n=1}^{n} \frac{CF_n}{(1+r)^n}$$

式中，CF_n——未来的现金流；

r——现金流对应的折现率；

n——企业存续期。

该模型计算了企业的内在价值，避免了相对估值法由于可比标的选取等原因带来的比较偏差。模型中的现金流可以是股利，也可以是股权自由现金流或者公司自由现金流。

DCF一般适用于现金流增长相对稳定、可预测度高的企业。此类企业未来现金流预测难度较小，DCF可靠性较高。因此，DCF更适合成长后期及成熟期的企业。

分部估值法

成熟期的互联网公司由于产品或业务的发展已达到"天花板"，甚至有步入衰退期的风险，往往会尝试多元化经营，探索一些前沿的业态，因此可能出现多个并行业务所处发展阶段不同的情况，而不同业务无法适用单一估值方法。分部估值法（Sum of the Part，SOTP）将互联网公司的不同业务单元进行独立估值，最后加权汇总得出总估值。该方法适用于具有多个业务且不同业务发展阶段、盈利水平不同的多元化科创企业。

分部估值法在海外市场应用十分广泛，通常针对多元化经营企业及转型期企业。例如A集团，传统业务及新业务适用不同的估值法，故分析师对A集团的核心业务、云业务、战略投资分别估值并加总，得到公司整体估值。由于核心业务已经比较稳定，可对核心业务采用DCF估值；云业务尚处于投入阶段，可根据稳态情况下的EV/S进行估值，并折现到当前；战略投资可按市场价值估算。

实物期权估值法

实物期权的底层证券是既非股票又非期货的实物资产。实物期权估值法，是指充分考虑企业在未来经营中存在的投资机会或拥有的选择权的价值，进而评估企业价值的一种方法。它是20世纪70年代后在期权定价理论的基础上发展起来的。

相对估值法需要寻找在增长前景、风险性、财务结构等方面具有完全可比性的公司，这限制了它在公司价值评估中的作用。对于广泛使用的现金流折现法，由于适合采用现金流折现法（被估价资产当前的现金流为正，并可以比较可靠地估计未来现金流的发生时间，同时，根据现金流的风险性又能够确定恰当的折现率）的条件往往在互联网行业内不能得到满足，使得使用现金流折现法进行估价遇到比较大的困难。

与传统估价法相比，实物期权估值法降低了寻找"同比"指标的难度，并保留了现金流折现的长处，特别是具有对确定性的"自然适应性"，解决了互联网公司上市定价、公司并购估价等资本市场常见的难题。"即使是在传统估价方法适合的情况下，实物期权估值法仍提供了另一种有价值的视角"。

在考虑了投资机会的期权价值评估体系下，企业价值表示为：

$$V_t = V_f + V_c$$

式中，V_f 是现有业务现金流量的折现值，V_c 为未来投资机会的期权价值，由 Black-Scholes 公式进行计算。

具体计算步骤如下：

$$V_f = \sum_{t=1}^{n} \frac{C_t}{(1+k)^t}$$

其中，C_t 表示计算期内第 t 年的现金流量，k 表示企业的加权平均资本成本，n 表示折现期限。

计算投资机会的期权值可用 Black-Scholes 模型计算，公式如下：

$$V_c = S \cdot N(d_1) - K \cdot N(d_2) e^{-n}$$

$$d_1 = \frac{\ln(\frac{S}{K}) + (r + \frac{\delta^2}{2})}{\delta \sqrt{T}}$$

$$d_2 = d_1 - \delta \sqrt{T}$$

式中，V_c——企业潜在期权价值；

S——标的资产当前价值；

K——标的资产执行价格；

$N(d)$——标准正态分布下离差小于 d 的概率；

e——自然对数的底；

r——无风险利率；

T——实物期权期限；

δ ——连续复利年收益率标准差。

互联网公司面临较大的不确定性和风险，也面临大量的投资机会和发展机会，在此背景下出现的期权估值理论给互联网公司价值评估提供了一种新思路，在该理论指导下建立起来的期权估值方法也给公司估值提供了一种有意义的工具。与传统估值方法相比，期权估值法考虑并计算未来机会及选择权的价值，使企业估值更为科学合理。但实物期权估值法在实际应用过程中还受到许多条件的制约。例如，Black-Scholes期权定价模型是在一系列前提假设的基础上建立和发展起来的，这些假设条件在现实中很少能够完全得到满足。该模型是对现实问题的简化和抽象，是对现实状况尽可能相对的模拟，但很难做到与实际情况完全一致。此外，任何一种期权定价模型在实际运用中都是复杂和烦琐的。

案例讨论

亚马逊公司的商业模式创新与公司估值

亚马逊的发展历史

亚马逊成立于1995年7月，位于华盛顿州的西雅图，1997年在美国纳斯达克证券交易所上市，是美国最大的网络电子商务公司。亚马逊从网上书店做起，经过数次商业模式创新，现在已经成为市值超1.6万亿美元的公司。

1994年，亚马逊创始人贝索斯发现了互联网的发展潜力，决定对销量最大的图书进行网上销售。贝索斯对互联网的经营模式进行长时间研究后，于1995年7月成立了亚马逊网上书店。

书店一直以来都面临着两个经营难题：一是行业集中度低，难以实现规模经济；二是无论是大的书店还是小的书店，陈列的图书都是销量较大的大众读物，小众群体需要的书籍很少。实体书店的经营定位是大众市场，小众市场无法顾及。

互联网商业模式则可以很好地解决以上两个难题。一方面，互联网的特性可以使图书的销售不再受到地域的限制，由于边际成本几乎为零，理论上网上书店可以无限度地增加图书种类和数量，从而实现规模经济。另一方面，网上书店可以轻松满足小众市场，获取小众市场的利润。互联网的这种优势使贝索斯坚信网上书店的前景。亚马逊一方面增加图书品种，另一方面进行大量的广告投入，不断吸引用户，形成用户规模。1997年，刚刚成立两年的网上书店，图书品种已经达到70万种，用户数量突破151万。

1997年5月，亚马逊股票上市，虽然网上书店一直处于亏损中，却被投资者看好，市值一路上涨。这证明了互联网经营模式的价值。

亚马逊在图书经营领域获得了成功，同时形成了一种互联网商业模式，从进货、库存到销售、收款等建立了完整的电子商务流程，这种商业模式可以应用到其他商品的经营上。亚马逊开始增加商品种类，1998年亚马逊陆续推出音乐商店、录像制品商店和礼品专柜。

2001年是亚马逊发展的一个转折点，其开始大规模推广第三方开放平台业务（Marketplace），革新了商业模式。第三方开放平台业务是指在网络平台上引入第三方卖家，用户可以购买亚马逊经营的商品，也可以购买第三方卖家销售的商品。亚马逊通过为第三方卖家提供物流仓储服务和IT基础设施服务，收取服务费，拓展收入来源。

2005年，亚马逊推出Prime会员服务，用户只要缴纳79美元/年的会费，就可以免费获取快递两日到达服务，而且是全年无限次免费配送服务。Prime会员服务给亚马逊增加了运营成本，主要是配送成本高，会员收入不能够弥补支出。但是这一业务给亚马逊带来了大量的顾客和消费额。会员比普通用户花费在网站的时间也更长，购买的次数更多，加上亚马逊努力搭建高效的物流体系，物流成本在不断降低，总体来看，亚马逊的长期收益大于损失。

2006年，亚马逊推出云计算（Amazon Web Services，AWS），进入云计算市场，以Web服务的形式向企业提供IT基础设施服务，包括：亚马逊弹性计算网云（Amazon EC2）、亚马逊简单储存服务（Amazon S3）、亚马逊简单数据库（Amazon Simple DB）等服务。

亚马逊开发云计算，最初是为了满足其核心业务电子商务的需要。通过基础设施的不断优化和改进，亚马逊创造了一套独有的软件和服务基础，在云计算领域形成了优势，于是开始帮助第三方利用亚马逊的海量数据及数据处理模块拓展业务，形成了新的收入渠道。目前AWS已经在全球建立了54个区域，市场规模越来越大。

2007年，亚马逊开始向第三方卖家提供外包物流服务（Fulfillment by Amazon，FBA），为第三方卖家提供方便快捷的物流服务。FBA，是指卖家可以预先把销售的商品送到亚马逊的仓库，客户下单以后，由亚马逊提供发货服务，并收取费用的业务。通过将卖家商品纳入自身的库存和物流，FBA可以为用户提供更多不同的商品服务种类、更具竞争力的价格以及更为便捷的服务，给用户带来更为便捷的B2C在线购物体验。例如，两个卖家提供同样的商品，但是商品的价格和物流服务不一样，这给买家提供了更加多样化的选择。

对亚马逊来说，FBA推出之初的主要目的就是提升亚马逊的用户体验，提高用户黏性，而非一项重要的财务收入来源。例如，根据年报，2009年由第三方卖家提供货物的销售量占到亚马逊网站销量的30%，活跃的卖家数量达到了190万，而包括FBA和Amazon Prime服务在内的物流收入，仅仅为9.24亿美元。2009年亚马逊物流成本为17.73亿美元，也就是说，物流服务发生的净亏损为8.49亿美元，占到销售额的3.4%。

2007年11月，亚马逊推出了Kindle电子阅读器，用户可以通过无线网络使用Kindle购买、下载和阅读电子书、报纸和杂志等电子内容。亚马逊经营着全球最大的网络书店，因此Kindle有着丰富的资源，收益来源主要依靠内容销售。亚马逊以长远盈利为考量，进行了不少商业模式的创新，如Kindle电子书和平板销售价格低廉，不依靠硬件取得收益，从而快速获得用户；Kindle基本上在每个机器型号上都推出了special offer版本，价格普遍比普通版本低15～20美元，其成本通过引入广告商的广告来弥补。

亚马逊"以客户为中心提供服务"，使客户能够享受方便、优惠和快捷的购物体验，客户数量不断增加，新业务不断推出，收入渠道不断拓展，因此市场估值也迅速增大。2015年亚马逊的市场估值超过了沃尔玛，成为新的零售业霸主，

2017年底亚马逊估值已经是沃尔玛的1.9倍，随后亚马逊的市值一路上扬，到2021年2月27日已达1.54万亿美元，更是沃尔玛的4.12倍。

亚马逊的商业模式

亚马逊通过各种方式快速扩大用户规模。亚马逊成立之初经营网上书店业务，就采用了快速扩大用户规模的模式，在广告上大笔投入，曾经每100美元收入中就有36美元花在广告上。除了在各大报纸和网站上刊登广告，亚马逊还与其他网站开展合作，其他网站推荐其用户在亚马逊购买图书，用户成功购书后网站可以获得8.5%的收入分成，高额的推荐费一下子就吸引了上万个网站。到1998年，合作网站的数量已经超过了10个，亚马逊的用户数量也获得了迅速增长。亚马逊的用户数量，1997年是150万，到1999年增长至1 690万，2001年达到2 500万。除了大量的广告投入外，亚马逊自营业务部分一直处于亏损状态，就是为了让利用户，让用户能够买到低价的自营商品，享受到高效的物流服务，使平台对用户形成吸引力。

亚马逊还通过丰富产品种类增加用户黏性，使用户持续在亚马逊商城上购物。亚马逊不断扩大自身规模，丰富商品种类，满足用户的各类需求。2016年5月，亚马逊自营商品种类达到1 223万种，如果加上平台上第三方卖家销售的商品，商品种类达到3.5亿种，而且商品种类还在不断扩充，从生活用品到工业用品，从儿童用品到老年用品，用户几乎能够在网站上买到所有需要的商品，因此用户对平台的依赖感越来越强。

亚马逊努力提升用户的购物体验，通过人性化的页面功能设计，使用户在购物的每一个阶段都能够产生舒适的感觉。电商平台上产品种类繁多，新用户很容易产生一种凌乱的感觉。为了让新用户能够方便查找和购买产品，用户的搜索、浏览等记录都会被存储于服务器，通过分析自动向用户推荐相关产品。用户会发现，登录的次数越多，页面展示的商品越符合他们的口味和兴趣。亚马逊提供逼真的图书预览，消除用户对图书质量的疑虑。用户购买商品大多会浏览商品评价，亚马逊赋予用户筛选评价和对比查看评价的权利，用户可以充分查看不同客户评级的评价，也可以对比查看所有好评和差评。亚马逊的努力方向是：尽量为用户提供个性化内容；不让用户感到在强迫他们购买有些产品；在任何时候都让用户感到舒服。

在盈利模式方面，亚马逊积极提升变现能力。亚马逊基于第三方付费的商业模式，是依靠亏损的自营业务和其他方式吸引用户，形成可观的用户规模，然后第三方卖家入驻平台实现对用户的销售，最后亚马逊向第三方卖家收取费用实现盈利。来自第三方市场（Marketplace）的收入（即来自卖家的收入）是亚马逊重要的收入来源。

亚马逊向用户提供增值服务，在普通用户的基础上推出了Prime会员服务，Prime会员可以享受免广告看Prime Video、免费阅读电子书、Prime Music和Prime Photos等多种服务，使具有消费潜力的用户群体成为付费群体，促进了收入增长。会员人数2014年为2 000万，2017年达到1.2亿。来自会员的收入也快速增长，2017年会员收入为97.21亿美元，贡献了总收入的5.5%。第三方销售额占亚马逊总销售额的比例在2019年达到了60%。2019年，销售额超过10万美元的卖家达到28万，而这一数据在2016年仅为7万。销售额在100万美元以上的卖家从2018年的2.5万增至如今的3万。

亚马逊跨界融合创新。云计算行业是亚马逊成功跨界的典范。开发AWS云计算的初衷是满足其核心业务电子商务的需求，云计算研发出来以后，凭借优势顺利进入云计算市场。通过在全球不断增加站点，市场不断扩大。2019年AWS业务收入达到350.26亿美元，在总收入中占比为12.5%。

亚马逊与沃尔玛对比

1. 市值对比

沃尔玛是传统零售业的巨头，成立于1962年，有着50多年的发展历史，如今在全球27个国家开设的门店数量过万，员工总数220多万。沃尔玛1993年销售额即高达673.4亿美元，在全美零售业中排名第一，销售额超过全美百货公司的总和。2010年沃尔玛位居世界500强榜首。

亚马逊与沃尔玛经营相同的业务，却采用了不同的商业模式。亚马逊是互联网商业模式的代表，而沃尔玛是传统企业商业模式的代表，业务虽然相同，市场估值却差别很大。

从图4-1可以看出，沃尔玛的市值近十年一直在2 000亿美元到3 000亿美元之间徘徊，亚马逊的市值则快速上涨，从200多亿美元涨到9 000多亿美元，2017年年底估值接近沃尔玛的两倍。2018年2月，亚马逊市值突破7 000亿美元，成为全球第一。传统零售业霸主为什么会被如此快速赶超？

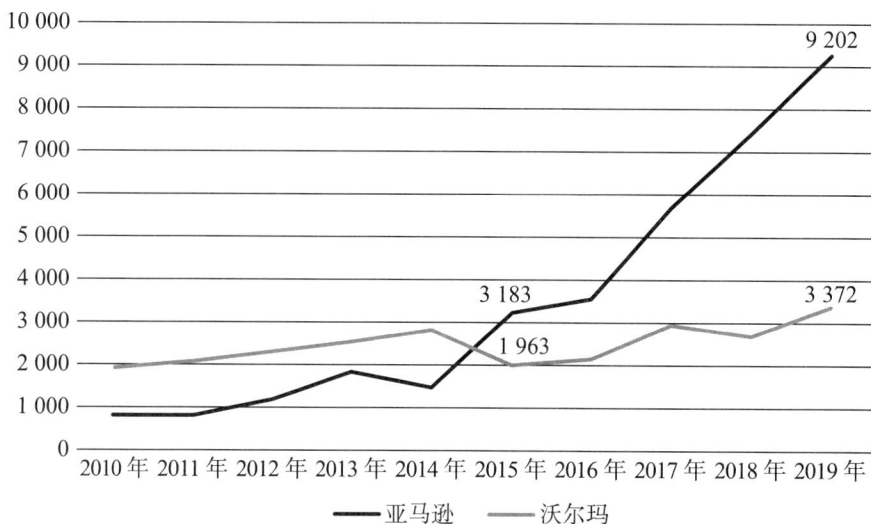

图4-1　亚马逊与沃尔玛市值对比（亿美元）

数据来源：万得资讯。

是什么因素导致了两家公司的市值差异？是利润和资产吗？从图4-2、图4-3可以看出，无论是净资产还是净利润，亚马逊都远小于沃尔玛。以2017年为例，2017年亚马逊的净资产和净利润都只有沃尔玛的三分之一左右，若以市盈率和市净率的估值方法评估，将会得出沃尔玛的市值高于亚马逊的结果，而这与现实不符。

管理学大师彼得·德鲁克说过，企业之间的竞争是商业模式之间的竞争。不同的商业模式造就不同的企业竞争力和盈利能力。亚马逊和沃尔玛同样经营商品零售业务，却一个实行互联网平台销售模式，一个采取实体店销售模式。正是这种差异，造成了两者估值的悬殊。

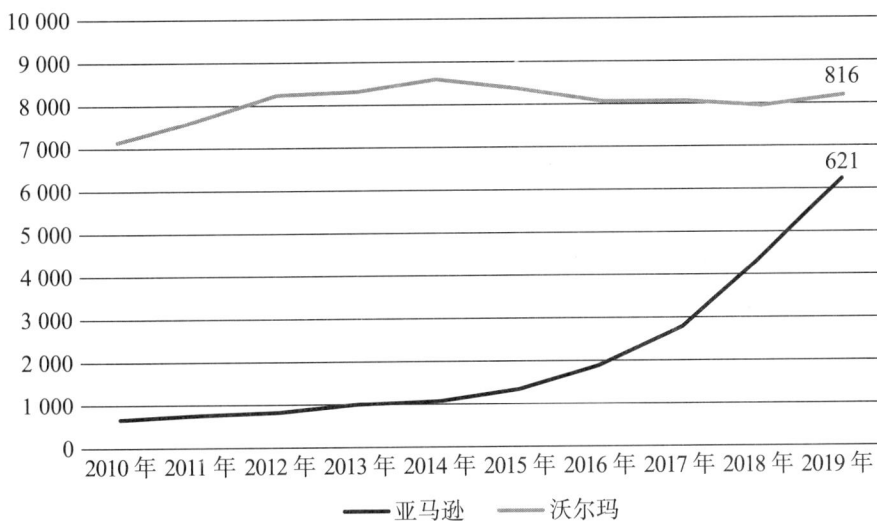

图4-2　亚马逊与沃尔玛净资产对比（亿美元）

数据来源：公司年报。

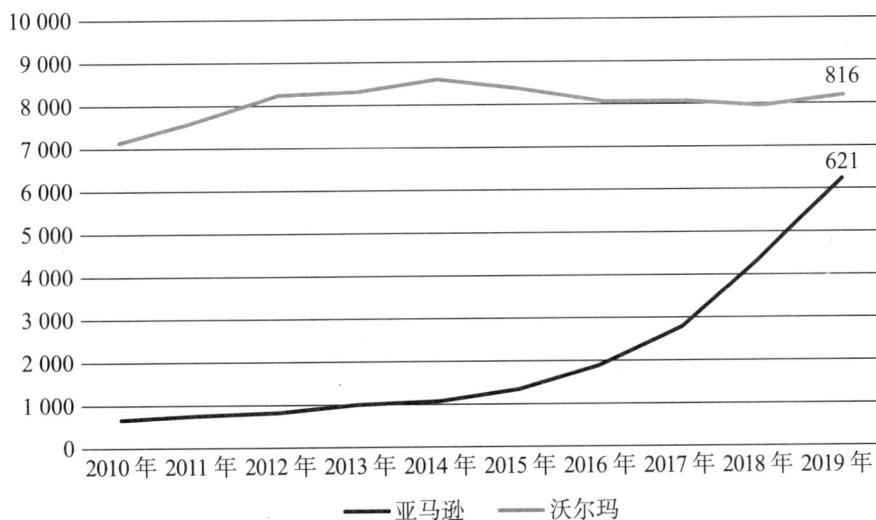

图4-3　亚马逊与沃尔玛净利润对比（亿美元）

数据来源：公司年报。

2.商业模式对比

（1）沃尔玛的商业模式。

沃尔玛成立于1962年，在同一时期经营较好的美国零售商也有很多，例如

Sears、Kmart，沃尔玛能够在竞争中打败它们，并且发展迅速，连续在《财富》世界500强排行榜上位居榜首，证明了沃尔玛的商业模式也曾是成功的商业模式。

对沃尔玛商业模式的分析可从两方面进行：一是用户价值主张，二是盈利模式。

首先，在用户价值主张方面，沃尔玛相比其他零售企业满足了客户更多的需求，比如更低的价格、更好的服务和购物的便利。沃尔玛最早开设的店铺就有"折扣商店"的称谓，其经营的商品主要面向中低收入人群，低收入人群往往对价格比较敏感，因此折扣吸引了大量客户，不需要太多的广告宣传，沃尔玛商店的折扣信息就会被四处传开，一家小店门口可能排着长长的队伍。此外，沃尔玛的服务也做得很好，新设一家商店的同时会提供尽可能多的客户停车位，采购的商品也富有变化和特色，以满足客户各种各样的需求，以及为客户提供送货上门服务，等等。沃尔玛购物的便利性，从沃尔玛数量众多的门店就可以看出，通过多设分店和合理选址缩短了商店和客户之间的距离，从而让客户少走路，为客户节省不必要的时间成本。

虽然以上因素都促进了沃尔玛的成功，但在用户价值主张方面，更重要的影响因素是其对目标客户的恰当选择。这体现在两方面：一方面，沃尔玛选择的目标群体是中低收入人群，这部分人群对价格比较敏感，与其他人群相比，折扣可以刺激更多的购买量。为了能够向客户持续提供折扣，沃尔玛采取了直接从厂商进货、完善物流、减少营销费用等多种方式，保证其商业模式的稳定性和持续性。另一方面，沃尔玛选择的初始目标地区是农村和郊区，农村和郊区的中低收入人口多，符合其经营定位，而且其他零售公司的门店也比较少，几乎没有竞争。诸如Sears、Kmart这样的大型零售商和众多较小的零售商，其经营多定位于中高收入群体，门店大都设在城市中，竞争激烈。可以说是沃尔玛抓住了农村和郊区的商业机会，满足了这些中低收入消费者的需求，通过大量促销，获得了可观的利润。总结起来就是，沃尔玛利用折扣销售的经营模式，抓住了那些被其他零售商忽略的需求，获得了成功。

其次，在盈利模式方面，沃尔玛商业模式的成功之处在于其对成本的控制。在互联网未充分发展的时期，"渠道为王"的经营策略是沃尔玛成功的重要原因，其帮助沃尔玛实现了低成本采购。沃尔玛之所以对供应商有很强的议价能力，能够低成本采购，就是因为它帮助供应商实现了规模经济和范围经济。

其一，沃尔玛帮助供应商实现了规模经济。沃尔玛掌握着庞大的客户规模，每天去沃尔玛购物的人次达数亿，年销售额在千亿美元规模，因此沃尔玛从供应商处进行商品采购时，往往批量很大。采购批量越大，供应商越容易实现规模经济，使生产成本降低，这使得供应商对沃尔玛有很强的依赖性。

其二，沃尔玛帮助供应商实现了一定程度的范围经济。供应商在实施产品差异化战略时，一个较大的难题是不能与客户充分接触，不能充分了解主流客户的需求特点。沃尔玛有数量众多的销售网点，是一个分布广泛的交易平台，在沃尔玛网点展示差异化的产品，可以间接实现与客户的接触，根据客户的喜好特点来生产差异化的产品，实现范围经济。为了缩短供应商与客户之间的距离，使供应商充分了解客户的需求特点，沃尔玛利用计算机电子数据交换系统与重要供应商分享相关的商业信息，例如供应商各产品的销售情况。

总结起来，沃尔玛商业模式能够成功至少有两个重要因素：一是在用户价值主张方面，抓住了被忽略的中低收入客户的需求，也抓住了这些客户对价格敏感的需求特点；二是在盈利模式方面，通过帮助供应商实现规模经济和范围经济，增强了议价能力，降低了成本。

（2）亚马逊的商业模式。

没有永远成功的商业模式。商业模式在不断地更新迭代，新的商业模式会颠覆旧的商业模式，以更加适应商业发展的特点呈现出来。当然，一些商业背后基本的逻辑不会变化，比如以前是考虑为客户服务，现在依然是考虑为用户服务，只不过是更好、更进一步地为用户服务。亚马逊与沃尔玛商业模式的重要区别在于，亚马逊借助了互联网的优势，满足了更多被忽略的客户需求，并革新了与供应商和客户的关系。

其一，亚马逊更充分地实现了客户的价值，获得了更多的客户流量。这至少体现在三个方面：一是在客户地理范围上，相比于沃尔玛利用实体店去捕捉那些被忽略地区的需求，如边远小镇的购物需求，亚马逊通过互联网将经营范围覆盖了所有地区，使客户不再受地域的限制，任何有需求的客户都可以通过互联网在亚马逊方便地购物。而沃尔玛再多的分店，也无法触及每一个潜在客户，总会有一部分客户无法购物或者无法方便地购物。二是在客户需求范围上，亚马逊充分满足了众多个性化和非主流的客户需求，真正实现了"长尾经济"。在网上商城上展示小众商品，并不需要花费太多的成本，理论上可以无限地陈列商品，因而亚马逊可以充分满足具有众多个性化和非主流的客户需求，将小众客户吸引过来。沃尔玛的商店虽然也注意展示不同类别、不同特点的商品，但是成本较高，小众商品陈列数量不足，不能对数量众多的小众客户构成吸引。三是在价格折扣上，亚马逊向客户提供了更加有吸引力的价格。在沃尔玛投资电商之前，亚马逊的很多商品要比其便宜10%～15%。

其二，在盈利模式方面，亚马逊革新了与供应商以及客户的关系，实现了从赚取客户的钱到赚取供应商的钱之转变。亚马逊的网上商城实现了供应商与客户的直接对接，供应商与客户成为直接交易的双方，而亚马逊扮演的是撮合交易的第三方角色。亚马逊网上商城为供应商提供了销售渠道，供应商可以不需要中间商就能够直接向客户进行销售，通过与客户的直接接触，供应商可以了解客户的需求特点，甚至可以让客户参与产品的生产过程，这可以给供应商带来巨大的价值。仅仅基于这一点，亚马逊就可以向供应商收取费用，实现收入。在沃尔玛的盈利模式中，利用自身的渠道角色，降低向供应商的采购成本，是其盈利的重要基础。工业经济时代，分销渠道在商业模式中扮演着非常重要的角色，然而互联网出现以后，分销渠道的作用正变得越来越小，因为供需双方可以在没有分销渠道的情况下直接实现交易，进行互动，供应商与客户实现了"面对面"的交易，在这种情况下，分销渠道不仅无法帮助供应商创造价值，甚至可能会对供应商与客户的互动起到阻碍的作用。

通过以上分析可以看出，相对于沃尔玛，亚马逊以互联网为载体的商业模式，更充分地实现了客户价值，能够吸引更多的客户，形成更大的流量；在盈利模式方面，亚马逊革新了与供应商和客户的关系，改变了收入方式，增强了变现能力。也正是因为这两点，亚马逊的市值才能够迅速上涨，超过沃尔玛。

（3）商业模式九要素对比。

①价值主张。

沃尔玛和亚马逊同处于商品零售行业，在价值主张上有很多共同点，沃尔玛超市进行折扣低价销售，亚马逊网上商城也提供很多廉价的商品；沃尔玛合理规划分店地址，开尽量多的分店，缩短客户与超市的距离，降低用户的时间成本，亚马逊建立众多物流中心，形成物流体系，为用户提供快捷的物流服务，缩短用户等待时间。虽然模式有共同之处，但是两者带给用户的价值多少是不一样的，比如，亚马逊网上商城经营成本较低，很多商品价格比沃尔玛低10%～15%，这给用户带来了价值差异，很多对价格敏感的用户会选择去亚马逊购物。

从不同之处来说，亚马逊网上商城有很好的反馈渠道，用户对商品或者商家有任何意见都可以随时随地表达出来，并且提出的意见可以被众多其他用户看到，进而影响某商品的销量，这样用户就在无形中拥有了一种特别的权利，也体现了用户的个人价值。而在沃尔玛，客户发现一件陈列商品有瑕疵，只能选择放弃购买该商品而购买其他商品，没有申诉渠道，或者申诉成本太高，会花费客户较多的时间和精力。沃尔玛的商品买回家后发现问题，客户可能需要拨打电话，自行找供应商解决问题，而在网上商城，用户只需在网页上提交文字、照片等信息，就会有人上门解决问题。

价值主张的一个重要内容是识别目标客户和市场未被满足的需求。在目标客户的识别和个性化需求的满足上，亚马逊的商业模式比沃尔玛更好。沃尔玛作为传统零售企业是以供给为导向的商业模式，虽然其发展之初，在小镇和郊区建立超市，没有选择在大城市建立超市，满足中低收入人群的需求，准确识别了目标客户和市场未被满足的需求，却无法改变其以供给为导向的本质，其对个性化需求的满足只能维持在一定限度内。亚马逊借助互联网技术将传统以供给为导向的商业模式转变为以需求为导向的互联网商业模式，互联网的特点帮助其实现了长尾经济，以往众多未被满足的个性化需求被充分满足。

②关键业务。

沃尔玛的关键业务是线下业务，主要是门店建设和供应链物流系统建设。亚马逊的关键业务包括线上和线下，线上主要是平台的建设，线下是其高效物流体系的建设。对于零售行业来说，提升用户体验是增大流量的重要因素，而亚马逊对平台的建设和维护能够维系用户关系和提升用户的良好体验，因而亚马逊具有更大的竞争优势。

③核心资源。

作为传统企业，人、财、物和丰富的管理经验是沃尔玛的核心资源。沃尔玛拥有众多的实体超市、土地等固定资产，这些在其总资产中占有相当的比例，从会计的角度来说，这不利于其快速发展，较高比例的资金沉淀于固定资产，无法开拓新的收入来源，其变现能力会受到影响。

而对亚马逊来说，其核心资源是其庞大的用户与用户产生的数据，及对大数据的分析能力。互联网时代是一个数据发挥重要作用的时代，亚马逊通过积极整合自身数据，分析和整合消费者数据，实现对用户的精准营销。传统的零售商没有互联网技术的支持，数据难以融合在一起，各个类型的数据单独存放，没有建立联系，数据分析会遇到各种障碍。因而，亚马逊在零售时更能够把握用户个性化的需求，实现用户的价值，这有助于流量的提升。

④重要合作。

零售企业的重要合作伙伴是供应商，在以往的工业经济时代，供应商对分销渠道有很强的依赖性。沃尔玛拥有强大的分销能力，其供应商在与其议价过程中处于劣势，沃尔玛对供应商有很强的控制能力。但是进入互联网时代，去中心化已经成为趋势，分销商的作用已经不再不可替代，通过互联网供应商可以与客户实现直接接触，达成交易。沃尔玛对供应商的控制能力会逐渐下降。这可能会导致采购成本的上升和变现能力的下降。

相比之下，亚马逊对供应商的吸引力越来越强。亚马逊通过互联网可以接触到更多的用户，这是巨大的市场资源，供应商只要进驻亚马逊平台，就可以实现与众多客户的接触，进而达成交易。同时，供应商还有另外一个好处，以往通过沃尔玛中间商销售，供应商不能够掌握确切的销售信息，对客户的了解也比较少，而在网上商城直接销售，可以直接掌握实时销售情况，更好地把握客户需求。

⑤分销渠道。

分销渠道指用户获取渠道，比如分销路径和商铺。渠道可以从广度和深度上进行划分。在广度上，沃尔玛通过增加分店数量来扩大渠道，成本高；亚马逊在网上通过友情链接等形式扩大渠道，成本低。在深度上，沃尔玛购物过程是消费者产生购买需求、去超市查找商品、购买；亚马逊网上商城购物过程是消费者产生购买需求、在网上查找商品、不同品牌比较、发现最适合自己的、购买、使用、使用评价。沃尔玛是实物展示，陈列的商品种类有限，客户可能无法在无帮助情况下找到适合自己需求的商品，亚马逊商城商品种类则不受限制，用户可以尽情浏览，而且可以通过查看过往用户的购买评论来挑选商品。对比可以发现，亚马逊商品的购买渠道更为完善，更契合用户需求。

⑥客户细分。

沃尔玛主要通过在不同的客户区域，设立不同类型超市实现客户细分，例如在小镇和城市设立的超市或山姆会员店，其销售的商品种类和档次不同。这种客户细分方法比较粗略，忽略了很多潜在的客户需求，也使流量增长受到影响。

亚马逊通过大数据重新审视客户关系，对客户进行全面了解和深度细分，建立全面的客户数据。这些数据包括客户的购物历史、性别、年龄、个人偏好和感兴趣的产品等，利用这些数据可以对客户进行深度细分，从而准确把握客户需求。还可以实现对客户的多类别划分，如可以划分为高价值客户、中等价值和低价值客户，也可以划分为忠诚客户、潜在忠诚客户和非忠诚客户。通过深度细分，准确把握客户需求，可以更好地满足客户需求，从而提升流量。

⑦客户关系。

客户关系管理（CRM）是商业模式的重要内容，主要指在营销、服务等方面培养客户的黏性和忠诚度。在传统的零售实践中，客户关系管理比较简单，与客户交流互动成本较高，效果也不理想。电子商务环境下，客户沟通成本大大降低，网络可以使企业较为容易地收集客户信息，也使客户容易了解产品和企业信息。

沃尔玛主要通过折扣和低价来保持客户的黏性，策略单一，而且对高收入群体效果甚微。亚马逊除了降低自营商品的价格，还为每一位用户建立身份标识，记录用户的偏好、兴趣特点等，当用户登录时，自动推送用户可能感兴趣的商品信息，使用户有种熟悉的感觉，增加了每位用户的黏性。

⑧成本结构。

对于沃尔玛来说，其对成本的控制主要在两方面；一是物流成本，采购活动的发生必然存在物流成本。沃尔玛建立了高效运作的配送中心和先进的信息管理中心，如射频技术和便携式数据终端设备。二是采购成本，沃尔玛拥有强大的分销能力，在与供应商的议价中占有优势地位，降低了采购成本。

亚马逊也在物流和采购成本上进行了控制管理，不过其有更多的措施来降低其他方面的成本，例如通过对顾客全渠道的购买历史和购买行为进行大数据分析来预测供求关系，并在此基础上有针对性地投放广告和促销，实施精确营销，显著节约了成本。

⑨收入来源。

收入来源可以理解为变现渠道，是变现能力的体现。沃尔玛的收入来源相对单一，主要是向客户收取费用，赚取进销差价。亚马逊在其零售业务上不仅有来自用户的收入，还有来自进驻商户的收入。商户在平台上取得收入后，平台按一定比率取得分成，平台还通过向商户提供技术服务取得服务费收入，以帮助他们更高效地经营店铺，另外，亚马逊利用互联网可以较为容易地实现跨界，如亚马逊在物流、Kindle业务、云计算等方面都有拓展，实现了收入来源的多样性，并且各个业务可以相互作用，实现协同，增强整体变现能力。

通过亚马逊和沃尔玛商业模式九要素的对比分析，可以看出亚马逊的互联网商业模式在吸引流量、增强变现能力方面更有优势，因而其流量规模比沃尔玛更大，变现能力比沃尔玛更强，这也是亚马逊企业价值比沃尔玛高的原因。流量和变现能力对企业价值有重要影响，在对企业价值进行估值时，应当考虑流量和变现能力的影响。

亚马逊估值

互联网商业模式的要点是流量的获取和流量变现的方式，商业模式对互联网公司的估值有重要的影响。可利用亚马逊用户流量的增长情况来预测其收入增长率，根据流量变现能力和定价权来预测毛利率，根据销售费用、管理费用与财务费用占营业收入比率预测净利率。有了收入增长率、毛利率及净利率，再计算出亚马逊公司的资本成本，就可以使用未来现金流折现的方法进行估值。

亚马逊的商业模式是利用平台自营业务吸引用户，通过提供低价优质的自营商品、高效的物流服务等，在自营业务上长期保持低利润率甚至亏损的状态，让利于用户，从而积聚和保有越来越多的流量。因而注册用户和会员数量能够维持较快的增长，用户忠诚度高，流失率低。未来企业收入可以维持较快增长。另外，亚马逊以电商产业为基础不断开拓其他业务，如Kindle业务、广告业务以及云计算业务等，形成了多个收入渠道，增强了企业的变现能力，特别是云计算业务和广告业务有很高的利润率，使企业的整体毛利率显著提高。

依据亚马逊用户流量增长情况、变现能力及净利率，预测企业的未来收入变化。对流量变现能力和定价权的衡量，可参考表4-1、表4-2和表4-3的指标。

表 4-1　流量要素

用户数量	用户是企业收入来源的基础，现有用户可以直接为企业产生现金流，随着时间推移，用户的价值也可能会增加
访问频率	用户单位时间内的访问次数，次数越多，流量越大
每次滞留时间	用户单次访问所停留的时间，时间越长，用户浏览量和点击量越多，流量也越大
用户增长率	对未来现金流估计，需要对未来用户数量进行评估
用户获得成本	取得一个新用户需要付出的成本，营销成本是主要部分
单个用户价值	平均每个用户贡献的收入
用户忠诚度	也称用户黏性，指获得一个用户后，用户是否愿意再次访问或购买。如果用户忠诚度高，则意味着企业可以获得持续的收入

表 4-2　变现能力要素

收入渠道或方式	通过商业模式创新，互联网企业可以实现多种收入来源，如设置会员费、广告、增值服务收费等，不同的收入方式和种类有不同的获利能力，也对用户的付费意愿有不同的影响，该指标反映了企业的变现能力
收入协同	各个业务能否相互促进，形成一个生态。如电商产业的物流可以有效促进网上零售额的增长

表 4-3　定价权要素

毛利率	收入中有多少可以转化为毛利润。为了吸引和留住用户，部分业务可能毛利率很低
净利率	企业净利率，收入中有多少可以转化为净利润

依据业务的差异性将亚马逊公司的收入分为两部分：一是产品收入，如销售电子产品和其他日用商品以及自媒体产品的收入；二是服务收入，如提供云计算服务、Prime会员服务、广告及其他业务取得的收入。根据公司的流量增长情况，结合宏观经济数据和行业数据，按照3%来确定永续增长率，对未来10年业务收入做出如表4-4所示的预测。

表 4-4　亚马逊各业务预测收入　　　　　　　　　　　　　　　　　　　单位：亿美元

年度		2020E*	2021E	2022E	2023E	2024E	2025E	2026E	2027E	2028E	2029E	2030E
产品	收入	1 925	2 310	2 772	3 326	3 991	4 790	5 748	6 897	8 277	9 932	11 918
	增长率	20%	20%	20%	20%	20%	20%	20%	20%	20%	20%	20%
	毛利率	2.8%	2.8%	2.8%	2.8%	2.8%	2.8%	2.8%	2.8%	2.8%	2.8%	2.8%
服务	收入	1 561	2 030	2 639	3 431	4 460	5 798	7 537	9 798	12 737	16 559	21 526
	增长率	30%	30%	30%	30%	30%	30%	30%	30%	30%	30%	30%
	毛利率	30.1%	30.1%	30.1%	30.1%	30.1%	30.1%	30.1%	30.1%	30.1%	30.1%	30.1%
合计	收入	3 486	4 340	5 411	6 757	8 451	10 587	13 285	16 695	21 014	26 491	33 445
	增长率	24%	24%	25%	25%	25%	25%	25%	26%	26%	26%	26%
	毛利	524	676	872	1 126	1 454	1 879	2 430	3 142	4 066	5 262	6 813

*2020E 表示 2020 年预测值，其他各项类同。

对亚马逊流量增长情况进行估计时，由于缺乏总用户数量的数据，部分参考其Prime会员数量的增长。摩根士丹利的调研报告显示，大约40%的Prime会员每年会在亚马逊上花费超1 000美元，而只有8%的非会员会花费这么多，亚马逊Prime会员消费是非Prime客户的两倍，同时Prime会员购物次数是非会员的4.6倍。所以会员数量的增长（见图4-4）也反映出用户黏性和忠诚度的增加，即流量的增长情况。

对永续增长率进行估计时，在美国平均经济增长率基础上考虑电商新兴产业的特点予以确定。国际货币基金组织（IMF）预测美国2018年的增长率为2.9%，之后逐渐降低，在2023年达到1.4%，估计未来平均增长率会在2%左右。亚马逊属于电商产业，是新兴经济体模式，其经济增长率在产业中排名靠前，增长率高于美国平均增长率，因此将亚马逊的永续增长率确定为3%。

单位：百万

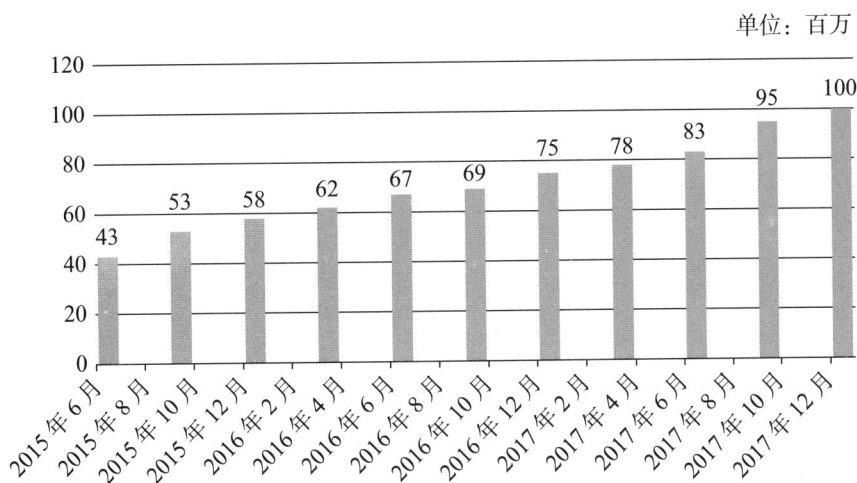

图4-4 亚马逊Prime会员数量增长情况

数据来源：Consumer Intelligence Research Partners。

计算折现率，采用WACC计算公式：资本结构按照当前资本结构，其中股权价值以截至2020年8月10日的市值计算，即15 865亿美元，负债价值为234亿美元，假设未来资本结构保持不变。股权成本用CAPM模型计算，得K_e=9.14%，贝塔系数以过去10年纳斯达克100指数周收益率为参照，计算得到1.089 1。债务成本为2019年债务实际利息率。亚马逊WACC的计算如表4-5所示。

表 4-5　亚马逊 WACC 的计算

普通股价值（亿美元）	15 865	
负债价值（亿美元）	234	
无风险收益率	2.78%	10 年期固定期限国债收益率
Beta	1.059 7	
市场风险溢价	6%	
股权成本 K_e	9.14%	股权成本 =2.78%+1.06×6%=9.14%
所得税率	28.41%	最近两年的平均税率为 28.405%
债务成本 K_d	6.83%	债务成本 =16÷234=6.83%
资本加权平均成本（WACC）	9.07%	

综上，亚马逊的估值情况如表4-6所示。

表 4-6　亚马逊估值

单位：亿美元

	2020E*	2021E	2022E	2023E	2024E	2025E	2026E	2027E	2028E	2029E	2030E
毛利	524	676	872	1 126	1 454	1 879	2 430	3 142	4 066	5 262	6 813
销售费用—物流	(408)**	(490)	(588)	(705)	(846)	(1 015)	(1 219)	(1 462)	(1 755)	(2 106)	(2 527)
销售费用—营销	(171)	(206)	(247)	(296)	(355)	(426)	(512)	(614)	(737)	(884)	(1 061)
管理费用	(63)	(78)	(97)	(122)	(152)	(191)	(239)	(301)	(378)	(477)	(602)
营业利润	(118)	(98)	(60)	3	101	247	460	766	1 196	1 796	2 624
NOPLAT	(95)	(78)	(48)	2	80	198	368	613	957	1 437	2 099
折旧与摊销	125	150	180	216	259	311	374	448	538	646	775
营运资本增加	(15)	(18)	(22)	(27)	(32)	(38)	(46)	(55)	(66)	(79)	(95)
资本支出	(94)	(113)	(136)	(163)	(196)	(235)	(282)	(338)	(406)	(487)	(584)
FCFF	(79)	(60)	(26)	29	112	236	414	668	1 023	1 516	2 194
WACC	9.07%	9.07%	9.07%	9.07%	9.07%	9.07%	9.07%	9.07%	9.07%	9.07%	9.07%
现值	-76	-52	-21	21	76	146	236	348	489	665	882

增长率	3.00%	
WACC	9.07%	
股本（亿）	5.01	

现金流现值	2 714
永续年金现值	6 013.577
公司价值	8 728
每股价格	1 695.375

*2020E 表示 2020 年预测值，其他各项类同。

**数字带括号表示扣减。

结论和建议

1.结论

亚马逊成立于1995年，在成立以来的25年中，市场估值总体上一路上涨，成为仅次于苹果和微软的全球第三大估值公司，说明亚马逊商业模式是最成功的互联网商业模式之一。通过对亚马逊估值案例的分析可以得出以下结论：

（1）互联网公司的价值取决于未来流量、变现能力。

互联网的广泛普及和大数据、云计算等技术的应用，使供给和需求平台化。一个平台可以汇集资金流、信息流和物流，既能保证交易的完整进行，提升消费者购物体验，又可以生成海量的消费数据，利用技术对数据分析研究，实现精准营销。互联网公司的价值一方面体现在平台流量的大小上，流量是交易的前提，是收入的直接来源，流量越大，企业潜在价值就越大；另一方面体现在平台的变现能力上，变现能力是互联网企业利用流量获取收益的能力。

（2）互联网公司商业模式影响流量数量与质量，以及变现可能性、变现风险与变现渠道。

商业模式包含多方面的内容，不同的学者对其组成要素有不同的观点，但对商业模式的普遍共识是其包含价值主张、关键业务、核心资源、重要合作、分销渠道、客户细分、客户关系、成本结构和收入来源等九个基本要素。这九个要素影响着互联网企业的流量和变现能力。比如，价值主张就是发现与理解用户需求，并且在满足用户需求的同时重视用户体验，其实质是通过满足用户个性化的需求来吸引用户，通过提升用户体验来增加用户黏性，影响流量的数量和质量。又如，收入来源是指企业的变现渠道，与传统企业相比较，互联网企业的变现方式发生了变化，一方面收入方式和渠道发生了变化，互联网企业如平台型企业，往往对用户免费或予以补贴，而将第三方确定为收入来源对象。与传统的直接向用户收费相比，这种收入方式更加稳定，变现风险更小。互联网企业的收入渠道也多，互联网使产业边界变得模糊，使互联网公司跨界发展成为可能。由于原有业务培养了大量忠诚的用户，进入新产业后可以较为容易地形成收入渠道。另一方面互联网的特性使成本大大降低，通过采取不同的商业模式可以有效影响互联网企业变现利润率。由于网络产品复制成本低，边际成本几乎为零，通过扩大用户规模可以有效降低企业技术开发和营销成本，从而使总成本降低；大数据技术的使用帮助实现精准营销，提升营销效果的同时降低营销成本，提高了利润转化率。

互联网公司采用何种商业模式，决定了如何借助互联网特性和互联网相关的技术培养忠诚的用户群体和创新盈利模式，决定了互联网公司的流量和变现能力。

（3）互联网公司商业模式决定了公司的成长空间，决定了企业估值的高低。

互联网商业模式众多，针对不同的商业模式要素又有不同的商业模式细分，例如，针对用户的商业模式有：用户参与、共享、定制化、情景化等，针对盈利的商业模式有：免费、交叉补贴、动态定价等。随着互联网商业模式的不断创新，将来还会有更多的商业模式产生。这些不同的商业模式会影响用户的体验和选择、变现风险和渠道，造成企业流量和变现能力的差异，最终决定企业的估值。

2.建议

互联网时代，商业模式创新不断。互联网经济是透明的，它不仅使用户与厂商实现了对接，也使用户与用户之间的互动加强，厂商与厂商的联系也更为密切。过去因为地理原因被分割的市场，又被互联网整合在一起，商业模式相同的企业之间的竞争比以往更为激烈，加上马太效应，一个商业模式下通常只能存活少数几个厂商。这促使商业模式不断创新和更迭。但是从互联网企业价值实现的角度出发，互联网商业模式创新都有相同的关键要素：用户流量和企业变现能力。

（1）商业模式创新要从用户的角度出发。用户不仅是企业的价值来源，同时也参与企业价值创造的过程。用户在网络上的行为，包括个性化需求的表达、点击、浏览等都可以给企业带来潜在价值。商业模式创新追求用户规模的不断扩大、用户体验的不断提升，增加用户的参与度和互动频率，即扩大互联网公司的网络流量。

（2）商业模式创新要拓展新的收入源，增强公司变现能力。互联网经济下，互联网公司需要以用户为中心，追求用户价值的最大化，为此企业往往对用户采用免费、低价措施，甚至有人说"免费不是商业模式的未来，亏损才是"。互联网公司在用户身上投入了大量成本，收入从何而来是需要考虑的问题，用户价值最大化未必能直接实现企业的价值。通过跨界等方式拓展公司的收入源，增强公司变现能力同样重要。

随着互联网公司的不断发展壮大，互联网经济带来的影响越来越大，互联网公司估值也引起了越来越多的关注。国内外的学者在理论上进行了很多研究，但是互联网公司的估值需要与实务相结合，才能更好地评估用户资源、信息数据资源等要素。从商业模式的角度研究估值，在一定程度上契合了互联网公司估值的实际情况。对互联网公司按照不同的商业模式进行划分，评估不同商业模式对关键要素（如流量和变现能力）的影响，然后进行互联网公司估值就显得很有必要。

表4-7为亚马逊2015—2020年的财务报表摘要，供阅读参考。

表 4-7　亚马逊 2015—2020 年的财务报表摘要　　　　　　　　　　　　　　单位：亿美元

	2015 年 12 月 31 日	2016 年 12 月 31 日	2017 年 12 月 31 日	2018 年 12 月 31 日	2019 年 12 月 31 日	2020 年 06 月 30 日
报告类型	年报	年报	年报	年报	年报	中报
期间跨度	12 个月	12 个月	12 个月	12 个月	12 个月	6 个月
数据来源	合并报表	合并报表	合并报表	合并报表	合并报表	合并报表
利润表摘要						
营业总收入	1 070.06	1 359.87	1 778.66	2 328.87	2 805.22	1 643.64
同比增长（%）	20.25	27.08	30.80	30.93	20.45	33.52
营业总支出	1 047.73	1 318.01	1 737.60	2 204.66	2 659.81	1 545.32
营业利润	22.33	41.86	41.06	124.21	145.41	98.32
同比增长（%）	1 154.49	87.46	−1.91	202.51	17.07	31.02
税前利润	15.46	37.96	38.02	112.70	139.62	95.07
同比增长（%）	2 189.19	145.54	0.16	196.42	23.89	30.59
净利润	5.96	23.71	30.33	100.73	115.88	77.78
同比增长（%）	347.30	297.82	27.92	232.11	15.04	25.74
非经常性损益						
扣非后归母公司净利润	5.96	23.71	30.33	100.73	115.88	77.78

	2015 年 12 月 31 日	2016 年 12 月 31 日	2017 年 12 月 31 日	2018 年 12 月 31 日	2019 年 12 月 31 日	2020 年 06 月 30 日
同比增长（%）	347.30	297.82	27.92	232.11	15.04	25.74
研发支出	125.40	160.85	226.20	288.37	359.31	197.13
EBIT	20.05	42.80	46.50	126.87	155.62	103.12
EBITDA	82.86	123.96	161.28	280.28	373.51	214.22
资产负债表摘要						
流动资产	364.74	457.81	601.97	751.01	963.34	1 109.08
固定资产						
权益性投资						
资产总计	654.44	834.02	1 313.10	1 626.48	2 252.48	2 583.14
流动负债	338.99	438.16	578.83	683.91	878.12	938.96
非流动负债	181.61	203.01	457.18	507.08	753.76	906.90
负债总计	520.60	641.17	1 036.01	1 190.99	1 631.88	1 845.86
股东权益	133.84	192.85	277.09	435.49	620.60	737.28
归属母公司股东权益	133.84	192.85	277.09	435.49	620.60	737.28
现金流量表摘要						
经营活动现金流量	119.20	164.43	184.34	307.23	385.14	236.69
投资活动现金流量	−64.50	−98.76	−278.19	−123.69	−242.81	−266.98
筹资活动现金流量	−37.63	−29.11	98.60	−76.86	−100.66	48.17
现金净增加额	13.33	34.44	11.88	103.17	42.37	14.32
期末现金余额	158.90	193.34	205.22	321.73	364.10	378.42
资本支出	45.89	67.37	100.58	113.23	126.89	120.42
关键比率						
ROE（%）	4.94	14.52	12.91	28.27	21.95	11.46
ROE（摊薄）（%）	4.45	12.29	10.95	23.13	18.67	10.55
扣非后 ROE（摊薄）（%）	4.94	14.52	12.91	28.27	21.95	11.46
ROA（%）	0.99	3.19	2.83	6.85	5.97	3.22
ROIC（%）	1.33	4.17	3.47	8.34	7.24	3.79

	2015 年 12 月 31 日	2016 年 12 月 31 日	2017 年 12 月 31 日	2018 年 12 月 31 日	2019 年 12 月 31 日	2020 年 06 月 30 日
销售毛利率（%）	33.04	35.09	37.07	40.25	40.99	41.04
销售净利率（%）	0.56	1.74	1.71	4.33	4.13	4.73
EBIT 利润率（%）	1.87	3.15	2.61	5.45	5.55	6.27
EBITDA 利润率（%）	7.74	9.12	9.07	12.04	13.31	13.03
资产负债率（%）	79.55	76.88	78.90	73.22	72.45	71.46
资产周转率（倍）	1.78	1.83	1.66	1.58	1.45	0.68
每股指标						
EPS（稀释）	1.25	4.90	6.15	20.14	23.01	15.32
EPS（基本）	1.28	5.01	6.32	20.68	23.46	15.59
每股净资产 BPS	28.42	40.43	57.25	88.69	124.62	147.16
每股经营现金流	25.31	34.47	38.09	62.57	77.34	47.24
每股现金净流量	2.83	7.22	2.45	21.01	8.51	2.86
P/E（TTM）	965.95	169.35	292.75	82.49	80.74	130.28
P/E（LYR）	−1 314.65	597.84	237.68	242.14	90.95	118.75
P/B（MRQ）	25.49	20.04	22.85	18.77	16.21	21.08
P/S（TTM）	3.15	2.78	3.50	3.32	3.45	4.64
其他						
员工总数（人）	230 800	341 400	566 000	647 500	798 000	798 000

推荐阅读

1997年贝索斯致股东的信

　　亚马逊堪称电子商务界最具代表性和前瞻性的公司，这并非徒有虚名——1997年贝索斯致股东信中所提及的理念和方向，始终贯穿亚马逊发展的各个阶段，令人不得不赞叹贝索斯的远见和整个公司的执行力。

致我们的股东：

亚马逊在1997年跨过了许多里程碑：截至年底，我们服务的用户超过了150万，营收增长了838%，达到了1.478亿美元，并在当前非常激烈的市场竞争中，强化了我们的市场领导地位。

但是这只是互联网产业发展的"第一天"，也只是亚马逊发展道路的"第一天"（如果我们在未来能够做得更好的话）。如今，电子商务为用户节省了开支和宝贵的时间。在未来，通过"个性化"服务，我们将会加速在电子商务这个领域的探索之旅。

一直以来，亚马逊都在用互联网为用户创造真正的价值，与此同时，我们希望通过这样能建立起经久不衰的专营权，不管是对于既有的市场抑或是更大的市场。

我们为卖家提供了一个投入资源、寻求网络商机的平台，也为愿意建立崭新关系的买家提供了一个全新的网购平台。这种极富竞争性的视野，正在迅猛地进化。很多卖家已经通过网络信用支付，将其业务搬到网上，并努力进行持续的精力和资源投入，以获得关注、流量及销售业绩。

我们的目标，就是在其他新的电子商务领域追求网络商机的同时，尽快强化并提高自身目前的市场地位。我们在目标市场中，看到了长期可持续的发展机会。这种发展战略并非完全没有风险：它需要审慎的投资和果敢的执行力，以对抗那些已经建立起根深蒂固的专营权的所谓行业领导者。

一切以长期价值为中心

我们相信，衡量我们是否成功的一个最基本的标准，就在于我们是否为股东创造了长期价值。这种价值，直接来自我们巩固并拓展市场领导地位的能力。我们的市场领导地位越强大，我们的商业模式就越具有竞争力。强大的市场领导地位，能带来更高的收入、更多的利润、更快的资金周转速度，以及更高的资本回报率。

一直以来，我们所做的每个决策都反映了这一点。从一开始，我们就将自己的市场领导地位指标化：用户增长率、收入增长率、用户复购率、品牌实力。为了建立一个持续的专营权，我们已经并会继续发起投资攻势，借助杠杆的力量扩大用户基数，强化我们的品牌，加强基础性建设。

由于我们专注长期发展，我们所做的很多决策，以及衡量得失的方法，都有别于其他一些企业。因此，我们希望与你们分享自己的基本管理和决策方法，以向我们的股东证实这完全符合你们的投资哲学：

- 我们将继续毫无保留地，专注于用户至上的理念。
- 我们的投资决策，将继续基于"长期市场领导地位"这一目标，而非关注短期的盈利以及华尔街的短期反应。
- 我们将继续以批判的眼光评估我们的项目以及投资决策的有效性，以果断抛弃那些不能提供相应回报的项目，而追加投资那些运作良好的项目。同时，我们将继续从自己的成功及失败中汲取经验教训。
- 我们将毫不犹豫地投资那些有助于提升我们市场领导力的机会。这些投资有的可能会得益，有的或许不会，但我们至少能从每一个案例中汲取有价值的经验教训。
- 如果一定要在最优化GAAP报表和最大化未来现金流二者之间做出选择，我们会选择后者。
- 我们在做大胆的投资决策（竞争压力可行性范围内）时，会与你们分享我们的战略决策流程，以让你们评估这样的长远投资决策是否理性。
- 我们会努力优化精简开支，保持我们精益生产的企业文化。我们明白持续建立合理管控成本这种企业文化的重要性，特别是对于那些正在亏损的项目。
- 我们会平衡长期盈利与资本管理二者之间的关系。在这个阶段，我们会把市场增长放在第一位，因为我们相信，一定的企业规模是实现我们这种商业模式的潜能最为核心的基础。

我们会继续专注于雇用并留住那些全方位发展、极具天赋的人才，继续向他们提供更多的股权激励，而非现金。我们深知，我们能否取得成功，就在于我们能否吸引并留住那些积极进取的员工，这样的员工一定是能从公司的主人翁地位出发进行思考的人。

我们不敢贸然宣称自己的上述战略就是"正确"的投资哲学，但这至少就是属于我们的投资哲学。而我们如果连自己已经采取并会继续使用的发展方法都不清楚，那只能被解释为玩忽职守。

在此基础上，我们准备回顾一下我们的业务重点，我们在1997年取得的进步，以及我们对未来的展望。

关注用户需求

一开始，我们就专注为用户带来价值。我们意识到，网络曾经是，并且未来仍将是举世瞩目的焦点。因此，我们开始为用户提供一些他们无法从其他途径获取的东西，并向他们提供图书销售服务。

我们向用户提供比实体书店更丰富的选择（我们现在的仓库面积相当于6个足球场大小），我们所有的书籍商品，都能随时随地、方便地搜索和浏览。我们坚持提升购物体验，并于1997年对我们的线上书店进行了大规模的优化改进。

亚马逊目前能够提供优惠券、一键购物、更多评论、内容、浏览选择以及产品推荐等多种功能。同时，我们大幅降低商品售价，以最大限度地提升用户价值。口碑依旧是我们吸引用户最有力的武器，十分感激用户给予我们的信任。高用户复购率和良好的品牌口碑，共同铸就了亚马逊在线图书销售市场的领导地位。

1997年亚马逊在各项指标上均取得突出成绩

• 销售额从1996年的1 570万美元增至1.478亿美元，同比增长838%。

• 累计用户账户从18万增至151万，同比增长738%。

• 回头客的订单所占比例从1996年第四季度的46%，增至1997年第四季度的58%。

• 据Media Metrix统计，亚马逊网站用户使用率排名，由90名升至20名。

• 我们和America Online、Yahoo、Excite、Netscape、GeoCities、AltaVista、@Home、Prodigy等公司，建立了长期战略合作关系。

1997年，为了支撑我们快速增长的流量、销售以及服务水平，我们努力扩大了公司基础设施：

• 亚马逊员工，从158人大幅增至614人，对管理团队也进行了重要扩充。

- 仓储配送中心，从之前的5万平方英尺（0.46万平方米）扩充到了28.5万平方英尺（2.65万平方米），其中包括我们在西雅图扩充了近70%的设施，以及11月在特拉华州建立了第二个仓储中心。
- 截至年底，我们的库存增加到了20万种，这使得我们能为消费者提供更多的选择。
- 我们的现金及投资余额，在年底达到1.25亿美元，这得益于亚马逊1997年5月完成IPO及获得7 500万美元贷款，充裕的资金保证了我们在战略执行过程中更具灵活性。

我们的员工

过去一年的成功，是我们这群极具天赋、聪明能干的员工共同努力的结果，我为自己是其中一员而感到自豪。打造一个高标准、高质量的招聘流程体系，是我们一直以来都很重视并将长期坚持的一项工作，因为这是亚马逊未来成功道路上最为重要的因素。

在这里工作并不那么容易。当我面试求职者时，我对他们说，"完成一项任务，你有三种方法：长时间工作、非常努力地工作、或者非常高效率地工作；但是在亚马逊，这三种方法必须同时使用，缺一不可"。

但我们会努力建立一些非常重要的工作方法，特别是关系到我们用户的内容，这甚至是我们可以给自己的子孙们讲的一些东西，这一切并不容易。但幸运的是，我们拥有这样一群乐于付出、拥有牺牲精神，且极富激情的员工，是他们造就了今天的亚马逊。

1998年的目标

对于怎样通过电子商务和网络交易为我们用户创造新的价值，我们目前仍处于早期的学习阶段。我们的目标，仍然是巩固并努力拓展我们的用户群体，以及提升我们的品牌知名度。

这需要我们加大对系统及其他基础设施的持续投入，以便为我们的用户提供更便捷、更多选择的服务。我们计划将音乐纳入我们的产品范围，并且随着时间的推移，我们相信其他一些产品也将会是我们谨慎的投资对象。

我们也相信，提升服务海外用户的能力，包括缩短配送时间，以及增强更好的用户体验等，将给我们带来巨大的机遇。确切说，一个对我们目前最具挑战性的难题，不是寻找新的商业扩展途径，而是如何确定我们投资的优先级顺序。

相较于亚马逊刚刚建立之日，我们现在对电子商务了解得更加透彻，但是我们仍然有很多东西需要学习。尽管我们对未来充满信心，我们必须时刻保持警惕和紧迫感。在实现我们长期愿景的路途中，我们将面对如下一些困难及挑战：激进的、有能力的、资金充裕的竞争对手；持续增加的挑战与运作风险；产品与市场扩充所带来的风险；市场扩张过程中，不可避免地需要持续投入资金。

然而，正如我们一直所强调的，总体来看，网络书店以及电子商务将会被证明是一个具有巨大机会的庞大市场，极有可能有很多企业会从中获取巨大收益。我们对目前所做的一切感到非常满意，也对我们将来要做的事情感到兴奋。

1997年是非凡的一年。亚马逊向所有的用户表示感谢，感谢他们的支持与信任，感谢所有辛勤工作的每一位员工，同时要感谢我们的股东，今天的成功离不开你们的支持与鼓励。

杰弗里·贝索斯

亚马逊创始人、CEO

互联网公司估值

互联网公司的相对估值法

美团网，王兴的星辰与大海

经历了校内网和饭否网的遗憾，王兴终于将美团点评带到上市。

自2017年底起，美团点评的上市传闻就不断出现。当时路透社称其考虑2018年在美国进行IPO。2018年3月，路透社确认称美团点评已选择美银美林、高盛和摩根士丹利为其提供投行服务，为赴港IPO做准备，预计2018年晚些时候完成上市。

那时的美团点评被王兴总结为：作为生活服务电商平台，已经覆盖全国700万商家中的近500万家，涵盖餐饮外卖、打车、电影票、酒店、门票、亲子、KTV等200个品类。

2018年4月，美团的边界再次扩张，摩拜股东会议表决通过了美团点评收购案，不仅弥补了作为网约车市场后入局玩家的不利局面，也给资本讲了新的故事。

期间，王兴接受了外媒的采访，这是他在2015年以来首次接受西方媒体采访。

王兴似乎能更明白地解释自己了。他再次对标亚马逊，用它来解释美团在做的事：看起来美团好像做了很多，但实际上只做了一件事，用户可以从亚马逊或某宝买到很多东西，但它们只是电子商务平台，只适用于实体商品，而美团是一个提供服务的电子商务平台。

王兴在仔细观察所有垂直领域后发现，它们总会在某个用户群体形成交集——就餐、点餐、看电影、旅游、租车的用户，基本上就是同一群人。他的目标是将用户群体规模扩大一倍，跟上中国新兴的中产阶层人群的步伐。

然而，2018年外部资本市场的环境已经发生变化，一级市场募资融资困难，国内互联网行业出现一波赴港上市潮，它们期望赶在市场更坏之前"上岸"。

2018年6月，美团披露了其招股说明书：

截至2017年底，美团总交易额为3 570亿元，整体收入为339亿元，经调整的净亏损为28亿元；业务分为餐饮外卖、到店酒店及旅游业务和新业务及其他共三大部分。其中，2015—2017年美团点评餐饮外卖营收分别为17.5亿元、53.0亿元、210.3亿元，到店、酒店及旅游业务营收分别为37.7亿元、70.2亿元、108.5亿元。美团2017年为全国超过2 800个市县的3.1亿年度交易用户和约440万年度活跃商家提供了服务，交易用户人均每年交易笔数从2015年的10.4笔提升至2016年的12.9笔，并在2017年进一步提升至18.8笔，其中，按交易笔数排名前10%的头部用户人均每年交易笔数达到98笔。

在股权结构方面，王兴持股11.4%，穆荣均持股2.5%，王慧文持股0.7%。腾讯为第一大股东，持股20.1%，红杉资本持股11.4%。其他投资者持股53.7%。

美团称，将用募集的资金升级技术并提升研发能力，开发新服务及产品，有选择地进行收购或投资与业务互补并符合策略的资产及业务，以及用作营运资金和一般企业用途。

但不确定性依然很大。美团仍在持续亏损，并面对着大量尚未结束的"战争"，团购、外卖、酒店、旅游、民宿、生鲜均在正面迎敌，而对手是A集团、携程、滴滴等同样"凶猛的巨头"。

美团想要像亚马逊一样，在高效率、低毛利的情况下，以大规模的运营构建"护城河"和超级平台。

看好美团点评的投资人认可其成为超级平台的潜力，凭借在餐饮外卖领域覆盖的用户、商家，进入其他高毛利消费领域，交叉销售形成规模效应。

王兴在上市路演中称，美团作为最大的餐饮外卖平台，以Food+Platform为战略核心，通过一个平台支撑多品类的业务，实现在各品类之间的交叉营销，形成了完整的线上到线下的闭环：即通过"吃"来吸引和保留用户，高频带低频，延伸至出行、差旅、娱乐、购物等其他品类，覆盖整个消费周期。

而要顺利完成整个超级平台的目标，上市，也只是一个新的开始。

2018年9月7日，美团终于公告将通过香港联交所公开招股，IPO的价格定在了每股68港元。

那么，美团IPO定价的逻辑是什么呢？

核心知识

互联网公司的相对估值法

互联网公司的相对估值法又称乘数估值法，可分为两类：一是同一时点相似公司的估值横向比较。它是利用类似企业的市场价来确定目标企业价值的一种评估方法。这种方法是假设存在一个支配企业市场价值的主要变量，而市场价值与该变量的比值对各企业而言是类似的、可比较的。由此可以在市场上选择一个或几个跟目标企业类似的企业，在分析比较的基础上，修正、调整目标企业的市场价值，最后确定被评估企业的市场价值。二是不同时点同一公司的纵向估值参考，它有个隐含的前提，即历史上的估值倍数可以作为当前估值的参考。

横向比较

互联网公司相对估值法的横向比较是同一时点上不同公司的比较。主要有以下两种方法：

1.市值流量比值法

公式为：

$$市值流量比值 = \frac{市值}{点击率}$$

$$或 \qquad = \frac{市值}{用户数}$$

点击率与用户数都是流量的概念。互联网公司经营的是用户的数据，而数据来源于流量，即互联网公司价值主要由流量驱动，市值流量比值是一个性价比的指标。市值流量比值法用于横向对比，即同一时点，公司和公司之间的对比。

互联网公司运营的初期往往无法实现盈利。没有盈利怎么上市呢？资本市场如何估值呢？ 1995年，网页浏览器提供者网景（Netscape）成功上市，这是美国资本市场第一家互联网公司。网景公司发行价对应估值7亿美元，第一天收市市值为29亿美元。网景公司IPO的主承销商和财务顾问摩根士丹利正是"用点击率估值"的首创者——从此，互联网公司上市的首要标准是点击率或用户数而不是盈利性，盈利可以用模糊的语言来替代。

2.市值销售收入比值法

公式为：

$$市销率 = \frac{市值}{销售收入法}$$

公司的价值驱动因素是未来自由现金流，未来现金流来源于销售收入。这个模型认为销售收入是公司价值的驱动因素。但很显然，销售收入并非公司价值的唯一驱动因素。此外，用此模型还必须回答以下问题：用来参照的公司可比吗？可比公司定价正确吗？未来的自由现金流和当前的销售收入之间存在必然的相关性吗？

纵向比较

互联网公司相对估值法的纵向比较是同一公司不同时点上的比较，业界常用的是分位数估值法与时间指数法。

1.分位数估值法

对于一家没有可比公司的公司进行估值，如果告诉我们相对估值，譬如市盈率为15倍，是无法判断这个估值水平的高低的。

但是再告诉你，历史最高市盈率是25倍，而且历史上仅有46%的时间估值水平比这个低，那么这个估值的历史百分位是46%，看到这个数据，我们就可以意识到目前的估值处于适中水平。这个百分位有两种计算方法：

（1）时间轴百分位：假如目前市盈率是15倍，历史上有43%交易日（周、月）的估值比现在低，那么目前的时间轴的估值水平低于43%。

（2）绝对值百分位：历史上最高市盈率是30倍，最低市盈率是10倍，目前估值是15倍，那么目前历史估值水平=（15-历史最低）/（历史最高-历史最低）=（15-10）/（30-10）=25%，这种计算方法的特点是简单，直接用一个尺子丈量估值水平，但是历史的最高或者最低估值水平未必能再次触及。

2.时间指数法

公式为：

$$价值时间指数 = \frac{\dfrac{本轮投前估值}{前轮投后估值}}{两轮投资间隔时间}$$

价值时间指数是同一公司的纵向比较，是经验数据，并无严密的逻辑性。用该模型进行估值依赖于前轮估值的合理性。表5-1与表5-2列出了小米科技和京东商城历次融资时估值的价值时间指数。

表 5-1　小米科技历次融资情况　　　　　　　　　　　　　　　　单位：亿美元

阶段	时间	融资额	估值	投资方	相隔月数	价值时间指数
A	2011/1	0.41	2.5	IDG、启明创投、晨星创投		
B	2011/1	0.9	10	淡马锡、晨星创投、IDG、启明创投	5	0.8
C	2012/1	2.16	40	淡马锡、DST、中国投资	6	0.67
D	2013/1	1	100	DST、中国投资	14	0.18
E	2014/1	11.34	450	DST、厚朴基金、云峰基金	16	0.28

表 5-2　京东商城历次融资情况　　　　　　　　　　　　单位: 亿美元

阶段	时间	融资额	估值	投资方	投资人	相隔月数	价值时间指数
A	2007/8/15	0.1	0.22	今日资本	徐新、温宝马		
B	2009/1/12	0.21	3.8	今日资本、雄牛资本、百富勤	徐新、温宝马、梁伯韬	17.2	1.00
C	2010/9/21	1.38	6	老虎基金、高瓴资本	N/A	20.57	0.07
D	2011/4/1	9.36	20	DST、红杉中国、Insight Funds	沈南鹏等	6.4	0.52
E	2012/11/1	2.5	72.5	安大略教师基金、老虎基金	N/A	19.33	0.18
F	2013/2/16	4.32	72.5	DST、王国控股	N/A	3.57	0.28
G	2014/3/10	2.14	95.13	腾讯控股	N/A	12.9	0.1

案例讨论

美团IPO的估值

美团在香港联交所IPO，关于美团当时IPO的估值要如何确定呢？

在美团的收入当中，外卖是最大的一块资产，占收入总额的62%以上。美团的外卖以移动互联网的形式实现了用户和餐厅之间的连接，这个连接包括人（商家、用户、外卖员）、物、时、空，可以说是个典型的物联网的例子。

这个连接，在美团的后台是云，是AI匹配，在外的表现是商铺、用户和街上跑的外卖小哥。这是一个非常庞大的外卖系统。

这个系统不仅实现了商品的传递，更重要的是实现了信息的传递。

这样看来，美团的模式更像亚马逊；而就中国市场而言，这种模式更接近A集团。虽然，美团的整体规模还没有A集团大，但是美团的使用频率高于A集团，而且其应用的规模和范围更加广泛。

不是所有人每天都要上网买东西，但是所有人都要吃饭，都可能用美团或者其他的外卖服务。所以美团可以定义为一个互联网驱动的公司，它是在互联网技术的驱动下，将供需连接，把信息打通，让商品流动起来，从而让生活效率更高。

互联网公司的三种连接方式如图5-1所示。

交易额
规模效应

连接：人与物
（平台）
Amazon
Alibaba
Uber
AirBNB

用户
网络效应　连接：人与人
（社区）
Facebook
Tencent
Snapchat
Momo

流量
入口效应
连接：人与信息
Google
Baidu
Yandex
Naver

图5-1　互联网公司的三种连接方式

从互联网的本质讲，互联网做三件事情或者体现三个功能，第一件事情是连接人与信息，第二件事情是连接人与人，最后一件事情是连接人与物。

在人与信息的连接上，有早年的门户、搜索网络公司，后来又有了微博和头条，这些都是人与信息的连接；人与人的连接，比如QQ和微信；人与物的连接，有携程、京东，现在还有美团、滴滴等。这三件事是三种不同的商业模式，它们的估值体系也因此不一样。

人与信息的连接，看的是流量，流量最后转换成为广告收入，所以流量是估值的一个主要的因素。

在人与人的连接这个功能上，是用每一个人的消费价值来进行估值的。

人与物的连接，是看整体的交易规模。

所以对于美团来说，应从交易规模入手进行估值。

美团每天都有几百万人和几百万个商家发生关系，每天都有大量的匹配，使用频率高，触达2 000多个城市。

根据美团的公开文件，美团2017年的交易规模是1 710亿元人民币（约合250

亿美元）。假设2018年增长38%（这是从当时的数据推算），2019年增长27.5%，那么2018年交易规模可以达到2 360亿元人民币，到2019年可以达到3 000亿元人民币的规模。

用交易规模估值，我们可以参考世界上其他国家已经上市的外卖公司的估值。有五家公司可供参考：

（1）Just Eat，英国公司，在英国、澳、新、西欧、巴西、墨西哥有业务；

（2）GrubHub，美国公司，在美国、英国有业务；

（3）Delivery Hero，德国公司，在德国、奥地利、北欧、韩国、除巴西和墨西哥之外的拉美国家有业务；

（4）Takeaway.com，荷兰公司，在荷兰、比利时、中欧、越南有业务；

（5）Foodpanda，德国公司，在东欧、印度、东南亚有业务。

用交易规模估值，就是要找到市值相对于交易额（Gross Merchandise Volume，GMV）的一个比例（P/GMV）。上述五家公司的市值是其2019年交易额的1.0～2.1倍，均值在1.4倍。

为此，采用平均估值1.4倍，得出美团估值预计最高可至614亿美元（详见表5-3）。

表5-3　P/GMV估值法下的美团估值

公司	GMV（本币计算）			P/GMV			市场价值（本币计算）
	2017A*	2018E*	2019E	2017A	2018E	2019E	
GrubHub（百万美元）	3 745	4 869	6 086	3.3	2.6	2.1	12 477
Takeaway.com（百万欧元）	1 313	1 773	2 305	2.1	1.6	1.2	2 770
Delivery Hero（百万欧元）	3 810	5 143	6 686	2.3	1.7	1.3	8 768
Just Eat（百万英镑）	3 300	4 290	5 363	1.6	1.2	1.0	5 316
平均值						1.4	
美团（百万美元）	24 927	34 994	43 859			1.4	61 403

*2017A表示2017年实际值，2018E表示2018年预测值，其他各项类同。

除了使用交易规模计算美团市值，我们还可以用A集团作为一个估值的借鉴。

交易规模的背后是用户规模及每用户的收入贡献能力。虽然美团的用户数是A集团的63.5%，但是其收入贡献能力只有A集团的21.3%，即美团每用户价值是A集团的21.3%，由此计算美团的市场价值。

所以我们将A集团的每用户估值（value/per user）给予一定的折价，以此作为美团的每用户估值，得出估值645亿美元（详见表5-4）。

表5-4　美团与A集团的估值对比

	A集团	美团
营收（百万美元）	250 000	34 000
活跃用户数（百万）	488	310
每用户营收（美元）	512	110
每用户价值（美元）	925	197
市场价值（百万美元）	451 636	61 087

上述估值是对美团IPO前的估值。随着公司业务的扩张、盈利状态的改变，美团的估值会继续上升。作为中国不可或缺的几个可以每天触达千百万人口、提高生活效率的平台，相信其资产价值远不止于此。

2018年9月20日，美团在香港联交所上市，上市当天，开盘价为72.90港元，以总股本54.191 3亿股计算，开盘市值为3 951亿港元，约合564亿美元。上市后，随着美团各项业务渗透率提高，美团市值总体上呈现一路上扬之势，截至2021年3月5日，其市值达2万亿港元，约合2 577亿美元，在中概股中位列第三。

推荐阅读

互联网公司估值思路与估值难点

互联网公司的估值方法与传统行业差异较大。对互联网公司估值方法的选取倾向于与营业收入、现金能力、毛利率相关的估值方法。当公司的营业收入增速足够高的时候，公司的高估值可以被认为是理性的。在估值方法选取方面，P/S倍数与P/GM[1]倍数都曾经被业界采用。市盈率估值法普遍未被纳入研究的考量范围，营业收入、获现能力和毛利率是研究关注的重点。用户平均浏览的页面数量对投资者有重大意义。因此，适用于互联网公司的特殊指标也被纳入研究的考量范围。

在对公司进行估值时，主要有五个因素能够影响估值方法的选择：公司类别、商业模式、公司发展阶段、企业战略转型、非经常性支出或收入。

互联网公司估值应从公司类别（主营业务）判断开始，明确公司所在的细分领域，并结合公司商业模式和公司所处的发展阶段进行估值指标选择。但是，公司类别、商业模式和公司发展阶段这三个因素不一定能用以确定最终的估值方法。投资者仍需分析公司是否存在企业战略转型或非经常性收支的特殊情况。若存在对公司业绩产生较大影响的特殊情况，估值时需要对估值方法进行适当调整。

在对公司进行估值时，相对于传统行业公司，确定计算机及互联网公司的估值方法难度更大，主要原因包括以下几个方面：

（1）行业细分领域多，可对比公司较少。

互联网行业规模较大，业内公司数量多，但是细分行业多，同一细分行业的上市公司数量较少。

（2）不同商业模式将导致不同盈利水平。

互联网行业内同一细分行业的公司也会形成不同的商业模式，从而导致不同的盈利水平。公司对于业绩的评判标准也略有不同。因此，挑选可比公司时需考虑其商业模式和业绩焦点。

（3）市场对业绩表现容忍度大导致估值困难。

海外股票交易所对上市公司业绩要求较低，净利润较低的公司也能在部分交易所上市融资，从而提升了估值难度。从各交易所制定的上市规则来看，美

---

[1] GM 是 Gross Margin 的缩写，意为"毛利率"。

国两大交易所对于净利润表现的容忍度较大，因此也曾经产生了许多净利润为负但市值很高的互联网公司，例如亚马逊。交易所对于公司业绩表现的高容忍度导致了估值困难。

（4）行业发展时间短，暂无完整的业内企业生命周期经验。

互联网行业是非常年轻的行业，在对业内公司进行估值时，难以找到成熟期的公司作为参照。目前，许多上市公司的营业收入仍处于高速增长阶段，对这部分上市公司进行估值时，难以寻找相关可比公司的历史经验以预测其终期收入增速。

（5）行业变化快且多。

互联网行业技术创新频繁，行业环境变化快，导致估值方法也需发生改变。行业的频繁变化一方面要求公司拓展新业务或进行转型，另一方面要求市场更新考量业内公司的标准。并且，在大环境的变化中，上市公司的变化速度参差不齐，导致可比公司的选择更加困难，从而加大了估值难度。

（6）兼并收购案例频发导致上市公司业绩波动大。

并购事件频发容易影响公司的现金流和其他费用，导致估值难度上升。互联网公司经常发生并购事件，公司通过并购可以获取新的技术、整合上下游资源。当公司想要进入新的市场或研究新的技术时，向目标领域的公司进行投资或者并购是最直接的进入方式。因此，兼并收购事件常对公司估值造成影响。

（7）大型公司拥有多个细分领域的业务。

大型公司经营业务较多，需分部估值，从而增加了估值难度。目前大型的互联网公司均涵盖多个细分领域的业务，比如亚马逊拥有电商平台、云计算服务等，因此目前对于涵盖多个细分领域业务的大型互联网公司无法使用单一的可比公司估值法，必须对每个部分业务单独估值，再进行加总。

主要估值方法分析与探讨

（1）P/E估值法是对大部分互联网公司的主流估值方法，适合未来业绩和净利率可预测性高，并且未出现亏损的互联网公司。

互联网内容供应商的市值和净利润存在显著相关关系，但这种相关关系在电商平台等互联网公司中不存在。因此，市盈率估值法仅适用于部分互联网公司。互联网内容供应商，如谷歌，通过投递广告创造收入，其商业模式较为直观。由于未来全球广告投入可预测性较高，因此互联网内容供应商的未来收入和利润的可预测性也较高。在未来收入和利润可预测的情况下，市盈率估值法的适用性更高。

美国互联网行业的市盈率自2001年互联网泡沫后经历了大幅下滑。近十年来，标普500互联网软件与服务行业指数市盈率在17～50倍的范围内波动，标普500指数市盈率在12～24倍的范围内波动。市场对于互联网行业的估值指标高于全市场的估值指标。

总体而言，互联网行业的市盈率水平高于市场整体水平，并且波动性较大。在2008—2009年经济环境较差的情况下，互联网行业市盈率迅速降至低点。随着经济复苏，自2011年以来，行业市盈率回升，目前仍呈现向上趋势。标普500互联网软件及服务行业指数包含6只市值较大的成份股，纳斯达克互联网指数包含88只成份股，因此，纳斯达克互联网指数更能体现全行业的市盈率变化。标普500互联网软件及服务行业指数市盈率目前在40倍的水平，因此，全行业的估值水平高于行业中部分大公司的估值水平。从历史数据的波动程度和近年来行业市盈率的发展趋势来看，使用P/E估值法时应将同期规模相似的可比公司的P/E值作为估值指标，而非本公司历史的P/E值。

（2）P/S估值法适用于利润少或者波动大但营收增速快的公司。

P/S倍数（市销率）是分析师和商业媒体使用得最普遍的估值倍数，在大部分互联网公司尚未实现盈利的背景下，选用P/S倍数较为合理。此外，由于大多数互联网公司的无形资产投资选择费用化而非资本化，市净率法（P/B）也不适用于互联网公司估值。在许多案例中网站访客数和平均浏览网页数对于互联网公司的估值水平具有较强的解释能力。网站访客数和平均浏览网页数可以作为预测公司未来营业收入的基本指标，因此，营业收入对于公司的估值水平的解释能力较强。

美国互联网行业的市销率的波动较小。互联网行业的市销率在1998—1999年间达到了高点，2000年以来互联网行业的市销率变化都较为平稳：互联网行业的市销率的标准差为9.41，若不考虑1998—1999年的异常水平，互联网行业的市销率标准差仅为1.82。因此，在使用市销率进行估值时，既可以与可比公司进行横向对比，也可以与本公司历史数据进行纵向对比。近十年，标普500互联网软件与服务指数市销率在3～11倍的范围内波动，目前市销率为8倍；而标普500指数市销率长期在1～2倍的范围内波动，市场总体市销率水平低于互联网行业市销率水平。因此，市场对于互联网行业公司的估值仍有一定溢价。

（3）基于营业收入的两种估值法的特点。

高营业收入增速与负净利润并存的企业无法使用市盈率估值法，考虑到互联网公司市销率的波动性较小，市场常选用基于营业收入的估值方法对这类公司或业务进行估值；行业中有部分公司采用的盈利水平评判指标并非传统的利润表项目，而是一些特殊的指标，比如电商平台的GMV。市盈率估值法对这类公司也不适用，但是这些特殊指标与公司的营业收入紧密相关，因此本质上是一种基于营业收入的估值方法。

P/S和EV/SALES的区别在于，后者考虑了公司的资本结构对市值产生的影响。对于资产负债比显著不同于行业水平的公司，EV/SALES是更为合理的估值倍数。在估值对象和行业平均资本结构类似的情况下，EV/SALES和P/S产生的估值结果相同。

运用EV/SALES估值法和P/S估值法对公司进行估值的核心在于营业收入的计算。对于部分公司而言，未来营业收入可利用预计的年复合增长率进行测算；对于另外一部分公司而言，未来营业收入需通过微观层面的指标进行详细计算，如电商平台、在线旅游服务公司等。

估值案例分析

（1）盈利水平稳定的公司。

盈利水平稳定的大公司，如谷歌、Facebook，谷歌的商业模式较为稳定，营业收入以广告收入为主。除个别异常时点以外，谷歌的市盈率在20～30倍之间波动，2021年2月26日的市盈率为18.86倍。

（2）主营业务稳定的公司。

一些整体盈利水平波动幅度较大但主营业务稳定的公司也适用P/E估值法。

例如，网易以搜索引擎服务和邮箱服务起家，经历多年的发展，形成了现在以网络游戏、无线增值业务、广告业务为主的业务格局。近十年来，网易通过不断开发经典游戏产品的新生代产品和完全创新游戏产品，在网络游戏行业扩大版图。此外，网易代理暴雪公司的多款游戏产品，并积极收购优质游戏产品，扩大产品线。自2000年网易在纳斯达克上市后，公司的主营业务未发生巨大变化，游戏收入仍为公司的主要收入来源。网易近年来做出的主要改变在于两方面。一方面，致力于扩充优质游戏产品并占领手机游戏市场高地，主要成就包括推出《阴阳师》、收购Minecraft等；另一方面，尝试进军新领域，主要成就包括上线网易考拉海购等。从收入结构来看，游戏业务、无线增值业务、广告业务仍为网易的主营业务，公司主营业务稳定，因此长期以来公司的估值方法均为P/E估值法。

近十年中，网易的市盈率在10～25倍之间波动，近期波动范围缩小至15～25倍。目前，公司市盈率稳定在18倍的水平。从经营状况来看，自2012年起，网易的营业收入增速明显提升，收入增速推动市场期望快速上升。因此，市盈率受营业增长的积极影响得以同步上升。2016年，公司营收增速略有下降，净利润增速和净利润率显著上升，说明公司发展逐渐稳定。因此，2016年公司市盈率有所回调。

又如，自上市以来，腾讯一直保持盈利状态，并且业务发展稳定，因此P/E估值法适用于腾讯的估值。2004年，腾讯的主要业务板块包括互联网增值服务、移动和通信增值服务，已经发展成熟。彼时，腾讯已占据中国即时通信市场85%的份额，其未来业绩的可预测性较高。因此，自腾讯上市之时，运用P/E估值法对其进行估值就具有合理性。近十年中，除三个极端时点外，腾讯的市盈率在20～50倍之间波动，近年波动范围缩小至40～50倍，目前市盈率稳定在50倍的水平。

Internet Companies Valuation
Business Model
Valuation Methods & Case Studies

第 02 篇

互联网公司资本运作与估值

互联网公司的并购动因与公司估值

YouTube联姻谷歌，它们做对了什么

2006年10月10日，谷歌（Google）宣布斥资16.5亿美元收购YouTube，这使得谷歌一夜之间成了网上视频领域的明星，同时这也是多年来互联网业内重要的一笔收购案。微软前总裁鲍尔默在评价Google收购YouTube时说："我们也曾试图收购，但没有成功。同微软和雅虎相比，Goolge可以承受更高的价格，因为该公司有着发达的广告系统，可以更高效地获得回报。"鲍尔默所说的YouTube发达的广告系统正好与Google以广告费收入为主营的业务契合，这就是协同效应。

其一，Google为何愿意收购YouTube？可谓是优势互补，强强联合。

首先，YouTube美国市场用户量达3 500万，每日视频观看量高达1亿次。但并不仅仅是这些数据吸引了Google的注意力。实际上，YouTube拥有Google、雅虎、微软MSN、AOL及其他视频服务商所不具备的优势，这种优势并不是视频本身，而是因视频服务而聚集起来的社区。

YouTube就视频内容本身提供了很多选择，如评级、加入收藏、评论、与他人分享、观看相关视频、查看用户播放列表等功能。相比之下，虽然Google

Video也具备添加评论、浏览相关视频等功能，但所提供的附加服务不如YouTube丰富。正是由于视频搜索本身无法满足需求，才使YouTube赢得了众多用户的青睐。换句话说，用户在当前情况下，只能借助其他用户的看法、评级、用户列表等功能来查找令人满意的视频作品。

其二，为何YouTube愿意被Google收购？Forrester的一些分析师此前曾表示，YouTube今后可能面临被唱片公司及其他视频版权持有人起诉的法律风险，要解决这种潜在问题，就必须开发出能识别版权作品的新型技术。在此前提下，YouTube投靠资金和研发实力都非常雄厚的Google显然是明智之举。一些分析师还指出，不排除版权持有人要求YouTube停止并解散业务的可能性，这样一来，YouTube的业务将受到严重打击。但目前看来，版权持有人可能更愿意与Google就版权事宜展开商谈和结盟。

其三，YouTube是否值得Google开出16.5亿美元的价码？这相当于每个视频价值4美分（16.5亿美元除以一年每天1亿次的观看量），而YouTube的视频观看量仍呈增长之势。另外，如果从全球范围看，YouTube用户约为5 000万（美国3 500万，其他国家1 500万），则这次收购价格相当于每位用户32美元。尽管这个价位不低，但仍在合理范围之内。

YouTube被Google收购后，将使广告支持的能力大为加强。一些分析人士称，YouTube今后应继续保持独特的界面，并创建出以社区参与为基础的广告模式。如果收购进展顺利，Google今后将面临能否尽快从YouTube中得到实际回报的压力。

2019年10月，YouTube被收购13年，估值已从16.5亿美元上升到1 000亿美元。

轻舟已过万重山。

核心知识

互联网公司并购与公司价值

在经历了互联网的飞速发展阶段后，以A集团与腾讯为首的互联网公司及各个细分行业的龙头公司逐渐占据领导地位，行业竞争结构已趋向稳定。互联网行

互联网公司估值

业的规模效应、网络效应、马太效应及长尾效应决定了互联网公司的价值在于互联网公司的流量，而流量主要来源于用户数。对互联网公司而言，收购兼并是互联网公司快速获得用户、完善产品线进而提升公司价值的主要方式。互联网行业的特点及我国互联网行业所处的发展阶段决定了互联网公司主要通过收购兼并来进行业务拓展和行业布局。

互联网公司并购动因

2014年2月21日，Facebook宣布以190亿美元收购WhatsApp。WhatsApp的主要产品为移动端的即时通讯软件，收购时有员工50人，注册用户数达到4.5亿，收费标准为：第一年免费，后续每年0.99美元/用户。收购款190亿美元包括120亿美元普通股、30亿美元限售股和40亿美元现金。如果按照每个注册用户0.99美元的收入算，190亿美元的投资要42年才能收回。那么，Facebook收购WhatsApp的原因何在呢？其一，并购可增加用户数。由于用户数的增加，网络效应得以显现。网络效应提升了流量质量。用户数的增加还带来了规模效应，规模效应带来单位成本的降低。其二，并购可增强变现能力。并购带来了更大的客户基数，而互联网行业的长尾效应使得变现渠道得以拓宽。其三，并购可提升利润转化率。马太效应带来公司议价能力的提升。并购可增加市场集中度，提升定价权，提升投入资本回报率（ROIC）。并购可增强公司对供应商谈判能力，降低成本。

并购的规模效应如图6-1所示。

梅特卡夫定律对于用户是互联网公司重要资产的解释

$$(a+b)^2 > a^2 + b^2$$

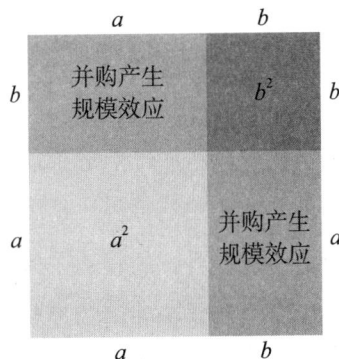

图6-1 并购的规模效应示意图

梅特卡夫定律告诉我们，公司价值与客户数的平方成正比，这是网络效应和规模效应在互联网行业的体现。Facebook收购WhatsApp，网络效应和规模效应使得收购后的价值大于收购前Facebook与WhatsApp的公司价值之和。

并购价值的来源

1.协同效应

（1）经营协同。

互联网技术上的突破打破了传统工业时代相对封闭、相对垂直的管理模式，走向了相对开放的互联网式的系统模式。可以以足够低的成本和消费者完成点对点、多对多的沟通与协调，保持一个近乎实时互动的状态，让以消费者、客户为起点来重构整个商业模式成为可能。

网络的价值和使用的人数呈某种正相关的关系。即使用的人越多，这个网络的价值越大，物流网络、通讯网络以及贸易网络都是如此。

经营协同的本质是相对于工业时代相对传统、封闭、线性的供应链管理体制而言的，整个社会用一种多角色、大规模、实时的社会化协同的方式，基于网络创造新的巨大的价值，这种价值创造，就是经营协同效应。

（2）财务协同。

并购可以利用财务等后台职能的规模效应，简言之，原财务支持部门同样可以支持并购业务的发展。

2.控制权效应

在完成并购后，并购主体可以输出管理，改善被并购公司的经营，亦有助于提升被并购公司的价值，这就是并购的控制权效应。因为控制权效应使得收购双方价值得以提升，故收购主体对被并购公司可以进行溢价收购。所以并购中的定价除了应关注目标公司的现状估值及协同效应带来的价值外，还应包括因控制权效应带来的公司价值提升，而判定对收购标的定价是否合理，首先要对标的公司现状进行合理估值并对协同效应进行准确评估，其次对并购完成后的控制权效应进行客观评估。

对于互联网公司而言，并购的价值除来源于协同效应与控制权效应外，互联网公司的网络效应、规模效应、马太效应及长尾效应都将增加互联网公司的价值。一般来说，收购时都有收购溢价，但溢价不应超过协同效应、网络效应、规模效应、马太效应及长尾效应带来的价值。

案例讨论

从优酷并购土豆看互联网公司并购动因及并购绩效评价

2012 年 3 月 12 日，互联网视频行业的两大龙头优酷（NYSE：YOKU）和土豆（NASDAQ：TUDO）宣布将以 100% 换股的方式合并。合并后的新公司将命名为"优酷土豆股份有限公司"。优酷股东及美国存托凭证持有者和土豆股东及美国存托凭证持有者将分别持有公司 71.5% 和 28.5% 的股份。投资者关注的是，优酷对土豆的并购动因是什么；该并购是否产生价值；如果有产生价值，这个价值来源于哪里；如何评估该并购绩效。

背景简介

1. 互联网巨头纷纷通过收购兼并来进行业务拓展和行业布局

在互联网公司并购风起云涌的大背景下，优酷公告吸收合并土豆，以发挥协同效应，并提升公司在互联网视频行业的领导地位，进而应对来自腾讯视频及爱奇艺等互联网视频运营商的竞争。

2. 互联网公司并购相关理论和方法在实践中得到丰富与发展

互联网公司估值方法与传统公司估值方法有显著不同。传统行业的估值侧重于现金流预测及折现率的估计，其并购价值主要来源于协同效应；互联网公司的并购价值则来源于互联网公司并购后，网络效应、规模效应、马太效应及长尾效应等影响互联网公司价值的因素得以改善。

案例概况

1. 参与并购企业概况

优酷（即优酷网）和土豆（即土豆网），是本案例中两个参与方。并购前双方有关资料见表6–1。

表 6-1　优酷网与土豆网基本情况简介

	优酷网	土豆网
成立时间	2006 年 6 月 21 日	2005 年 4 月 15 日
经营业务	视频搜索、视频相关版权、合制、自制、自频道等多种内容形态	网络视频汇集、电影与电视剧的制作与分发等
用户数	7 653 万	7 170 万
客户端下载量	6 000 万	4 500 万
日均上传量	6 万	4.2 万
电影资源量	2 200 部	640 部
服务器	5 500 台	4 500 台

资料来源：优酷与土豆相关财务报表。

优酷由古永锵在2006年6月创立。作为中国曾经最大的数字娱乐平台，优酷的内容体系由剧集、综艺、电影、动漫等四大头部内容矩阵和资讯、纪实、文化财经、时尚生活、音乐、体育、游戏、自频道等八大垂直内容群构成，拥有国内最大的内容库。土豆网由王微成立于2005年4月，其提供的视频内容主要包括网友自行制作或分享的视频节目、来自内容提供商的视频节目以及土豆自身投资制作的节目，其收入主要来源于广告收入。

2.并购的动因

2012年，中国互联网行业在经历了近15年的发展后，行业竞争结构已趋向稳定，即百度、A集团及腾讯在中国互联网行业占据领导地位。但在网络视频运营这个子行业，竞争格局尚未完全形成，腾讯视频、优酷、土豆、爱奇艺等公司在这个子行业处于主导地位，但优酷网的用户数及装机量在这个子行业处于绝对领先地位，且用户黏性较好。互联网行业的规模效应、网络效应、马太效应及长尾效应决定了互联网公司的价值在于流量，而流量主要来源于用户数。对于互联网公司而言，收购兼并是互联网公司快速获得用户、完善产品线进而提升公司价值的主要方式。互联网行业的特点及我国互联网行业所处的发展阶段决定了互联网巨头主要通过收购兼并来进行业务拓展和行业布局。

土豆网2011年8月上市，仅获得融资1.7亿美元。土豆网在与优酷合并前以长视频为核心的模式需要大量资金，其资金支持难以长期维持，而优酷的现金则相对充足。同时由于土豆网股票在二级市场交易清淡、缺乏流动性等原因，土豆网当时的市值并未完全体现其内在价值。

土豆网2011年财报显示，其2011年第四季度运营亏损1.44亿元，较上一季度运营亏损1 587万元大幅扩大，运营利润率为–87%。而优酷2011年第四季度运营亏损仅为5 738万元，运营利润率为–19%。

双方合并将缓解过快的成本增长压力。据两家公司2011年的财报，优酷2011年第四季度成本为2.43亿元，土豆网达到1.601亿元，成本占营收比重达到96.2%，优酷土豆单个季度成本达到4亿元。第一项成本是带宽消耗。网络视频耗费了带宽的70%以上，而其所带来的广告收入只占互联网广告收入的几十分之一；第二项成本是版权成本。2012年前的互联网视频行业还处于跑马圈地的阶段，必然需要在版权上进行巨额的投资。

另外，优酷和土豆同质化内容较多，导致大量资源浪费，通过资源整合的形式可以提升资源的利用率，同时也将加大其他业务发展力度。

未来中国网络视频市场将进入强强联合的时代，通过整合的形式不仅缓解了视频运营商的成本压力，而且将使品牌形象得到提升。在网络视频媒体的品牌形象得以提升后，广告主对品牌视频媒体的投入也将逐渐增大，而中小视频厂商的发展空间将被进一步压缩，从而加快网络视频市场的洗牌。

互联网公司价值驱动因素及收入增长模式和传统公司有较大不同。我们应从互联网公司收入的特点出发分析优酷网并购土豆网的动因。互联网公司实际上是经营数据的公司，其收入来源于经营的数据，而数据又来源于其用户。正因为其经营的是数据，所以，互联网公司最重要的资产是用户，互联网公司通过并购可以直接获得用户，在用户量增长的情况下，互联网公司的规模效应、网络效应、马太效应与长尾效应将得到实现和加强。

3.合并进程

2009年到2011年，优酷、土豆多次接触洽谈，但未达成意向。

2010年12月8日，优酷在美国纽交所上市，土豆则在提交IPO申请9个月后历经波折，于2011年8月17日在美国纳斯达克上市。

2012年2月双方重启谈判。2月16日，双方就换股合并展开第一次正式谈判；2月24日，优酷与土豆管理层和部分董事在香港开会讨论，确定土豆流通股将可交换优酷摊薄总股本的28.5%；2月28日，优酷法律顾问向土豆发送初步合并协议草案；3月10日，双方签署合并协议。

2012年3月12日，优酷股份有限公司和土豆股份有限公司共同宣布，优酷和土豆将以100%换股的方式合并。

2012年7月17日，优酷向美国证监会（SEC）提交的关于Form F-4的登记说明开始生效。

2012年8月，美国证监会（SEC）批准了优酷土豆的合并协议，优酷土豆双方广告系统打通。

2012年8月20日，优酷土豆合并方案获双方股东大会高票批准通过，优酷土豆集团公司正式诞生。

4.合并后控制关系描述

合并完成后土豆A类、B类普通股退市，每股兑换成7.177股优酷A类普通股；

土豆 ADS 退市，每股兑换成 1.595 股优酷 ADS。估算交易额 10.4 亿美元，较土豆股价溢价率为 159%。原优酷股东将持有合并后的优酷土豆 71.5% 的股份，原土豆股东将持有合并后的优酷土豆 28.5% 的股份。

并购问题分析

1. 影响优酷网并购土豆网的动因是什么

互联网公司价值驱动因素及收入增长模式和传统公司有较大不同。我们应从互联网公司收入的特点出发分析优酷网并购土豆网的动因。互联网公司实际上是经营数据的公司，其收入来源于经营的数据，而数据又来源于其用户。正因为其经营的是数据，所以，互联网公司最重要的资产是用户，互联网公司通过并购可以直接获得用户，在用户量增长的情况下，互联网公司的规模效应、网络效应、马太效应与长尾效应将得到实现和加强。

另外，2012 年前的互联网视频行业尚处于跑马圈地阶段，网络运营公司需要大量的前期投入以确立自己的领导地位、扩大自身的品牌影响力。高额的成本开支（主要为网络带宽成本支出及版权费用）使得各互联网视频运营公司不堪重负，通过吸收合并整合资源来降低成本开支以发挥协同效应是可行之道。

2. 如何从公司价值驱动因素预测公司财务驱动因素

从逻辑上来讲，公司价值即为未来现金流的折现值之和，即未来各期自由现金流是公司价值的驱动因素。在一定增长率的假设下，将公司现金流进行折现并求和后将相关变量分解即可得出公司价值的财务驱动因素。另外需要特别强调的是，未来现金流的现值是一种估值的逻辑，并不因为互联网属于新兴经济行业其估值逻辑就应受到挑战，对于互联网公司的估值，应结合互联网公司的特点，找到未来自由现金流在估值阶段的替代指标，而这些正是互联网公司的价值驱动因素。

为了衡量合并后的优酷土豆公司价值相对于合并前的优酷公司和土豆公司价

值之和是否有增长，我们从公司价值的财务驱动因素出发，即从公司价值驱动的财务四因子（NOPLAT，ROIC，g与WACC）的角度观察合并主体在并购前后是否得到改良，其中将合并前的优酷公司和土豆公司进行模拟合并，计算该模拟合并公司价值驱动的财务四因子。

从公司价值驱动因素到财务驱动因素，我们可以做如下模型推导：

$$\because \ FCF = NOPLAT - 净投资$$
$$= NOPLAT - (NOPLAT \times IR)$$
$$\therefore \ FCF = NOPLAT \times (1 - IR)$$
$$\because \ g = ROIC \times IR$$
$$\therefore \ IR = \frac{g}{ROIC}$$
$$\therefore \ FCF = NOPLAT \times \{1 - \frac{g}{ROIC}\}$$

式中，FCF ——公司自由现金流；

$NOPLAT$ ——扣除调整税后的净经营利润；

IR ——再投资比率；

g ——扣除调整税后的净经营利润的年增长率；

$ROIC$ ——投入资本回报率。

公司价值等于未来自由现金流的折现值之和，假设公司NOPLAT按照一定比率g增长，则

$$V = \frac{FCF_{t=1}}{WACC - g}$$
$$= \frac{NOPLAT_{t=1} \left(1 - \frac{g}{ROIC}\right)}{WACC - g}$$

式中，V ——公司价值；

$FCF_{t=1}$ ——下一期公司自由现金流；

$NOPLAT_{t=1}$ ——下一期扣除调整税后的净经营利润；

WACC——加权平均资本。

所以，公司价值由扣除调整税后的净经营利润NOPLAT、成长性g、投入资本回报率ROIC及公司加权资本成本WACC共同决定。

3.如何评估优酷并购土豆的绩效

并购绩效的衡量可分为财务绩效的衡量与市场绩效的衡量。财务绩效的衡量分为三步：

第一步，在获取两家公司财务数据的基础上，可以将优酷网和土豆网在并购前的报表进行模拟合并，并根据公司价值的财务驱动因素计算相关财务指标。

第二步，优酷于2012年8月完成对土豆的吸收合并，两家公司进行并表，可计算合并后影响公司价值的财务驱动因素的指标。

第三步，将合并后影响公司价值的财务驱动因素与合并前的模拟合并所计算的财务指标进行对比，如果相关财务指标得到改良，我们可以判断该吸收合并有协同效应。

并购绩效价

1.财务绩效的衡量

并购前后两家公司相关财务指标如表6-2、表6-3、表6-4所示。

表 6-2　并购前土豆财务指标　　　　　　　　　　　　　　　　金额单位：百万元

	2008 年	2009 年	2010 年	2011 年
营业收入	34	125	329	573
营业成本	−152	−163	−269	−488
毛利	−118	−38	60	85
销售费用	−43	−73	−143	−287
管理费用	−38	−38	−105	−175
财务费用	0	0	−13	−5

	2008 年	2009 年	2010 年	2011 年
营业利润	−199	−149	−188	−377
税率	0	0	0	0
投入资本	360	255	885	1 762
投入资本回报率	−55.28%	−58.43%	−21.24%	−21.40%
NOPLAT	−199	−149	−188	−377
有息负债	0	0	215	83
销售费用 / 营业收入	126.47%	58.40%	43.47%	50.09%
管理费用 / 营业收入	111.76%	30.40%	31.91%	30.54%
融资成本利息			6.05%	6.02%
销售毛利率	−347.06%	−30.40%	18.24%	14.83%
营业利润率	−585.29%	−119.20%	−57.14%	−65.79%
营业收入增长		267.65%	163.20%	74.16%
投入资本周转率		40.65%	57.72%	43.29%
贝塔系数			18.199 8	1.933 7
股东权益	288	143	126	1214
无风险利率			4.75%	4.75%
风险溢价	2.25%	2.25%	2.25%	2.25%
股权成本			45.70%	9.10%
WACC			10.40%	7.68%

表 6-3　并购前优酷财务指标　　　　　　　　　　　　　　　金额单位：百万元

	2008 年	2009 年	2010 年	2011 年
营业收入	33	154	387	898
营业成本	−171	−217	−351	−697
毛利	−138	−63	36	201
销售费用	−35	−73	−130	−230
管理费用	−14	−19	−29	−81
财务费用	−4	−7	−7	−7
营业利润	−187	−155	−123	−110
税率	0	0	0	0
投入资本	194	510	2 411	3 482

	2008 年	2009 年	2010 年	2011 年
投入资本回报率	−96.39%	−30.39%	−5.10%	−3.16%
NOPLAT	−187	−155	−123	−110
有息负债	76	111	188	318
销售费用/营业收入	106.06%	47.40%	33.59%	25.61%
管理费用/营业收入	42.42%	12.34%	7.49%	9.02%
融资成本	5.26%	6.31%	3.72%	2.20%
销售毛利率	−418.18%	−40.91%	9.30%	22.38%
营业利润率	−566.67%	−100.65%	−31.78%	−12.25%
营业收入增长		366.67%	151.30%	132.04%
NOPLAT 增长率				
投入资本周转率		43.75%	26.50%	30.48%
贝塔指标			18.199 8	1.933 7
股东权益	200	295	1 911	4 205
无风险利率			4.75%	4.75%
风险溢价	2.25%	2.25%	2.25%	2.25%
WACC			36.80%	10.65%
股权成本			45.70%	9.10%

表 6-4 并购后优酷土豆财务指标　　　　　　　　　　　　金额单位：百万元

	2012 年	2013 年	2014 年
营业收入	1 796	3 028	4 223
营业成本	−1 500	−2 487	−3 400
毛利	296	541	823
销售费用	−364	−681	−1 028
管理费用	−238	−262	−251
财务费用	−4	−1	0
营业利润	−306	−402	−456
税率	−0.007 03	0.001 724	0.066 158
投入资本	9 389	10 319	13 598
投入资本回报率	−3.26%	−3.90%	−3.35%
NOPLAT	−306	−402	−456

	2012 年	2013 年	2014 年
有息负债	981	1 103	1 947
销售费用 / 营业收入	20.27%	22.49%	24.34%
管理费用 / 营业收入	13.25%	8.65%	5.94%
融资成本	0.41%	0.09%	0.00%
销售毛利率	16.48%	17.87%	19.49%
营业利润率	−17.04%	−13.28%	−10.80%
营业收入增长	100.00%	68.60%	39.46%
NOPLAT 增长率			
投入资本周转率	27.91%	30.73%	35.31%
贝塔指标	2.119 1	1.329 1	1.570 1
股东权益	9 357	8 983	14 094
无风险利率	4.75%	4.75%	4.75%
风险溢价	2.25%	2.25%	2.25%
WACC	9.49%	6.75%	8.58%
股权成本	9.52%	7.74%	8.28%

相对于并购前，并购后合并公司相对于并购前两家公司营收总和大幅增长，NOPLAT亏损减少（见图6-2）。

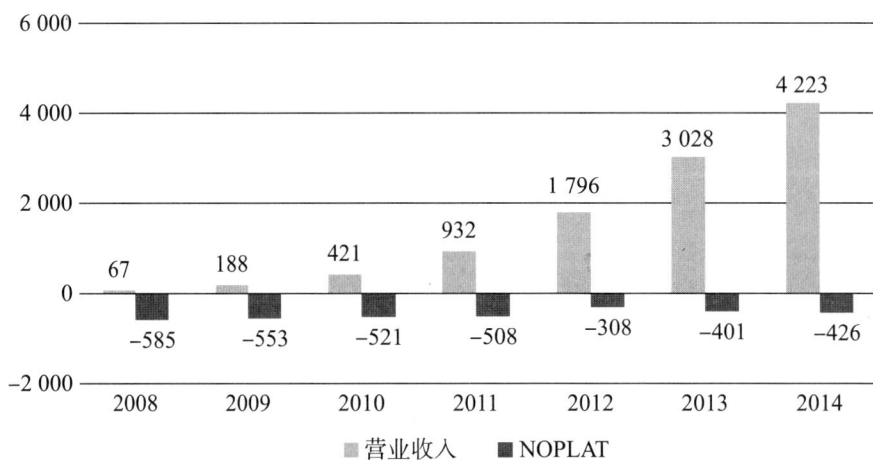

图6-2　优酷土豆合并营收及NOPLAT（百万元）

相对于并购前，并购后合并公司ROIC提升明显，投资人亏损收窄（见图6-3）。

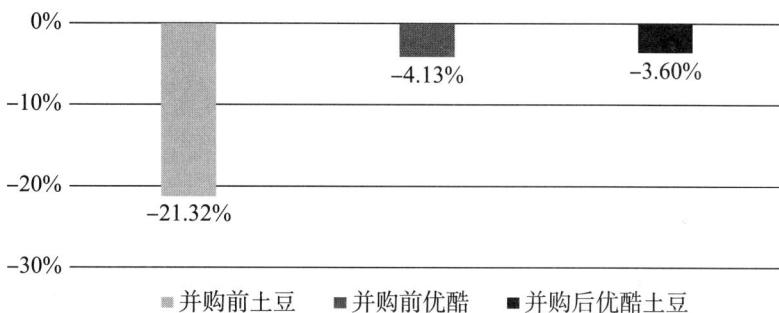

图6-3　优酷土豆并购前后ROIC对比

相对于并购前，并购后合并公司融资成本显著下降（见图6-4）。

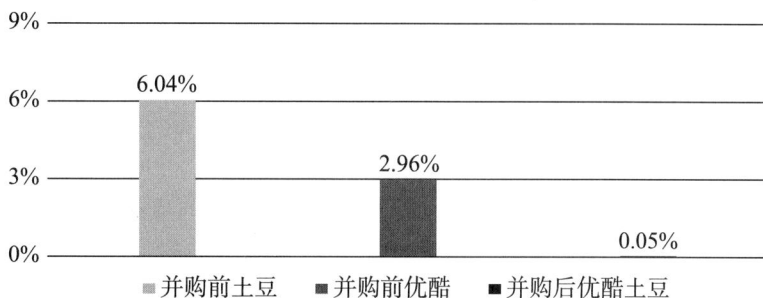

图6-4　优酷土豆并购前后融资成本对比

相对于并购前，并购后合并公司股权成本相对于合并前两家公司显著下降（见图6-5）。

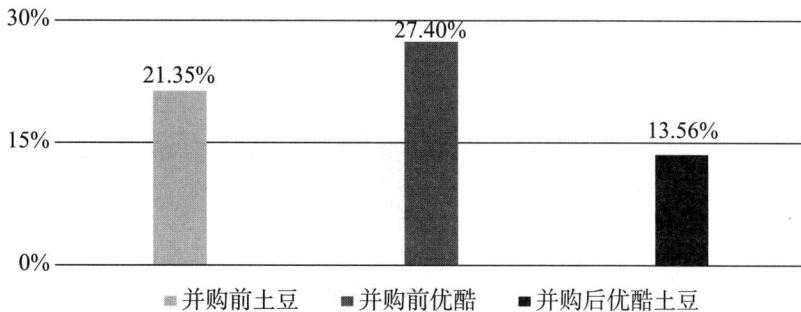

图6-5　优酷土豆并购前后股权成本对比

相对于并购前，并购后合并公司加权平均资本相对于合并前两家公司显著下降（见图6-6）。

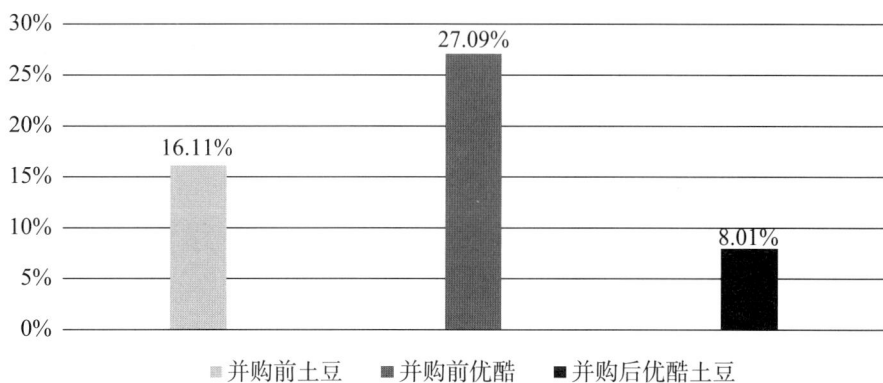

图6-6 优酷土豆并购前后WACC对比

2.市场绩效的衡量

市场绩效评价可以通过观察合并公告时及合并完成时，两家公司的市场价值是否得到提升来进行评估。

2012年3月12日，并购信息宣布后，两公司市值总和比并购宣布前（2012年3月9日）总市值增加14.64亿美元（见图6-7）。

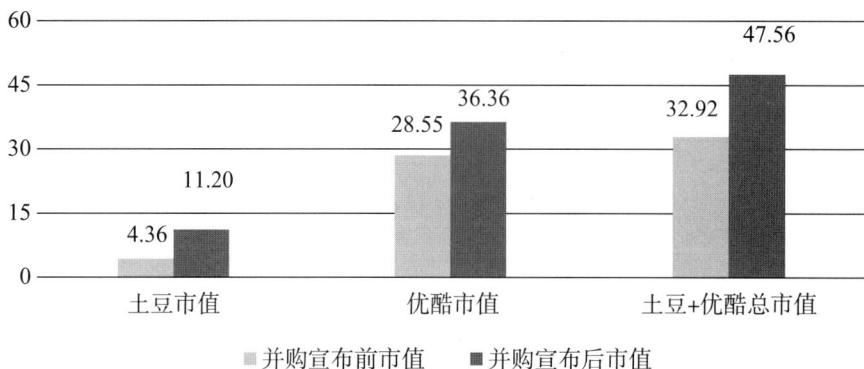

图6-7 优酷土豆并购前后市值对比（亿美元）

3.优酷并购土豆是不是双赢

优酷与土豆合并后，会在同一模式下实现优势互补，例如集中资金使用，节省带宽、版权和人员成本；共享用户群、视频内容、技术平台，以及伙伴关系和专业经验等。故该合并是双赢的交易，增加的价值来源于协同效应。该协同效应和互联网公司的特点密不可分。互联网公司具有网络效应、规模效应、马太效应及长尾效应，用户数是互联网公司最有价值的资产。优酷完成了对土豆的吸收合并，获取了土豆的线上客户，提升了优酷的预期现金流及收入的稳定性，因此优酷并购土豆实现了 $1+1 > 2$。

因此，优酷并购土豆是双赢的交易，通过吸收合并，优酷确立了自己在互联网视频行业的领导地位，获得了网络效应、规模效应、马太效应及长尾效应带来的收入增长及成本降低，土豆网则在资金捉襟见肘的情况下，获得了喘息机会且避免了恶性竞争。

推荐阅读

并购一定能带来价值提升吗

A公司为一家网络杀毒软件公司，现在为了进军B国市场，欲收购B国的网上杀毒软件公司C，A公司提出的收购估值为C公司现有总市值溢价20%。两公司基本资料如表6-5所示。

表6-5　并购公司概况

	收购方 A	目标公司 C
净利润（百万美元）	150.0	60.0
流通股（百万美元）	60.0	15.0
每股收益（美元）	2.5	4.0
收购公布前的股价（美元）	40.0	40.0

	收购方 A	目标公司 C
市盈率	16.0	10.0
市场价值（百万美元）	2 400.0	600.0
所支付的价格（百万美元）	720.0	

A公司当前资本结构处于最佳比例，有能力采用债务融资的方式解决收购资金问题，融资利率为6%，所得税税率为25%。现金收购和换股收购方式下并购后公司概况如表6-6所示。

表 6-6　不同并购方式下并购后公司概况

	现金交易	换股交易
来自收购方的净收益（百万美元）	150.0	150.0
来自目标公司的净收益（百万美元）	60.0	60.0
额外利息（百万美元）	−32.4	0.0
收购后净收益（百万美元）	177.6	210.0
原有股票（百万股）	60.0	60.0
新增股票（百万股）	0.0	18.0
股票数量（百万股）	60.0	78.0
收购前每股收益（美元）	2.5	2.5
每股收益的增值（美元）	0.46	0.19
收购后的每股收益（美元）	2.96	2.69

问：A公司溢价20%收购B，该估价合理吗？

无论采用现金收购还是换股收购，公司每股收益都将增加。如果采用现金收购，并且现金收购款项为融资所得，由于融资收购款产生的利息在税前支出，而负债有税盾效应，因此，实际利息负担为32.4百万美元=720百万美元×6%×（1-25%）。当以负债融资取得收购价款，并以现金支付收购价款时，被收购公司的税后利润60百万美元超过支付的税后利息32.4百万美元，故收购后每股收益增加。若以股权融资方式进行收购，由于目标公司每股收益大于原公司，故收购后公司每股收益为原收购方以原股本及新增股本为权重计算的加权平均每股收益，故收购后每股收益亦增加。

　　每股收益增加，公司就更有价值了吗？每股收益虽然增加，但获得每股收益的风险可能发生变化，故资本成本（折现率）有可能上升，公司价值并不一定发生变化。本案例中，收购方若通过负债取得融资款，股东风险增加了，即虽然每股收益增加，但由于股东风险增加导致折现率同样上升，因此股东价值并没有提升。若采用股本融资，同样破坏了最佳资本结构，因为负债有税盾效应，而股本融资降低了负债的税盾效应。即资本成本提升抵消了每股收益增加带来的价值增加，股东价值并没有变化。本案例中的收购无法带来价值提升的原因，是两家公司无法产生协同效应，只有能产生协同效应的收购，才可能使公司价值得以提升。

互联网公司的并购估值

巨人的黄昏

雅虎创办于1995年，次年即成功上市。在互联网刚刚兴起的年代，雅虎开创了一个全新的时代，那个时候，雅虎市值高达1 280亿美元。但20年后，雅虎就像是放在货架上的打折商品，无奈地等待着讨价还价，煎熬地期待着买家光临。或许，雅虎的命运早在数年之前就已经确定。和很多最终失败的公司一样，雅虎也有着同样的痼疾：频繁更迭的管理层，混乱争斗的董事会，摇摆不定的战略定位，争议颇多的CEO选择，士气低落的外流人才，其几次重大的并购更是被业界所诟病。

1998年，谷歌曾经向雅虎提出100万美元的收购请求，但雅虎拒绝了。等到谷歌崛起势头已经无法阻挡的时候，雅虎才感觉到潜在的威胁。2001年的时候，雅虎也曾经有意收购谷歌，但谷歌在一周内把报价从10亿美元涨到30亿美元，时任雅虎CEO的塞梅尔认为是漫天要价，从而放弃了收购计划。在随后的两年时间里，雅虎先后以2.35亿美元和16亿美元收购了原先的搜索合作商Inktomi和Overture，组建了自己的搜索技术团队，但这个时候谷歌已经在搜索引擎领域占据了主导地位，雅虎只能位列市场第二。实际上，雅虎在收购方面可谓败笔累累。一方面错过了谷歌、eBay和Facebook等可以改变互联网版图的收购交易，另一方面却白白耗费了上百亿美元收购了一堆天价资产，最后却在自己的黑洞中不断贬值甚至彻底关闭。这些著名的失败案例包括：以57亿美元收购网络内容公司Broadcast，以36亿美元收购网络托管公司GeoCities，以16亿美元收购搜索技术公司Overture，以8.5亿美元收购社交广告公司RightMedia，以5亿美元收购电商网站Kelkoo。

不过，两位掌舵人在2005年的一次会面，却带来了雅虎乃至互联网历史上最成功的一笔投资。雅虎以10亿美元和雅虎中国换得了A集团40%的股权。在随后的日子里，雅虎先后两次抛售A集团股票，套现170多亿美元。其后，雅虎进行了重组，核心业务出售给Verizon，另行成立公司Altaba，并持有A集团股权。截至2018年4月，雅虎依然持有A集团15.4%的股权。按照当时A集团市值计算，雅虎持股价值300多亿美元。

并购成功与否，不仅取决于并购双方能否产生协同效应或控制权效应，并购方对于被并购方的估值（出价）也将影响到最终的并购绩效。

早在1999年，毕马威就曾发布全球并购报告，该报告对1988—1996年全球并购金额最大的600宗并购进行了研究，发现53%的并购的价值被破坏，30%的并购无法分辨价值提升或降低，而仅有17%的并购价值有所提升（详见图7-1）。

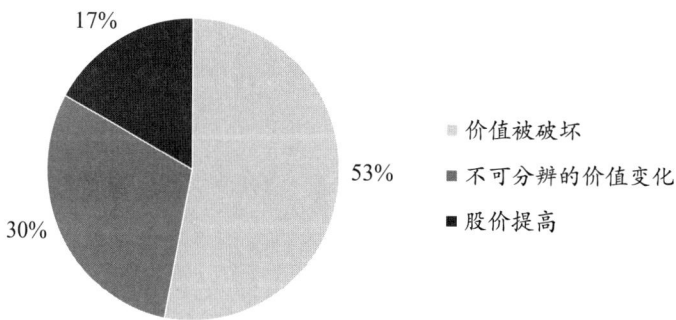

图7-1　公司并购交易一年后的股权价值变化

资料来源：毕马威1999年度全球并购报告。

那么，什么样的并购才能带来价值的提升呢？对于目标公司该如何估值呢？

并购估值

在并购中，标的公司定价由两部分构成，一是并购完成后，由于协同效应的存在，使得并购交易的双方价值得以提升，这个协同效应通常来自经营协同、财务协同等；二是目标公司的现状价值，并购时对目标公司的报价不应超过并购完成后带来的协同效应和目标公司的现状价值之和。如果目标公司的并购价格低于目标公司的现状价值，那么并购方不仅获取了协同效应带来的增量价值，实际上还获得了被并购方的一部分存量价值。

2007年，苹果公司推出iPhone手机，这一年也被称为移动互联网元年。随着3G技术的发展与应用，移动互联网产业出现了井喷式发展。原PC端的互联网巨头百度在移动互联网时代到来时，落后于竞争对手。为扭转不利局面，2014年，百度以19亿美元的高价收购网龙公司的91助手。网龙公司的91助手则是其在2007年从软件工程师熊俊处收购而来。网龙公司以10万元收购91助手，对于网龙公司而言，就是典型的低于91助手客观价值的并购，网龙公司获得了被并购方转让的一部分存量价值。实际上，2010年熊俊又创办了"同步推"，并获得了蔡文胜和创新工场的投资，2014年10月，台湾乐升游戏公司董事会拟全资收购"同步推"，价格53.4亿元新台币（约合人民币10.68亿元），可见2007年网龙公司对于91助手的收购获得了被并购方转让的巨大存量价值。

东方财富的收购估值

东方财富是中国创业板市值最大的公司之一，业务范围包括互联网领域的金融电商、数据服务和广告。2015年12月，东方财富完成了对西藏同信证券的并购，实现了线上业务与线下业务的融合，并进行了网上经纪业务及资产管理业务的拓展，商业模式亦发生了改变。作为新经济的代表，互联网公司价值驱动因素及估值与传统公司相比有较大的不同，互联网公司的并购动因与传统公司也有较大差异。东方财富并购同信证券，如何对并购对象进行估值呢？

背景分析

2015年4月，东方财富网发布公告，拟向宇通集团、西藏自治区投资公司分别收购其持有的同信证券70%和30%的股份。

东方财富网是中国访问量最大、影响力最大的财经证券门户网站之一，2004年3月上线。多年来，凭借权威、全面、专业、及时的优势，东方财富网持续位居中国财经类网站第一。截至2015年7月13日，东方财富网以868亿元的市值位列创业板第二。

同信证券成立于2000年3月，总部位于上海，注册地为西藏拉萨，拥有36家证券营业部。同信证券2014年股票交易额为3 341亿元，营业收入、净利润分别为7.7亿元、2.1亿元，市场占比为0.226%，位列市场第75名，拥有经纪、资管、自营、投行、期货、金融产品代销牌照。

并购前双方有关资料见表7-1。

表7-1　东方财富与同信证券相关资料

	东方财富	同信证券
公司前身	上海东财信息技术有限公司	西藏自治区信托投资公司证券部
成立时间	2005年1月	2000年3月
经营业务	综合性的财经资讯和金融信息服务、金融数据服务、广告服务、基金销售	经纪业务、证券投资基金代销、证券自营、财务顾问、证券投资咨询、证券资产管理、融资融券、证券承销与保荐等综合业务
2014年总资产	61.83亿元	65.22亿元
2014年净资产	18.80亿元	11.60亿元
2014年营业额	6.12亿元	8.36亿元
行业地位	金融财经类网站第1位	营业收入同行业排名第75位

资料来源：东方财富财务报告及中国证券业协会。

并购的动因

东方财富2014年12月31日总市值为338亿元，于2015年12月10日完成对同信证券的并购。同信证券前身是西藏自治区信托投资公司证券部，经过十多年的发展，业务资格由原来单一的经纪业务发展为包括经纪、自营、投行、资产管理、财务顾问等在内的综合业务类型。同信证券于2013年12月整体变更为股份有限公司。根据中国证券业协会公布的2014年度证券公司净资本排名数据，同信证券净资本在119家证券公司中排名第97位，净资本规模偏小，在相当程度上制约了同信证券的发展。

东方财富通过互联网来完成其主要业务活动，而同信证券为拥有全牌照的传统型券商，其业务主要通过线下来进行。如果东方财富能够实现对同信证券的并购，则有助于其以下业务的拓展：

（1）转化为互联网券商，依托东方财富海量的线上客户及获取的经纪业务牌照开展网上证券交易等经纪业务。

（2）借助网站庞大的用户群体，开展资产管理业务，进而弥补自身资产管理产品的空白。

（3）做强代销基金业务，东方财富可以券商身份介入场内销售，进一步增强代销基金的能力。

东方财富收购券商后的发展路线是显而易见的：通过经纪业务从用户手中赚取佣金；通过资产管理业务发行自己的产品，对接项目和资金，获得持续性的资产管理收入；通过场内基金销售进一步巩固基金销售的市场地位，尽可能地获取代理基金销售的增量佣金。东方财富通过并购同信证券，实现线上业务与线下业务融合，开拓新利润增长点，提升现有业务，真真切切地把流量及用户变现。

1.收购时的商业模式

收购时的商业模式即公司基于互联网流量变现的方式。其变现渠道包括金融电商（即通过网站代理销售基金）、网站广告（主要为金融行业客户），另外还进行软件及金融数据的销售。2014年东方财富的收入结构和业务毛利占比情况见图

7-2、图7-3。

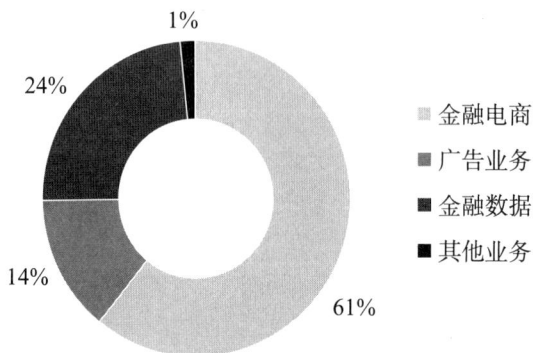

图7-2　2014年东方财富收入结构

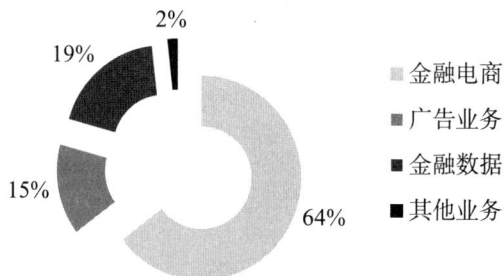

图7-3　2014年东方财富业务毛利占比

2.收购时的公司估值

（1）现状估值。

我们需要假设公司并没有发生并购，商业模式与主营业务都不会发生变化，历史数据存在一定的延续性。

基于互联网公司价值驱动因素的视角，主要从流量数据并结合行业成长空间来预测未来驱动公司价值的财务数据，以月度有效浏览时间为表征的流量逐月提高。

（2）业务指标假设与预测。

如表7-2所示，东方财富网月度有效浏览时间逐月提高。

表 7-2　东方财富网月度有效浏览时间　　　　　　　　　　　　　　　　单位：万小时

2014 年 1 月	3 500
2014 年 2 月	3 700
2014 年 3 月	4 000
2014 年 4 月	3 900
2014 年 5 月	3 700
2014 年 6 月	3 800
2014 年 7 月	4 100
2014 年 8 月	5 000
2014 年 9 月	6 000
2014 年 10 月	5 050
2014 年 11 月	5 500
2014 年 12 月	8 000
2015 年 1 月	8 100
2015 年 2 月	5 900
2015 年 3 月	10 000
2015 年 4 月	14 000

　　根据宏观经济数据、行业数据的相关预测及公司流量增长状况，对相关参数进行预测（见表7-3）。

表 7-3　东方财富网业务发展基本假设

假设	数值	假设依据
金融电商业务平均增长率	35.00%	基金销售规模预测
广告业务年增长率	10.00%	中国互联网广告收入年均增速
金融数据业务年增长率	10.00%	金融资讯行业收入增长规模
永续增长率	3.50%	成熟经济体经济规模预测增速
综合毛利率	85.00%	根据历史毛利率，考虑规模效应进行推断

　　进一步对各业务板块的收入与毛利率进行预测（见表7-4）。

　　（3）资本成本与贴现率的确定。

　　计算贴现率，采用WACC计算公式：资本结构按照当时资本结构，其中股权价

表 7-4 东方财富现有业务收入与毛利率预测

金额单位：百万元

营业收入		2013A*	2014A	2015E*	2016E	2017E	2018E	2019E	2020E	2021E	2022E	2023E	2024E
金融电商	收入	66	372	1 302	1 758	2 373	3 204	4 325	5 838	7 882	10 641	14 365	19 393
	增长率		460%	250%	35%	35%	35%	35%	35%	35%	35%	35%	35%
	毛利率	77%	81%	80%	80%	80%	85%	85%	85%	85%	85%	85%	85%
广告服务	收入	100	86	94	104	114	125	138	152	167	183	202	222
	增长率		-14%	10%	10%	10%	10%	10%	10%	10%	10%	10%	10%
	毛利率	76%	79%	80%	80%	80%	82%	82%	82%	82%	82%	82%	82%
金融数据服务	收入	70	145	217	282	310	341	376	413	454	500	550	605
	增长率		106%	50%	30%	10%	10%	10%	10%	10%	10%	10%	10%
	毛利率	31%	61%	60%	60%	60%	60%	60%	60%	60%	60%	60%	60%
其他	收入	12	10	10	10	10	10	10	10	10	10	10	10
	增长率		-19%	0%	0%	0%	0%	0%	0%	0%	0%	0%	0%
	毛利率	87%	81%	80%	80%	80%	80%	80%	80%	80%	80%	80%	80%
合计	收入	248	612	1 623	2 153	2 807	3 680	4 848	6 413	8 513	11 334	15 126	20 229
	增长率		146%	165%	33%	30%	31%	32%	32%	33%	33%	33%	34%
	毛利率	64.05%	75.99%	77.33%	77.38%	77.79%	82.57%	82.97%	83.31%	83.60%	83.84%	84.05%	84.22%

*2013A 表示 2013 年实际值；2015E 表示 2015 年预测值，其他各项类同。

值以公司当时市值（截至2015年4月15日）计算，即498.21亿元，负债价值为41亿元，假设未来资本结构保持不变。股权成本用CAPM模型计算得K_e=14.56%，贝塔系数以创业板过去5年收益率为参照，回归所得（见图7-4）。债务成本以当时人民银行公布的五年期以上的长期贷款利率5.9%来代替。WACC的计算如表7-5所示。

表7-5 资本成本的计算

东方财富网 WACC	
普通股价值（万元）	4 982 100
负债价值（万元）	410 000
无风险收益率（%）	3.43%
Beta	1.59
市场风险溢价	7.00%
股权成本 K_e	14.56%
所得税率	15.50%
债务成本 K_d	5.9%
资本加权平均成本（WACC）	13.84%

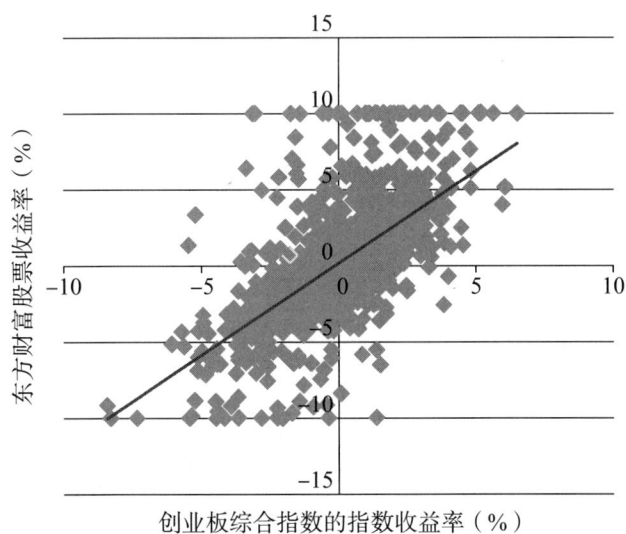

图7-4 贝塔系数的计算

（4）并购前的估值。

东方财富并购同信证券前的估值如表7-6所示。

表 7-6 东方财富并购同信证券前的估值

金额单位：百万元

	2013A*	2014A	2015E*	2016E	2017E	2018E	2019E	2020E	2021E	2022E	2023E	2024E
毛利	159	465	1 255	1 666	2 184	3 038	4 022	5 343	7 117	9 503	12 713	17 036
税金及附加	10	24	65	86	112	147	194	257	341	453	605	809
销售费用	37	92	243	323	421	552	727	962	1 277	1 700	2 269	3 034
管理费用	30	73	195	258	337	442	582	770	1 022	1 360	1 815	2 427
EBIT	82	275	752	999	1 313	1 898	2 519	3 355	4 478	5 989	8 024	10 765
MOPLAT	70	234	639	849	1 116	1 613	2 141	2 851	3 806	5 091	6 821	9 151
新增投入资本	31	81	108	140	184	242	321	426	567	756	1 011	1 244
FCFF	39	153	531	708	932	1 371	1 821	2 426	3 239	4 335	5 809	7 906
WACC	13.84%	13.84%	13.84%	13.84%	13.84%	13.84%	13.84%	13.84%	13.84%	13.84%	13.84%	13.84%
现值			498	583	674	871	1 016	1 189	1 395	1 640	1 930	2 308
连续价值现值												23 099
公司价值	29 080		负债价值	41		股权价值	29 040				总股本	1 693
每股价格（元）	17.15											

*2013A 表示 2013 年实际值；2015E 表示 2015 年预测值，其他各项类同。

（5）敏感性分析。

敏感性分析如表7-7所示。

表 7-7　估值结果及敏感度分析

估值方法	估值结果	估值区间	敏感度分析区间
FCFF	17.15	15.83 ～ 25.38	折现率 ±1%，长期增长率 ±1%

进行未来自由现金的预测并折现，估值结果为每股17.15元，对折现率和长期增长率进行 ±1% 的敏感性测试，估值区间显示为15.83 ～ 25.38元。

3.收购后的估值

（1）收购后价值驱动因素的变化。

东方财富并购同信证券估值的关键问题在于确认东方财富网的盈利模式，以及在收购同信证券后盈利模式的变化。互联网公司的价值基础是流量及流量变现的方式，目前东方财富流量变现方式主要有两种渠道，即广告及基金代销时收取的手续费。收购同信证券后，东方财富网利用在行业内垂直型网站的流量优势，将新增互联网券商及网上经纪业务与综合财富管理业务。新业务的拓展提升原有流量的价值，将东方财富带入两个更加广阔的市场，而且由原来广告及基金代销的一次性收费转化为持续性的业务收入，不仅公司预计经营利润大幅增长，成长性提高，而且业务收入波动性降低，公司股权成本有所降低，价值必然提高。因此对各板块业务的成本结构及市场空间的理解对于合并后公司的收入的预测显得至关重要。此外，收购的同信证券具备资产管理全牌照，东方财富也可利用互联网平台提供一站式综合性的财富管理服务，对于改善用户体验、带来新增流量具有重要意义。

（2）同信证券估值分析。

同信证券各年业务指标如表7-8所示。

表 7-8 同信证券各年业务指标

单位: 万元

	2011 年	2012 年	2013 年	2014 年
净资产	60 571	93 264	95 105	115 976
总资产	264 062	309 407	394 587	557 795
营业收入	24 062	32 212	33 173	77 409
经纪业务收入	17 587	11 713	15 627	20 992
净利润	2 069	2 693	1 841	20 871
代理销售金融产品				164

数据来源：中国证券业协会网站。

　　同信证券是未上市券商，归属于金融行业内的证券子行业，其未来现金流的状况与证券市场休戚相关，属于典型的周期性行业。对于周期性的行业，未来现金流难以估计，折现率的确定难度较大，因此很难用收益法对同信证券进行估值。较为可行的是采用市场法中的市净率法对同信证券进行估值，原因如下：一是许多证券公司在沪深两市上市，有一个活跃的公开市场，这个市场上的交易价格代表了交易资产的行情，即可认为是市场的公允价格；二是在这个市场上，可以找到与同信证券在业务类型、规模上相同或者相似的参考企业，如东北证券、国海证券等；三是证券行业一般是资本驱动业务发展，因此选择可比公司的市净率作为对同信证券估值的相对估值指标较为合理。

　　由此可见，同信证券属于资产驱动型的非银行金融业，可采用市净率法对其进行估值。2015年4月15日，同信证券可比公司市净率平均为4.21倍（见表7-9），其2014年年末净资产为11.59亿元，那么估值为48.83亿元。

表 7-9 同信证券可比公司的市净率

国元证券	2.63
太平洋	5.74
山西证券	4.6
国海证券	4.59
东北证券	3.48
平均	4.21

数据来源：Wind 数据终端。

（3）收购后价值分析。

①合并及上市进程描述。

2015年2月13日，东方财富发布公告称，公司于2月12日与宇通集团签署意向书，拟以双方最终协商一致的交易方式购买宇通集团持有的西藏同信证券股份有限公司（简称同信证券）70%股份。双方同意将聘请具有证券从业资质的评估机构，以双方最终协商确定的评估基准日对标的资产价值进行评估，评估结果将作为标的资产价值的最终定价参考依据。

2015年3月19日，东方财富再发公告称，拟收购西藏自治区投资有限公司持有的同信证券30%股权，在互联网券商的道路上再进一步。交易完成后，东方财富将持有同信证券100%股份，同信证券将成为东方财富全资子公司。

2015年4月15日，东方财富发布公告称，其拟向同信证券的股东宇通集团和西藏投资发行1.4亿～1.5亿股，用于购买其持有的同信证券100%股份，并且向不超过五名特定投资者募集配套资金13.33亿～15亿元，标的资产预估值为40亿～45亿元。公告同时称，通过该次交易，公司将取得国内市场的证券业务经营资格。

2015年9月29日，东方财富发布公告称，拟以28.53元/股的价格，向宇通集团和西藏投资以发行股份的方式购买同信证券100%股份，标的资产作价44.05亿元；同时定增募资40亿元，用于同信证券增加资本金。并购重组于证监会无条件通过。东方财富拟将本次交易作价与同信证券的可辨认净资产公允价值之间的差额约32.33亿元确认为商誉。

2015年12月10日，东方财富发布公告称，西藏同信证券股份有限公司100%股权已过户至公司及全资子公司上海东方财富证券研究所有限公司名下，相关资产交割及工商变更登记手续均已办理完毕，过户后公司持有西藏同信证券59 400万股，占同信证券股本总额的99%；东方财富证券研究所持有西藏同信证券600万股，占同信证券股本总额的1%。

②收购后价值。

并购后东方财富的收入与毛利率预测如表7–10所示，估值如表7–11所示。

表 7-10 东方财富收购后业务收入与毛利率预测

金额单位：百万元

营业收入		2013A*	2014A	2015E*	2016E	2017E	2018E	2019E	2020E	2021E	2022E	2023E	2024E
资产管理	收入			1 800	100	150	225	338	506	759	1 139	1 709	2 563
	增长率					50%	50%	50%	50%	50%	50%	50%	50%
	毛利率				80%	80%	80%	80%	80%	80%	80%	80%	80%
互联网证券	收入				2 340	3 042	3 955	5 141	6 683	8 688	11 295	14 683	19 088
	增长率				30%	30%	30%	30%	30%	30%	30%	30%	30%
	毛利率			50%	50%	50%	50%	50%	50%	50%	50%	50%	50%
金融电商	收入	66	372	1 302	1 758	2 373	3 204	4 325	5 838	7 882	10 641	14 365	19 393
	增长率		460%	250%	35%	35%	35%	35%	35%	35%	35%	35%	35%
	毛利率	77%	81%	80%	80%	80%	85%	85%	85%	85%	85%	85%	85%
广告服务	收入	100	86	94	104	114	125	138	152	167	183	202	222
	增长率		-14%	10%	10%	10%	10%	10%	10%	10%	10%	10%	10%
	毛利率	76%	79%	80%	80%	80%	82%	82%	82%	82%	82%	82%	82%
金融数据服务	收入	70	145	217	282	310	341	376	413	454	500	550	605
	增长率		106%	50%	30%	10%	10%	10%	10%	10%	10%	10%	10%
	毛利率	31%	61%	60%	60%	60%	60%	60%	60%	60%	60%	60%	60%
其他	收入	12	10	10	10	10	10	10	10	10	10	10	10
	增长率		-19%	0%	0%	0%	0%	0%	0%	0%	0%	0%	0%
	毛利率	87%	81%	80%	80%	80%	80%	80%	80%	80%	80%	80%	80%
合计	收入	248	612	3 423	4 593	5 999	7 860	10 326	13 602	17 961	23 767	31 518	41 880
	增长率		146%	459%	34%	31%	31%	31%	32%	32%	32%	33%	33%
	毛利率	64%	76%	63%	63%	64%	66%	66%	67%	67%	68%	68%	68%

*2013A 表示 2013 年实际值，2015E 表示 2015 年预测值，其他各项类同。

表7-11　东方财富网并购同信证券后估值

金额单位：百万元

	2015E*	2016E	2017E	2018E	2019E	2020E	2021E	2022E	2023E	2024E
毛利	2 155	2 916	3 825	5 196	6 863	9 089	12 068	16 061	21 422	28 631
税金及附加	137	184	240	314	413	544	718	951	1 261	1 675
销售费用	103	138	180	236	310	408	539	713	946	1 256
管理费用	68	92	120	157	207	272	359	475	630	838
EBIT	1 847	2 503	3 285	4 488	5 933	7 865	10 452	13 922	18 585	24 862
MOPLAT	1 570	2 127	2 792	3 815	5 043	6 685	8 884	11 834	15 797	21 132
新增投入资本	115	150	196	258	340	449	594	788	1 047	1 288
FCFF	1 455	1 977	2 595	3 557	4 703	6 236	8 290	11 046	14 750	19 844
WACC	13.82%	13.82%	13.82%	13.82%	13.82%	13.82%	13.82%	13.82%	13.82%	13.82%
现值	1 364	1 628	1 878	2 261	2 627	3 060	3 574	4 184	4 908	5 802
连续价值现值										58 187
公司价值	89 473		负债价值	41		股权价值	89 432		总股本	1 693
每股价格（元）	52.82									

*2015E表示2015年预测值，其他各项类同。

（4）并购价值确定。

对于该收购，考虑协同效应带来的增量价值，对同信证券的并购最高出价不应当超过：

89 432−29 040 = 60 392（百万元）；

最低出价为同信证券按市净率倍数的估值4 883百万元。

考虑到东方财富网、同信证券在市场竞争中谈判所决定的相对地位，出价应按照下限进行定价。

2015年9月29日，东方财富发布公告称，向宇通集团和西藏投资以发行股份的方式购买同信证券100%股份，标的资产作价44.046 3亿元，实际并购价格44.046 3亿元与实际估价44.33亿元接近。

推荐阅读

产生协同效应的收购都能为股东创造价值吗

A公司是从事PC游戏开发的公司，为了进入移动端网游市场，有两种选择。

第一种途径，自行进行投资，招募人员，相关投入及基本财务指标为：投入资本：25亿美元；营业收入：25亿美元；投入资本回报率：16%；税后经营利润率：16%；加权平均资本成本：12%。自行投资获取开发能力需2年的投入期。

另一种现实的途径是对同规模公司B标的发出收购要约，但是，相对于自行投资，需要付出相对市场价值约20%的溢价，不过，通过并购，或许可以通过业务的整合及管理的输出，获取协同效应和控制权效应。

从考虑为公司投资人创造价值角度出发，A公司该自行投产获取移动端业务还是通过并购来达到扩大市场份额的目的呢？

如果A公司决定对B公司股东发起收购要约，那么未来的价值溢价来自哪里？

此前，我们推导了公司价值模型：

$$V = \frac{NOPLAT_{t=1}\{1 - \dfrac{g}{ROIC}\}}{WACC - g}$$

公司价值的增加来源于 NOPLAT 利润、公司成长性（g）、投入资本回报率（ROIC）及加权平均资本成本（WACC）等指标在并购后是否能通过协同效应进行改良。有价值的并购或者增加了 NOPLAT 利润，或者提升 ROIC，或者降低 WACC，或者获得了增长率（g）。对于被并购方而言，只有收购方给出收购溢价，其才愿意接受并购。而只有当收购溢价不超过收购后协同效应带来的价值创造，收购才能为收购方原股东带来价值。因此，收购方应首先客观评估被收购公司的价值及协同效应、控制权效应带来的价值，其次，确定最多能给出的收购溢价，然后进行报价。

以 A 公司并购 B 公司为例，并购的协同效应与公司价值如表 7-12 所示。

表 7-12　并购的协同效应与公司价值　　　　　　　　　　　　金额单位：百万美元

	收购方财务指标	自行投资财务指标	收购后无协同效应	收购后有协同效应		
				ROIC 增长 50%	预期增长率 增长 50%	WACC 降低 20%
收入	50 000	2 500	2 500	2 500	2 500	2 500
预期增长率	5.00%	4.00%	4.00%	4.00%	6.00%	4.00%
投入资本	50 000	2 500	2 500	2 500	2 500	2 500
投入资本回报率（ROIC）	16.00%	16.00%	16.00%	24.00%	16.00%	16.00%
税后经营利润 (NOPLAT)	8 000	400	400	600	400	400
税后经营利润率	16.00%	16.00%	16.00%	24.00%	16.00%	16.00%
公司加权平均资本成本（WACC）	12.00%	12.00%	12.00%	12.00%	12.00%	9.60%
折现现金流价值	82 500	3 900	3 900	6 500	4 417	5 571
市场估价		−2 500	−3 900	−3 900	−3 900	−3 900
溢价（20%）		−780	−780	−780	−780	−780
价值创造	82 500	1 400	−780	1 820	−263	891
收购方价值增长率		1.70%	−0.95%	2.21%	−0.32%	1.08%

本例中，如果自行投资，那么该项目折现现金流价值为39亿美元（3 900百万美元），投入资本为25亿美元，可以创造14亿美元的净现值，故可以选择自行投资。

采用收购方案可能有两种结果。一是收购后无法产生协同效应，被收购标的盈利能力无法获得增长（ROIC）、税后经营利润（NOPLAT）无法增加，加权平均资本成本（WACC）也无法降低，但收购方需要对收购标的多付出20%，即多付出7.8亿美元，则多付出的7.8亿美元使收购方的价值发生了减损。

二是，收购后能产生协同效应，该协同效应使得投入资本回报率、税后经营利润、加权平均资本成本指标得以改良，也许是盈利能力的增长，即投入资本回报率的增加，也许是税后经营利润增长，也许是加权平均资本成本降低，则被收购项目的价值得以提升。具体可分为以下三种情形：

盈利能力（ROIC）提升

本例中，如果盈利能力（ROIC）从16%提升50%至24%，那么该收购资产价值将达到65亿美元，另外付出市场估价的39亿美元及收购产生的溢价7.8亿美元，相比于自行投资，因为协同效应带来的价值提升26亿美元（65-39）超过了收购方付出的收购溢价7.8亿美元，故对于收购方而言，该收购产生了18.2亿美元的净价值。

NOPLAT利润增长率提升

本例中，NOPLAT利润增长率如果从4%提升50%至6%，那么该收购资产价值将达到44.17亿美元，另外付出市场估价的39亿美元及收购产生的溢价7.8亿美元，相比于自行投资，因为协同效应带来的价值提升5.17亿美元（44.17-39）低于收购方付出的收购溢价7.8亿美元，故对于收购方而言，该收购产生了负-2.63亿美元净价值。在这种情况下，虽然收购产生了协同效应，但协同效应带来的价值提升不足以支付收购产生的溢价，即收购方支付了过高的收购溢价，或者说买贵了。对于收购方而言，若要使得该笔收购产生价值，则收购方出价不能超过5.17亿美元（44.17-39）。

加权平均资本成本（WACC）降低

本例中，如果加权平均资本成本从12%降低20%至9.6%，那么该收购资产价值将达到55.71亿美元，另外付出市场估价的39亿美元及收购产生的溢价7.8亿美元，相比于自行投资，因为协同效应带来的价值提升16.71亿美元（55.71-39）超过了收购方付出的收购溢价7.8亿美元，故对于收购方而言，该收购产生了8.91亿美元的净价值。

因此，本例的结论是：第一，收购必须带来协同效应；第二，收购溢价不超过收购后协同效应带来的价值创造，如此，收购才是有意义的。

Internet Companies Valuation
Business Model
Valuation Methods & Case Studies

第 03 篇

互联网子行业的公司估值

盐 | Chapter 8
电商行业的公司估值

引导案例 ///

拼多多值几何

2020年7月2日，美股收盘，拼多多的市值再次刷新了历史纪录，高达1 113.79亿美元。

股价一路持续飙升，这是拼多多近段时间以来在资本市场的常态。

一个夸张的事实是，进入2020年以来，拼多多的市值暴涨了146%。

一个更夸张的事实是，自2020年3月23日起，在美股经受了疫情恐慌情绪导致的暴跌，市值开始进入修复期后，拼多多的市值先后突破400亿美元、600亿美元、800亿美元乃至1 000亿美元等大关，并且已在1 000亿美元附近横盘有一段时间了。

也就是说，短短两个月时间，拼多多市值就平添了600亿美元，涨幅高达170%。

这个资本市场的"神话"，已堪称"前无古人"，毕竟拼多多达到千亿美元市值时，成立不过五年，上市也不过两年。

如此"神话"下，黄峥主动做出调整，让渡名下13.9%的股份用以捐赠、激励管理层等，以"避其锋芒"。

拼多多股票如果再继续如当前势头涨下去，黄峥就要当新一任首富了。若按此前黄峥43.3%的持股比例，以拼多多2020年7月2日收盘后市值计算，他的身价已高达482亿美元，距离目前首富马化腾500多亿美元身家，已是一步之遥。

如此"神话"下，拼多多也基本坐稳了中国互联网第四极、第二大电商的位置。

曾经A集团、京东捉对厮杀的电商两强稳固格局，亦被拼多多彻底打破，后者不仅直接在市值层面赶超京东，而且取代京东成了A集团在电商领域的头号"大敌"。

事实上拼多多成立伊始，其商业模式以及想象力空间就备受质疑。

"消费降级""拼夕夕"，这是质疑拼多多平台多假货、山寨货；"五环外人群""砍一刀"，这是质疑拼多多下沉市场的低端；"高增长难以持续""持续亏损"，这是质疑拼多多的故事。

但现在在拼多多狂飙不止的市值面前，这些质疑很大程度上已不攻自破，毕竟华尔街精明的投资者已经用真金白银投出了票。

不可否认的是，拼多多的千亿美元市值之路布满了争议与质疑。

核心知识

电子商务的商业模式

电子商务是指以信息网络技术为手段，以商品交换为中心的商务活动；也可理解为在互联网上以电子交易方式进行交易活动和相关服务的活动，是传统商业活动各环节的电子化、网络化、信息化。以互联网为媒介的商业行为均属于电子商务的范畴。

电子商务是因特网爆炸式发展的直接产物，是网络技术应用的全新发展方向。因特网本身所具有的开放性、全球性、低成本、高效率的特点，也成为电子商务的内在特征，并使得电子商务大大超越了作为一种新的贸易形式所具有的价值，它不仅会改变企业本身的生产、经营、管理活动，而且将影响到整个社会的经济运行与结构。以互联网为依托的电子技术平台为传统商务活动提供了一个无比宽广的发展空间，其突出的优越性是传统媒介手段根本无法比拟的。

关联对象

电子商务的形成与交易离不开以下四种关联对象。

1. 交易平台

第三方电子商务平台（以下简称第三方交易平台）是指在电子商务活动中为交易双方或多方提供交易撮合及相关服务的信息网络系统。

2. 平台经营者

第三方交易平台经营者（以下简称平台经营者）是指在工商行政管理部门登记注册并领取营业执照，从事第三方交易平台运营并为交易双方提供服务的自然人、法人和其他组织。

3. 站内经营者

第三方交易平台站内经营者（以下简称站内经营者）是指在电子商务交易平台上从事交易及有关服务活动的自然人、法人和其他组织。

4. 支付系统

支付系统（Payment System）是由提供支付清算服务的中介机构和实现支付指令传送及资金清算的专业技术手段共同组成，用以实现债权债务清偿及资金转移的一种金融安排，有时也称为清算系统（Clear System）。

业务类型分类

电子商务涵盖的范围很广，一般可分为代理商、商家和消费者（Agent、Business、Consumer，即 ABC）、企业对企业（Business-to-Business，即 B2B）、企业对消费者（Business-to-Consumer，即 B2C）、个人对消费者（Consumer-to-Consumer，即 C2C）、企业对政府（Business-to-Government，即 B2G）、线上对线下（Online-to-Offline，即 O2O）、商业机构对家庭（Business-to-Family，即 B2F）、供给方对需求方（Provide-to-Demand，即 P2D），门店在线（Online-to-Partner，即 O2P）等8种模式，其中最主要的是企业对企业（Business-to-Business），企业对消费者（Business-to-Consumer）两种模式。消费者对企业（Consumer-to-Business，

即C2B）也开始兴起，被认为是电子商务的未来。随着国内因特网使用人数的增加，利用因特网进行网络购物并以银行卡付款的消费方式已日渐流行，市场份额也在迅速增长，电子商务网站也层出不穷。电子商务最常见的安全机制有SSL（安全套接层协议）及SET（安全电子交易协议）两种。

按照交易对象，电子商务可以分为企业对企业的电子商务（B2B），企业对消费者的电子商务（B2C），企业对政府的电子商务（B2G），消费者对政府的电子商务（C2G），消费者对消费者的电子商务（C2C），企业、消费者、代理商三者相互转化的电子商务（ABC），以消费者为中心的全新商业模式（C2B2S），以供需方为目标的新型电子商务（P2D）等。

1. ABC

ABC模式是新型电子商务模式的一种，被誉为继A集团B2B模式、京东商城B2C模式以及某宝C2C模式之后电子商务界的第四大模式。它是由代理商、商家和消费者共同搭建的集生产、经营、消费于一体的电子商务平台。三者之间可以相互转化。大家相互服务，相互支持，你中有我，我中有你，真正形成一个利益共同体。

2. B2B

指商家（泛指企业）对商家的电子商务，即企业与企业之间通过互联网进行产品、服务及信息的交换。通俗的说法是指进行电子商务交易的供需双方都是商家（或企业、公司），他们使用因特网的技术或各种商务网络平台（如拓商网），完成商务交易的过程。这些过程包括：发布供求信息，订货及确认订货，支付过程，票据的签发、传送和接收，确定配送方案并监控配送过程等。

3. B2C

B2C模式是中国最早出现的电子商务模式，如今的B2C电子商务网站非常多，比较大型的有某猫商城、京东商城、一号店、亚马逊、苏宁易购、国美在线等。

4. C2C

C2C同B2B、B2C一样，都是电子商务的几种模式之一。不同的是，C2C是用户对用户的模式，C2C商务平台就是通过为买卖双方提供一个在线交易平台，使卖方可以主动提供商品上网拍卖，而买方可以自行选择商品进行竞价。

5. B2M

B2M，即Business-to-Manager，相对于B2B、B2C、C2C的电子商务模式而言，是一种全新的电子商务模式。这种电子商务模式相对于以上三种有着本质的不同，其根本的区别在于目标客户群的性质不同。前三者的目标客户群都是以消费者的身份出现的，而B2M所针对的客户群是该企业或者该产品的销售者或者为其工作者，而不是最终消费者。

6. B2G（B2A）

B2G模式是企业与政府管理部门之间的电子商务，如政府采购、海关报税的平台、税务局报税的平台等。

7. M2C

M2C是基于B2M电子商务模式而出现的延伸概念。B2M模式中，企业通过网络平台发布该企业的产品或者服务，职业经理人通过网络获取该企业的产品或者服务信息，并且为该企业提供产品销售或者提供企业服务，企业通过经理人的服务达到销售产品或者获得服务的目的。

8. O2O

O2O是新兴起的一种电子商务新商业模式，即将线下商务的机会与互联网结合在一起，让互联网成为线下交易的前台。这样线下服务就可以通过线上来揽客，消费者可以在线上筛选服务，成交也可以在线结算，可快速达到规模。该模式最重要的特点是：推广效果可查，每笔交易可跟踪。如美乐乐的O2O模式，其通过搜索引擎和社交平台建立海量网站入口，将在网络的一批家居网购消费者吸引到美乐乐家居网，进而引流到当地的美乐乐体验馆。线下体验馆则承担产品展示与体验以及部分的售后服务功能。

9. C2B

C2B是电子商务模式的一种，即消费者对企业。最先在美国流行起来的C2B模式也许是一个值得关注的尝试。C2B模式的核心是，通过聚合分散分布但数量庞大的用户形成一个强大的采购集团，以此来改变B2C模式中用户一对一出价的弱势地位，使之享受到以大批发商的价格买单件商品的利益。

10. P2D

P2D是一种全新的、涵盖范围更广泛的电子商务模式，强调的是供应方和需求方的多重身份，即在特定的电子商务平台中，每个参与个体的供应面和需求面都能得到充分满足，充分体现特定环境下的供给端报酬递增和需求端报酬递增。

11. B2B2C

B2B2C，即Business-to-Business-to-Customers，是一种新的网络通信销售方式。第一个B指广义的卖方（即成品、半成品、材料提供商等），第二个B指交易平台，即提供卖方与买方的联系平台，同时提供优质的附加服务，C指买方。卖方可以是公司，也可以是个人，即一种逻辑上的买卖关系中的卖方。

12. C2B2S

C2B2S，即Customer-to-Business-to-Share，是C2B模式的进一步延伸，该模式很好地解决了C2B模式中客户发布需求产品初期无法聚集庞大的客户群体而导致与邀约的商家交易失败的问题。全国首家采用该模式的平台是晴天乐客。

13. B2T

B2T，即Business-to-Team，是继B2B、B2C、C2C后的又一电子商务模式，

即一个团队向商家采购。团购B2T，本来是"团体采购"的定义，而今，网络的普及让团购成了很多中国人参与的消费革命。网络团购成为一种新的消费方式。网络团购，就是互不认识的消费者，借助互联网的"网聚人的力量"来聚集资金，增强与商家的谈判能力，以求得最优的价格。尽管网络团购的出现只有短短两年多的时间，却已经成为在网民中流行的一种新消费方式。据了解，网络团购的主力军是25～35岁的年轻群体，在北京、上海、深圳等大城市十分普遍。

运营模式

1.综合商城

商城，既谓之城，城中自然会有许多店。综合商城就如我们平时进入天河城、正佳等现实生活中的大商城一样。商城一楼可能是一级品牌，然后二楼是女士服饰，三楼是男士服饰，四楼是运动装饰，五楼是手机数码，六楼是特价卖场，等等；将N个品牌专卖店装进去，这就是商城。某宝商城也是这个形式，它有庞大的购物群体，有稳定的网站平台，有完备的支付体系、诚信安全体系，促使卖家进驻卖东西，买家进去买东西。如同传统商城一样，某宝自己是不卖东西的，而是提供完备的销售配套。而线上的商城，在人气足够、产品丰富、物流便捷的情况下，其成本优势十分突出。全天候的不夜城、无区域限制、更丰富的产品等优势，体现着网上综合商城相对于实体商城的巨大优势。

2.专一整合型

（1）百货商店。

商店，即谓之店，说明卖家只有一个；而百货，即是满足日常消费需求的丰富产品线。这种商店是自有仓库，以提供更快的物流配送和客户服务。

（2）垂直商店。

垂直商店，服务于某些特定的人群或某种特定的需求，提供有关这个领域需求的全面及更专业的服务。

3.衔接通道型

M2E是英文Manufacturers to E-commerce（厂商与电子商务）的缩写，是搭建在电子商务上的一种新型模式。是一种以节省厂商销售成本和帮助中小企业的供应链资源整合为目标的运作模式。

4.服务型网店

例如，"亦得代购，购遍全球"。亦得可以帮助人们到全世界各地去购买想要的产品，并以收取适量的服务费赢利。

如今，服务型的网店越来越多，都是为了满足人们不同的个性化需求，甚至连帮助排队买电影票都有交易需求。

5.导购引擎型

指作为B2C的上游商，给商家们带去客户。服务业必须站在消费者的角度考虑问题。

6.社交电商

社交电子商务（social commerce），是电子商务的一种新的衍生模式。它借助社交媒介、网络媒介的传播途径，通过社交互动、用户自生内容等手段来辅助商品的购买和销售行为。在Web2.0时代，越来越多的内容和行为是由终端用户来产生和主导的，比如微信、微博。一般可以分为两类。一类专注于商品信息，主要通过用户在社交平台上分享个人购物体验、在社交圈推荐商品。另一类是比较新的模式，通过社交平台直接介入商品的销售过程，就是让终端用户也介入商品销售过程，通过社交媒介来销售商品。

7.团购模式

团购（group purchase）就是团体线上购物，指认识或不认识的消费者联合起来，加大与商家的谈判筹码，以取得最优价格的一种购物方式。根据薄利多销的原则，商家可以给出低于零售价格的团购折扣和单独购买得不到的优质服务。团购作为一种新兴的电子商务模式，通过消费者自行组团、专业团购网、商家组织团购等形式，增强用户与商家的议价能力，并最大限度地获得商品让利，已引起消费者及业内厂商，甚至资本市场的关注。团购的商品价格更优惠，尽管团购还不是主流消费模式，但它所具有的爆炸力已逐渐显现出来。团购的主要方式是网络团购。

8.线上线下

线上订购、线下消费是O2O的主要模式，是指消费者在线上订购商品，再到线下实体店进行消费的购物模式。这种商务模式能够吸引更多热衷于实体店购物的消费者，传统网购的以次充好、图片与实物不符等虚假信息的缺点在这里都将彻底消失。传统的O2O核心是在线支付，而线上线下模式是将O2O经过改良，把在线支付变成线下体验后再付款，消除消费者对网购诸多方面不信任的心理。消费者可以在网上众多商家提供的商品里面挑选最合适的商品，亲自体验购物过程，不仅放心有保障，而且也是一种快乐的享受过程。

电商行业的估值指标

流　量

1.流量规模类指标

流量是电商的生命，无流量不电商。

浏览量（Page View，PV），即用户访问页面的总数，用户每访问一个页面就算一个访问量，同一页面刷新多次也算一个访问量。

访客数（Unique Visitor，UV），指独立访客，即一台电脑为一个独立的访问人数。一般以天为单位来统计24小时内的UV总数，一天内重复访问的只算一次。访客数又分为新访客数和回访客数。新访客数是指首次访问页面的用户数，回访客数就是再次访问页面的用户数。

当前在线人数，指15分钟内在线的独立访客数。

平均在线时间，指平均每个独立访客访问网页停留的时间，停留时间是以用户打开网站最后一个页面的时间点减去打开第一个页面的时间点来计算的。

平均访问量，指用户每次浏览的页面平均值，即平均每个独立访客访问了多少网页。

日均流量，指日均独立访客和日均网页浏览数（PV）。

注册会员数，指一定统计周期内的新注册会员数量。

活跃会员数，指一定时期内有消费或登录行为的会员总数。

日活跃用户数量（Daily Active User，DAU），反映网站、互联网应用或网络游戏的运营情况。DAU通常统计一日（统计日）之内，登录或使用了某个产品的用户数（剔除重复登录的用户）。

日活跃用户数用于比较App端或小程序端活跃用户规模，多应用于衡量中国移动互联网垂直行业发展中关注时间段内App或小程序日均活跃用户数变化，或观察电商"618""双十一"等节假日期间用户规模变化。2019年"618购物节"期间，移动购物App行业整体规模呈现26%的平均同比增长，从预热期开始，日活跃用户规模逐步扩大，在6月18日当天达到峰值5.2亿，较5月20日增加约7 500万，同比上年增长18.4%。

月活跃用户数量（Monthly Active User，MAU），是用于反映网站、互联网应用或网络游戏的运营情况的统计指标。月活跃用户数量通常统计一个月（统计月）之内，登录或使用了某个产品的用户数（剔除重复登录的用户）。受统计方式限制，互联网行业使用的月活跃用户数一般指在统计周期（月）内，启动过该App的用户数。活跃用户数按照用户设备维度进行去重统计，即在统计周期（月）内至少启动过一次该App的设备数。

月活跃用户数常用于对市场用户规模进行估计，如估计移动互联网细分行业规模/不同App/关注人群的月活跃用户规模。例如，中国移动互联网月度活跃设备规模为11.4亿，2019年第二季度用户规模单季度内下降近200万。

通常DAU会结合MAU一起使用，这两个指标一般用来衡量服务的用户黏性以及服务的衰退周期。MAU、DAU分别从宏观和微观的角度对服务的用户黏性做了权衡，也可以说，MAU更像战略层面的表征，DAU更像战术层面的表征。通过这些宏观和细微的趋势变化，可以对营销及推广提供一些数据支持或者帮助。

2.流量质量类指标

跳出率（Bounce Rate），指浏览单页就退出的次数/该页访问次数，该指标只能衡量该页作为着陆页面（Landing Page）的访问。跳出率高说明营销方式带来的流量与需要的目标客户不匹配。

跳失率，即只浏览了一个页面就离开的访问次数/该页面的全部访问次数。可分为首页跳失率、关键页面跳失率、具体产品页面跳失率等。找到用户跳失的原因是关键。

页面访问时长，指单个页面被访问的时间。页面访问时长并不是越长越好，要视情况而定。对于电商网站，页面访问时间要结合转化率来看，如果页面访问时间长但转化率低，可能说明页面内容不够简洁，转化功能存疑。

人均页面浏览量，指在统计周期内，平均每个访客所浏览的页面量。人均页面浏览量反映的是网站的黏性。

活跃会员率，即活跃会员占注册会员总数的比重。

会员复购率，指在统计周期内产生二次及二次以上购买的会员占购买会员的总数。

会员平均购买次数，指在统计周期内每个会员平均购买的次数，即订单总数/购买用户总数。会员复购率高的电商网站平均购买次数也高。

会员回购率，指上一期末活跃会员在下一期时间内有购买行为的会员比率。

会员留存率，指在某段时间内开始访问网站，经过一段时间后，仍然会继续访问网站的会员比率，这部分会员占当时新增会员的比例就是新会员留存率。这种留存的一种计算方法是按照活跃来计算，另外一种计算方法是按消费来计算，即某段时间的新增消费用户在往后一个时间周期（时间周期可以是日、周、月、季度和半年度）还继续消费的会员比率。分析留存率时一般看新会员留存率，当然也可以看活跃会员留存率。留存率反映的是电商留住会员的能力，是电商的核心指标之一。

3.流量成本类指标

用户获取成本（Customer Acquisition Cost，CAC），指在流量推广中，广告活

动产生的投放费用与广告活动带来的独立访客数的比值。单位访客成本最好与平均每个访客带来的收入以及这些访客带来的转化率进行关联分析。若单位访客成本上升，但访客转化率和单位访客收入不变或下降，则很可能流量推广出现问题，尤其要关注渠道推广作弊的问题。

展现成本（Cost Per Mille，CPM），也称千人展现成本。这是衡量广告效果的一种基本形式（不管是传统媒体还是网络媒体）。指广告每展现给一千个人所需花费的成本。按CPM计费模式的广告，只看展现量，按展现量收费，而不管点击量、下载量、注册量等。一般情况下，网络广告中，视频贴片、门户Banner等非常优质的广告位会采用CPM收费模式。

那么，广告主如何知道广告展现了多少次呢？在网络媒体广告中，一般有两种方法获得数据：其一，由所投放的媒介提供数据，或者媒体为广告主开一个后台账户，广告主可以在数据后台中看到广告投放期展现了多少次，数据来源为该媒介广告页面的点击量（PV），产生一个点击，默认算展现一次广告；其二，因为被投放广告的媒介处于利益相关方中，为了获得比较客观公正的数据，广告主一般采用第三方监测机构的数据。即由第三方监测机构在投放的广告中放置监测代码，来监测广告的展现、点击等数据。第三方监测机构收集投放的数据，整理后提供给广告主，次数据为广告主、代理商、媒介三方承认的数据。目前，国内网络广告第三方监测公司有秒针、Admaster、Double Click等。

点击成本（Cost Per Click，CPC），即每产生一次点击所花费的成本。这是网络广告中的另一种收费模式，即按点击量收费。在广告执行过程中，每个广告主的诉求是不一样的。有的广告主是想提升知名度，或者因为媒介转化率较高，所以采用CPM的方式较为划算。但是有的广告主需要将广告效果与每一次点击相关联，只有点击了，对于广告主才是有价值的，所以产生了CPC广告收费模式。现行的网络广告中，典型的按点击量收费的模式就是搜索引擎的竞价排名，如谷歌、百度、360、搜狗的竞价排名。在CPC收费模式下，不管广告展现了多少次，只要不产生点击量，广告主就不用付费。只有产生了点击量，广告主才按此付费。监测方式同CPM。就搜索引擎广告来说，一般情况下是由媒体提供数据，即给广告主开放数据后台，广告主可以实时地看到投放广告的数据。

每行动成本（Cost Per Action，CPA），即按行动收费。CPA中的A，指的是Action，即行动，但是行动是多种多样的。具体是哪个行动，需要在投放广告时，由广告主与代理公司和媒体约定好。一般情况下，A可以是注册、互动、下载、下单、购买等，在执行广告投放的过程中，只要不产生约定的行动，不管展现了多少次或者产生了多少点击量，都是不收费的。只有产生了约定的行动，即效果，才按量收费。

变现能力

1.转化指标

转化指标也是电商核心分析指标之一。转化是指用户注册、收藏、下单、付款、参加营销活动等动作。那么，转化率就是进行以上动作的访问量除以总访问量的比率。

转化率通常又分为注册转化率、客服转化率、收藏转化率、添加转化率、成交转化率。

一般我们提到的转化率即成交转化率，成交转化率又可以细分为全网转化率、类目转化率、品牌转化率、单品转化率、渠道转化率和事件转化率等各个维度的转化率。

2.营运指标

线上线下的营运指标一般区别不大，就是考察企业经营成果和效率的一系列指标，具体包括：

（1）成交指标，包含成交金额（Gross Merchandise Volume，GMV）、成交数量、成交用户数。

成交金额（GMV）表示网站成交金额的指标，用GMV来研究顾客的购买意向，以及顾客买了之后发生退单的比率等。GMV主要是指网站的成交金额，而这里的成交金额包括付款金额和未付款金额。

GMV虽然不是实际的交易数据，但同样可以作为参考依据，因为只要点击了"购买"，无论有没有实际购买，都统计在GMV里面的。可以用GMV来研究顾客的购买意向、顾客买了之后发生退单的比率、GMV与实际成交额的比率，等等。

如何计算GMV？

作为电商平台，GMV是衡量平台竞争力（市场占有率）的核心指标。一般电商平台GMV的计算公式为：

GMV=销售额+取消订单金额+拒收订单金额+退货订单金额

即GMV为已付款订单和未付款订单两者之和。

（2）订单指标，包含订单金额、订单数量、订单用户数、有效订单、无效订单。

（3）退货指标，包含退货的金额、退货数量、退货用户数、金额退货率、数量退货率、订单退货率。

（4）效率指标，包含客单价、件单价、连带率、动销率〔动销率=（已销售货物数/库存总数）×100%〕。

（5）采购指标，包括采购金额、采购数量。

（6）库存指标，包含库存金额、库存数量、库存天数、库存周转率、售罄率。

（7）供应链指标，包含送货金额、送货数量。

定价权

电商的定价权可由电商相对同行业的毛利率或者净利率来表示，而行业的竞争状况、电商的商业模式和盈利模式决定了电商是否拥有定价权。

案例讨论

拼多多的估值

财务分析指明路

1.盈利能力分析：高毛利带来高利润空间

拼多多的净利润自2017年第一季度以来均为负数，说明拼多多一直处于亏损状态。然而从毛利率看，拼多多早在2017年第三季度就实现了由负转正的拐点，这也说明拼多多的盈利能力正在逐步得到改善（见图8-1）。毛利的高速增长也会给拼多多带来更大的利润空间。

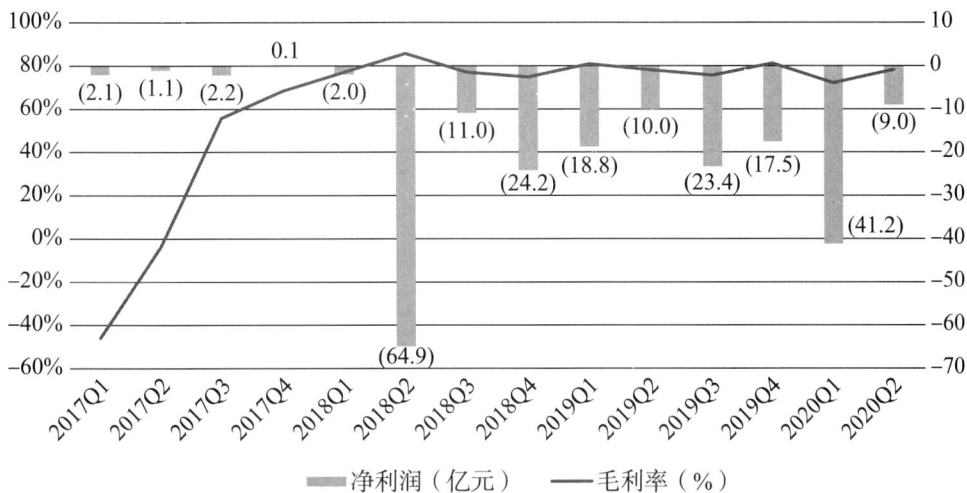

图8-1 拼多多净利润及毛利率

数据来源：拼多多财务报表。
说明：带括号的数据表示为负数。

2.营运能力分析：轻资产结构

拼多多的流动资产占总资产的比重较高，2017年度高达98.67%，固定资产占比小，存货更是为0，明显属于"轻资产"的运营模式，这也是互联网企业资产运营的重要特点。

3.偿债能力分析：占用供货商和客户资金

从负债结构看，拼多多的流动负债主要由应付关联方款项和预收及预提费用组成，其实就是应付客户款项和商户存放款项，说明拼多多通过延长客户资金占用时间，提高自身的资金运作效率，同时，拼多多也将面临到期付现的现金流压力，加大了拼多多的财务风险。

4.成长性分析：收入增、现金足

拼多多年度活跃买家数量一路高涨，收入偶有下降但总体仍然呈上升趋势。

此外，自2016年度以来，拼多多经营活动现金净额始终为正，尽管期间出现大幅亏损。

以2018年为例，拼多多净利润为−102亿元，而经营活动现金流为78亿元（见图8-2）。这主要是由于股权激励68亿元、应付商家货款增加74亿元、商家押金增加24亿元等导致的。

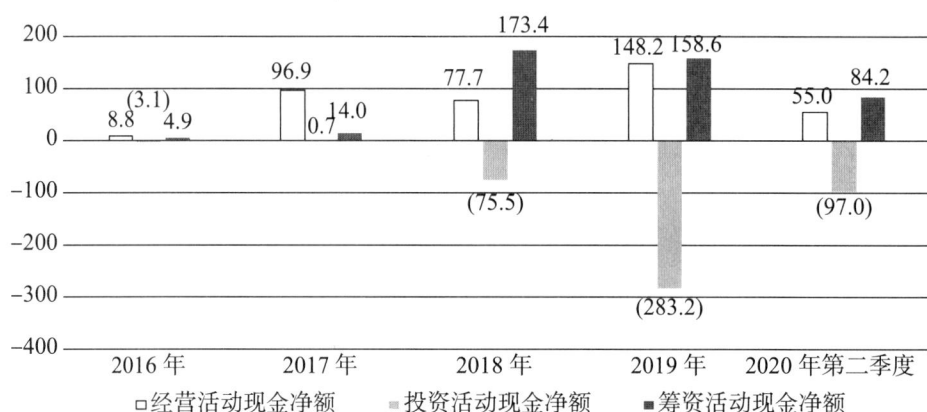

图8-2　拼多多现金流量（亿元）

数据来源：拼多多财务报表。
说明：带括号的数据表示为负数。

商业模式价值几何

1.收入状况：薄利多销实现商品交易总额（GMV）指数级增长

表面看起来，某宝和拼多多都是电商平台，但是两者的商业逻辑其实差别很大。某宝有丰富的商品种类和优质商家，使得A集团在搜索场景占有明显优势。A集团的收入主要来自某宝广告费和某猫的佣金，因此更愿意给用户推荐客高价高利润的品牌商品。

拼多多的商业逻辑就是薄利多销。坚持差异化竞争战略，不追求商品种类覆盖全面，而是将流量集中到少量商品上形成薄利多销。拼多多的收入主要来自在线市场服务收入，佣金收入占比低（见图8-3）。拼多多每个单季度GMV都呈指数级增长。GMV突破1 000亿元，京东用了10年，某宝用了5年，而拼多多仅用了2年。

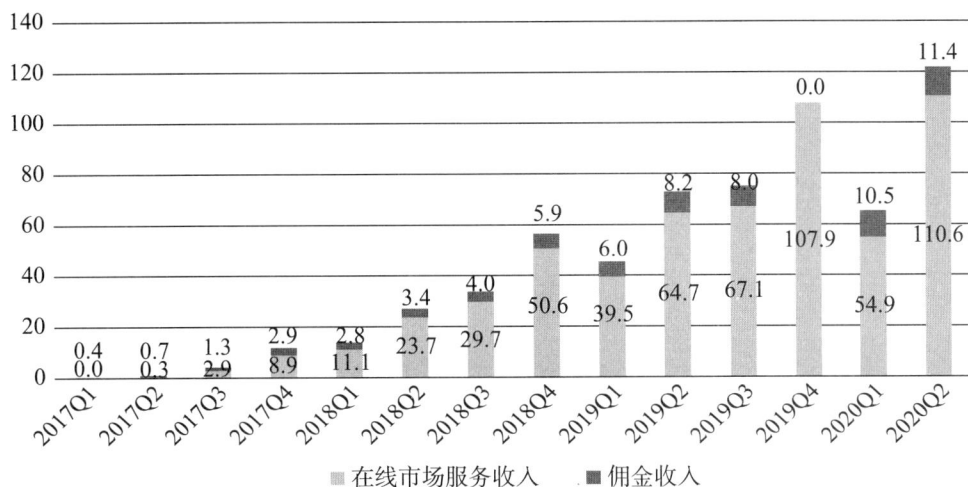

图8-3　拼多多收入结构（亿元）

数据来源：拼多多财务报表。

2.活跃用户：在微信已有疆土上适时收割用户

2015年9月，拼多多正式上线，依托微信10亿流量基础实现了闪电式扩张。在四年时间内挤入行业TOP3。截至2020年第二季度，拼多多年度活跃买家已经达到5.7亿（见图8-4）。

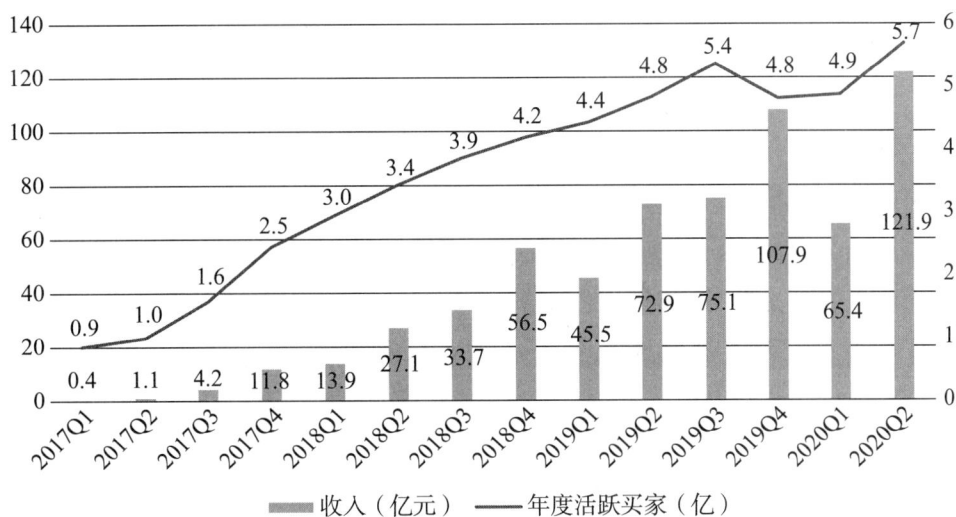

图8-4　拼多多2017年第一季度至2020年第二季度收入与年度活跃买家数量

数据来源：拼多多财务报表。

3.营业成本：收入高速增长带来营业成本上涨

营业成本，包括平台服务成本，由第三方支付费用、服务器成本、员工成本及其他构成。收入的高速增长，使得第三方支付费用成本和服务器成本也在大幅上涨（见图8-5）。

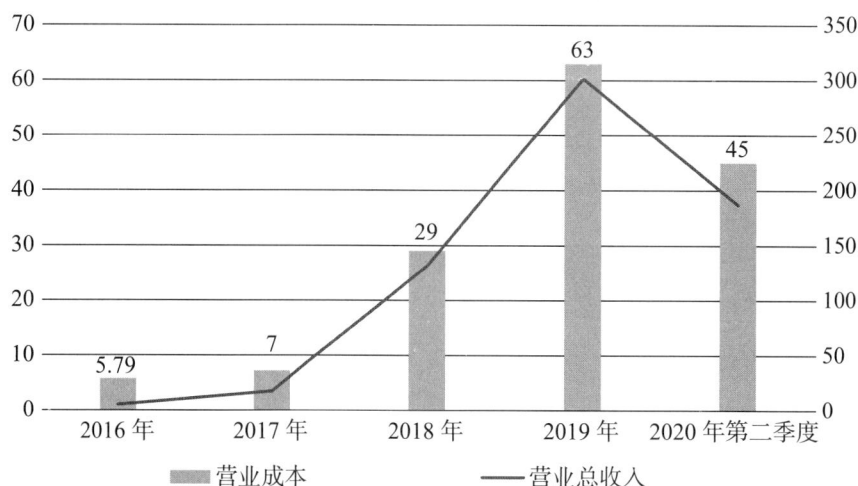

图8-5 拼多多营业成本及营业总收入（亿元）

数据来源：拼多多财务报表。

4.期间费用：巨额补贴加速拼多多打开市场

拼多多的营销费用占比最高，2018年度营销费用超过当年的营业收入，是导致2018年巨额亏损最重要的原因，而对比A集团，其营销费用率一直在10%以下。

拼多多为了提升品牌知名度与增强用户黏性，投入大量资金进行线上线下广告、促销和品牌活动，导致其营销费用在2018年度激增102.45%，达到134.42亿元（见图8-6）。2019年6月1日，拼多多正式启动"百亿补贴计划"。截至2020年第二季度，拼多多的年活跃用户数达5.7亿，单个活跃用户支出在2020年上半年提升至28.7元，并且吸引了大批一二线城市新用户。

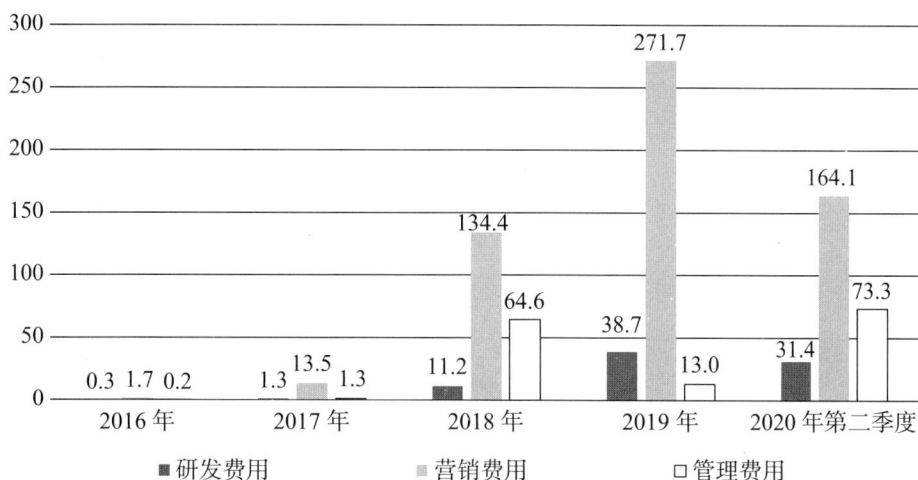

图8-6 拼多多期间费用构成（亿元）

数据来源：拼多多财务报表。

5.盈利状况：虽持续亏损但毛利早已扭负为正

自2016年拼多多成立起，净利润就一直为负。2018年全年亏损达到峰值101.17亿元，这是因为营销费用激增虽然提高了拼多多的GMV却严重影响了盈利水平，但其亏损在2019年及2020年上半年收窄，分别收窄至亏损69.7亿及50.2亿元，说明其营销支出及研发支出已经起到一定效果（见图8-7）。

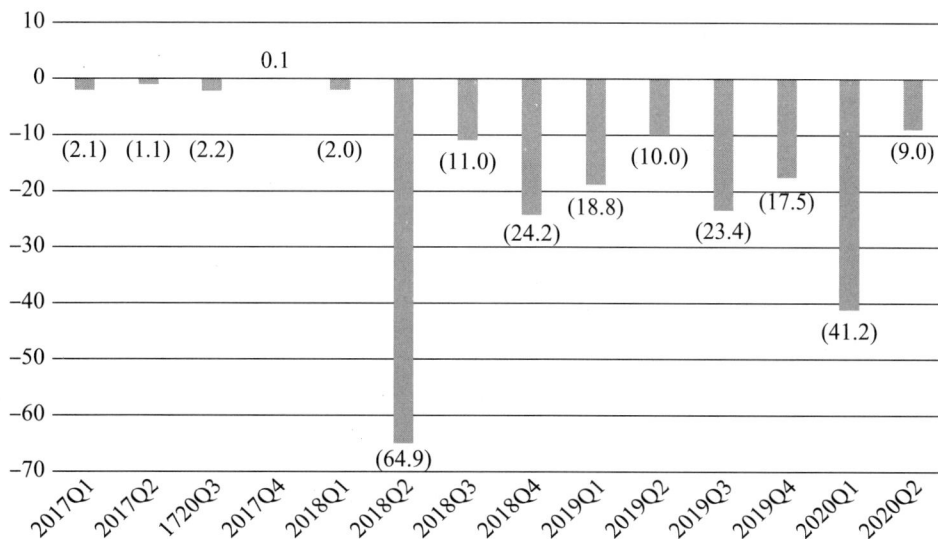

图8-7 拼多多净利润（亿元）

数据来源：拼多多财务报表。
说明：带括号的数据表示为负数。

早在2017年第三季度，拼多多转型后毛利就已经转负为正。此后，毛利不断增长，2020年第二季度增长到峰值95.3亿元（见图8-8）。

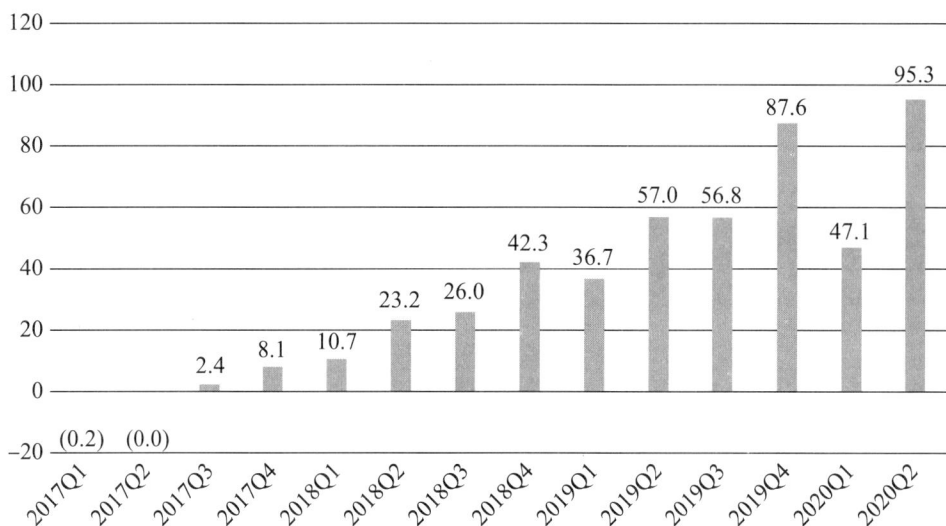

图8-8 拼多多毛利（亿元）

数据来源：拼多多财务报表。
说明：带括号的数据表示为负数。

企业估值话前景

1.估值方法的选择

（1）现金流折现估值模型（DCF）。

现金流折现法是根据历史财务数据及企业所处行业的行业状况合理估计企业未来可以产生的现金流之和，再采用合适的折现率进行折现，所得的现值就是被评估企业的价值。

企业未来的现金流、对应的折现率和持续的年限是应用DCF估值方法时应该考虑的三个关键因素，它们决定着估值结果的准确性。但在移动互联网时代，企业所面临的环境具有敏捷性、易变性、复杂性和不确定性的特征，很多互联网公司对现实社会发生的冲击甚至连其自身都无法预测，这导致互联网企业未来每期产生现金流的数量以及能持续的时间都很难预测，因此，以DCF方法对互联网企业进行估值得到的结果很有可能是"精确的错误"，采用基于市场法的相对估值方法得到的结果反而更有可能是"模糊的正确"。

另外，拼多多是一家比较年轻的公司，公开数据资源非常少，并且初期的投入大多基于战略管理模式，其成效并没有完全体现在财务报表上，所以仅用有限的数据去预测未来的现金流状况，会导致结果走形太多。

（2）传统的可比公司法。

可比公司法是通过选择一个或者多个可比企业，与被评估企业进行比较，从而得出被评估企业价值的方法。该方法的计算过程为：先计算出价值倍数，再用目标公司的经营参数算出目标公司的价值。

传统的可比公司法有市盈率法、市净率法和市销率法等三种，它们的区别在于所选取的经营参数不同。

市盈率法。市盈率模型中的经营参数是公司的市盈率，它等于每股市价除以每股收益。它把价格和收益联系起来了，可以反映投入和产出的关系，是比较常用的一种方法。但是对于像拼多多这种利润仍为负数的公司，市盈率就失去了意义。所以市盈率模型不适用于拼多多的估值。

市净率法。市净率模型中的关键参数是市净率，它等于每股市价除以每股净资产。因为市净率基本为正，所以适用于大多数企业。市净率法主要适用于拥有大量固定资产，拥有较稳定账面价值的企业。而拼多多是一个典型的轻资产企业，主要是流动资产，因此该模型也不适用于拼多多的估值。

市销率法。市销率模型中的关键指标是市销率，它等于每股市价除以每股营业收入。市销率模型应用范围比较广，它经常被用来评估亏损企业的价值，特别是同行业内较多公司都处于亏损的状态时。但是市场上不同市场板块之间的企业市销率差别很大，因此在选择可比公司时应尽量选择同一市场板块的可比公司。

（3）电商平台的估值方法，即P/GMV估值方法。

移动互联网时代，"平台为王，流量是金"，电商平台的本质是流量生意，所以我们在对拼多多这类企业进行评估的时候应该更关注它的GMV和货币化率。GMV是网站成交总额，它可以反映一个平台聚集流量和将流量转化为订单的能力。可以说，GMV是电商平台企业生存下去的根源，是水之源、木之本。一般可以将GMV拆分为独立访客数UV、转化率与客单价。货币化率是指企业将GMV转化为平台收入的比例。因为一个企业需要把各种资源变现为自己的收入才能为股东和债权人创造价值，所以本书在使用P/GMV估值模型时，还将采用货币化率来修正。

此外，处于成长阶段的公司有三个特征。第一，公司未来GMV仍然将保持快速增长，且这种增长将帮助公司赢得更高的市场地位；第二，公司未来GMV到收入的转化率将持续提升，且转化率的增长幅度高于GMV的增速；第三，公司未来能够依托GMV增长实现盈利。我们还引入了增长率进行估值，即：

$$PGMVG= \frac{\frac{P}{GMV}}{G}$$

式中，$PGMVG$ ——市值成交金额增长率；

   P ——公司市值；

   GMV ——成交金额；

   G ——成交金额增长率。

2.估值过程

（1）可比公司选择。

经营电商业务的上市公司中有A集团和京东，京东的商业模式与A集团、拼多多有所不同，其营收中相当一部分来源于自营业务；拼多多在成立之初，也曾以自营业务为主，但在2018年转型为以社交电商为特征的平台服务，因此，京东商城与A集团中，A集团与拼多多存在一定的可比性。但A集团除了电商业务外，尚有云计算、数字媒体娱乐、物流服务（C鸟物流）及以新零售为代表的创新业务。我们采用STOP估值法，对A集团各分部业务采用市销率法进行分类估值。

截至2020年3月31日，A集团市值34 798亿元，我们对其不同业务进行粗略分拆，给出一个大致参考。其中，M金融服务集团按最新估值2 250亿美元折算33%持股比例约为15 389亿元；云计算业务以行业常用的10倍市销率（PS）估值约为4 000亿元；数字媒体娱乐2019财年收入269亿元，参考爱奇艺的市销率（PS

为5倍）估算约为1 345亿元；物流业务参考顺丰的市销率（PS为3倍），对C鸟网络估值666亿元；创新业务中新零售业务简单估算为1 500亿元。剔除上述业务估值，则核心电商业务估值约为11 898亿元，2019财年总体GMV为70 530亿元，比2018财年的GMV57 270亿元增长23%。若以此计算，则A集团的P/GMV=0.2，PGMVG为0.7倍（详见表8-1）。

表8-1　A集团分部估值　　金额单位：亿元

	2019 财年	2018 财年	2019 财年估值倍数（P/S）	估值
总收入	5 097	3 769		
电商业务	4 140	3 085		11 898
云计算与基础设施	400	247	10	4 000
数字媒体与娱乐	269	241	5	1 345
C 鸟网络	222	149	3	666
创新业务	66	47		1 500
M 金融服务集团				15 389
				34 798

数据来源：万得资讯。

（2）拼多多估值。

若参考A集团的P/GMV及PGMVG进行估值，则拼多多的估值情况如表8-2、表8-3所示。

表8-2　P/GMV 估值法下的拼多多估值　　金额单位：亿元

	GMV	估值倍数	估值
P/GMV 估值	10 066	0.2	2 013.2

数据来源：万得资讯。

表8-3　PGMVG 估值法下的拼多多估值　　金额单位：亿元

	GMV × G	估值倍数	估值
PGMVG 估值	13 085.8	0.7	9 160.06

数据来源：万得资讯。

若采用P/GMV对拼多多进行估值，约为2 013.2亿元，合294.35亿美元；若考虑拼多多强劲的增长能力，采用PGMVG对拼多多进行估值，则为9 160.06亿元，合1 339.27亿美元。截至2020年9月2日，拼多多收盘价为每股90.29美元，市值为1 081亿美元，则其依然有上升的潜力。

拼多多公司财务指标摘要供参考（见表8-4）。

表8-4　拼多多财务指标摘要　　　　　　　　　　　　　　　　金额单位：亿元

项　目	2016年12月31日	2017年12月31日	2018年12月31日	2019年12月31日	2020年06月30日
报告类型	年报	年报	年报	年报	中报
利润表摘要					
营业总收入	5.05	17.44	131.20	301.42	187.34
同比（%）		245.45	652.26	129.74	58.29
营业总支出	7.91	23.40	239.20	386.80	247.71
营业利润	−2.86	−5.96	−108.00	−85.38	−60.37
同比（%）		−108.14	−1 712.88	20.94	−67.18
税前利润	−2.92	−5.25	−102.17	−69.68	−50.19
同比（%）		−79.85	−1 845.69	31.80	−74.20
净利润	−2.92	−5.25	−102.17	−69.68	−50.19
同比（%）		−79.85	−1 845.69	31.80	−74.20
非经常性损益	−0.08	−0.12	0.10	0.63	−0.22
扣非后归属母公司股东的净利润	−2.84	−5.14	−102.27	−70.31	−49.97
同比（%）		−80.97	−1 891.39	31.25	−70.91
研发支出	0.29	1.29	11.16	38.70	31.36
EBIT	−2.92	−5.25	−102.17	−68.22	−47.05
EBITDA	−2.91	−5.23	−97.20	−61.84	
利润表摘要					
净利润（NON-GAAP）	−3.18	−3.72	−34.56	−42.66	
稀释每股收益（NON-GAAP）			−1.16	−0.92	
资产负债表摘要					
流动资产	17.54	131.38	403.91	730.01	855.82
固定资产					

项　目	2016 年 12 月 31 日	2017 年 12 月 31 日	2018 年 12 月 31 日	2019 年 12 月 31 日	2020 年 06 月 30 日
权益性投资					
资产总计	17.71	133.14	431.82	760.57	909.01
流动负债	14.14	121.10	243.59	457.68	553.86
非流动负债				56.43	60.21
负债总计	14.14	121.10	243.59	514.10	614.07
股东权益	3.56	12.05	188.23	246.47	294.94
归属母公司股东权益	3.56	12.05	188.23	246.47	294.94
现金流量表摘要					
经营活动现金流量	8.80	3.15	77.68	148.21	49.28
投资活动现金流量	−3.07	0.72	−75.49	−283.20	−112.80
筹资活动现金流量	4.87	13.99	173.44	158.55	96.24
现金净增加额	10.79	17.38	181.11	28.06	33.32
期末现金余额	13.20	30.58	305.40	333.46	366.78
资本支出	0.02	0.09	0.27	0.27	
关键比率					
ROE（%）		−67.26	−102.03	−32.06	−18.54
ROE（摊薄）（%）	−81.91	−43.58	−54.28	−28.27	−17.02
扣非后 ROE（摊薄）（%）	−79.61	−65.78	−102.13	−32.35	−18.46
ROA（%）		−6.96	−36.17	−11.69	−6.01
ROIC（%）		−9.81	−52.02	−14.03	−6.39
销售毛利率（%）	−14.46	58.56	77.86	78.97	76.02
销售净利率（%）	−57.83	−30.11	−77.87	−23.12	−26.79
EBIT Margin（%）	−57.83	−30.11	−77.87	−22.63	−25.11
EBITDA Margin（%）	−57.68	−29.98	−74.09	−20.52	
资产负债率（%）	79.87	90.95	56.41	67.59	67.55
资产周转率（倍）		0.23	0.46	0.51	0.22
每股指标					
EPS（稀释）	−0.18	−0.28	−3.47	−1.51	−1.06
EPS（基本）	−0.18	−0.28	−3.47	−1.51	−1.06
每股净资产 BPS			4.22	5.30	6.16

项　目	2016 年 12 月 31 日	2017 年 12 月 31 日	2018 年 12 月 31 日	2019 年 12 月 31 日	2020 年 06 月 30 日
每股经营现金流 OCFPS			1.74	3.19	1.03
每股现金净流量 CFPS			4.06	0.60	0.70
P/E（TTM）			−21.76	−40.70	−79.09
P/E（LYR）			−325.71	−29.30	−102.93
P/B（MRQ）			8.24	11.98	33.55
P/S（TTM）			19.78	12.44	22.66
其他					
员工总数（人）		1 159	3 683	5 828	5 828

推荐阅读

拼多多的商业模式画布

2003 年，某宝网横空出世，只用两三年，超 eBay，越沃尔玛，可谓风光无限。

2015 年"双 11"后，郎咸平预言，至少 90% 的某宝小店会死掉。

历史总是惊人地相似，某宝和拼多多都是爆发性成长，都实现了商业模式的创新，同样面对着来自社会各界的质疑与批评。

2018 年 7 月 26 日，拼多多赴美上市，首发当日，市值逼近 300 亿美元。与之相伴的是巨大的争议：拼多多因为"砍一刀""9 块 9""免费拿"等问题而遭到公众的质疑。

在过去，拼多多被认为是服务"五环之外"的人群，是"低端"的代名词，根据 2020 年第二季度财报，拼多多不仅活跃买家数超过 6.8 亿，而且有近一半来自大城市。

无论你喜欢或者不喜欢它，事实已摆在那里。

拼多多，很可能被我们低估了。

拼多多的路线和 A 集团其实有着相似之处。

从某宝早期的草莽崛起，到孕育出以中高端品牌为主的某猫平台，再回头开展大规模的打假、打山寨活动，这条路，A 集团至少走了 10 年，而拼多多只用了 4 年半。

正是靠着极快的成长速度，拼多多在 A 集团和京东两强对峙局面已然形成的情况下，愣是杀出了一条血路，形成三足鼎立之势。

京东、A 集团"下沉"之时，拼多多正在加速"进城"。这位年轻的电商选手一边在努力摆脱"五环外""低价""劣等品"等标签，一边也在争议与嘲笑声中壮大。

也许有一天，拼多多会感谢今天那些提前到来的质疑与误解。一个企业总要经历压力与挑战，经历痛苦，不断调整与提升，才能成长、成熟并强大。一切谩骂质疑都将是过眼烟云，只有真正有价值的企业才能历经时间淘洗而常青。

爱"拼"才会赢的发展之路

2015 年 9 月，拼多多正式上线。

2016 年 2 月，拼多多单月成交额破 1 000 万元，付费用户突破 2 000 万。

2016 年 9 月，拼多多与拼好货宣布合并。

2018 年 7 月，拼多多登陆纳斯达克上市。

2019 年 5 月，拼多多联合苹果、戴森等多家知名 3C 和家电品牌打响了"百亿补贴"的第一枪。

2020 年 2 月，拼多多进一步推出"百亿补贴"，补贴幅度从之前的 20% 调高至最高 50%。

2020 年 3 月底，拼多多完成了 11 亿美元的定向增发融资，定增资金 9 日内到账，新增近 80 亿元的现金流。

作为首创社交拼团模式的龙头企业，拼多多在 2019 年 GMV 突破万亿规模。2020 年第二季度拼多多年活跃买家达到 6.83 亿，平均月活跃用户数达到 5.69 亿，季度新增年活跃买家数达到 5 510 万，超过 A 集团（1 600 万）及京东（3 000 万），进一步缩小了与某宝用户盘的差距（如图 8-9、图 8-10 所示）。

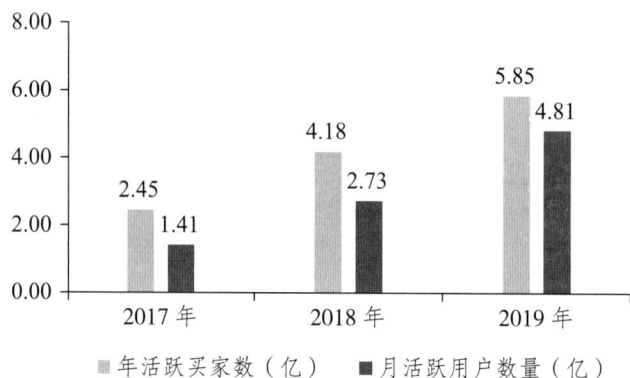

图8-9　年活跃买家数与月活跃用户数量

数据来源：公司公告。

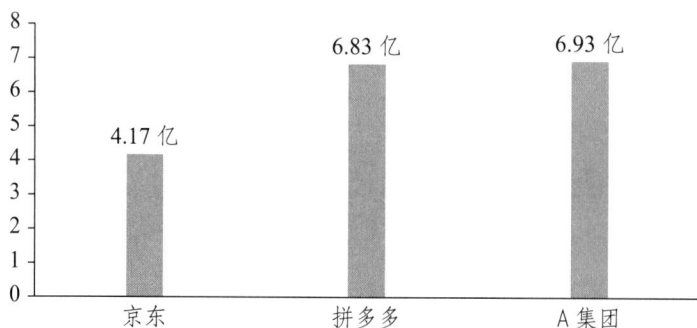

图8-10　2020年第二季度年活跃用户数

数据来源：公司公告。

拼多多的商业模式创新

2015年拼好货和拼多多先后成立，2016年两家合并成为一个新的拼多多。自2017年第二季度开始，拼多多完全放弃拼好货时期的自营业务，全面转型平台电商模式。拼多多的商业模式画布如表8-5所示。

表8-5　拼多多商业模式画布

	九要素	拼多多
1	客户群体	①价格敏感性用户；②中小商户
2	价值主张	①为用户提供高性价比的产品；②提升商家的平台价值
3	渠道道路	①借助微信等社交软件进行拼团活动；②密集的营销活动

	九要素	拼多多
4	客户关系	①满足用户需求；②为商家提供交易平台
5	收入来源	①在线市场服务收入；②佣金收入
6	核心资源	①活跃用户；②入驻卖家；③技术；④管理团队
7	关键业务	C2M模式
8	重要合作	腾讯；国美
9	成本结构	①营业成本；②期间费用

1.客户群体：价格敏感用户及中小商家

拼多多服务于对于商品价格敏感的长尾客户和被高昂入驻费和广告费挤出主流电商平台的中小商家。客户通常来自三四线城市的农村，追求商品的低价和高性价比。

与传统电商相比，拼多多能将同类兴趣的细分顾客聚集，以分享和低价营销来打动消费者，迅速传播到三四线城市乃至农村网购市场。一方面，结合目标用户的个性化需求，让用户买到适合自己的高性价比产品。另一方面，公司将游戏运营融入电商场景，平台现主推的社交互动小游戏有"多多果园""多多牧场"等，在轻松愉快的氛围中，激活用户的熟人社交圈，从而使产品游戏化引入的流量形成自有流量。拼多多用户各线城市占比见图8-11。

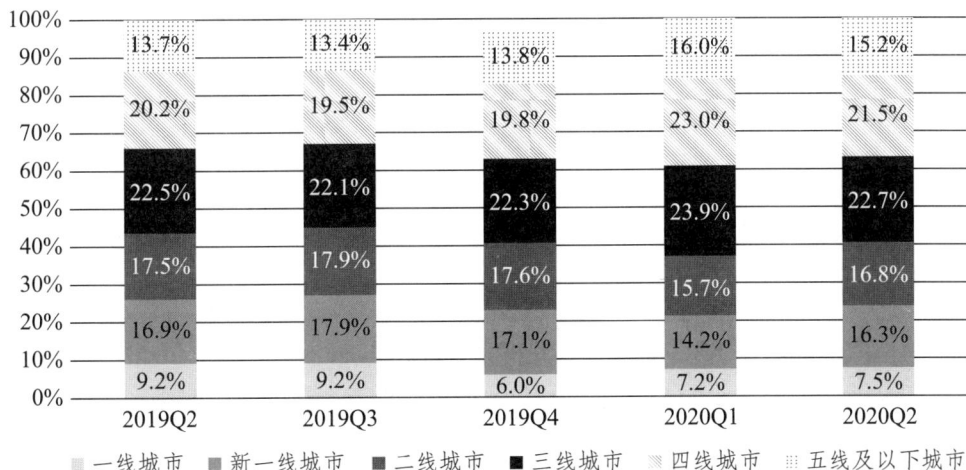

图8-11 拼多多用户各线城市占比

数据来源：激光数据。

2.价值主张：低价爆款、薄利多销

低价爆款、薄利多销是拼多多的主要价值主张。拼多多读懂了消费者的需求，并将之转化为可靠的数据。然后将这些数据传递给能产生最大价值的农业和制造业企业，为消费者创造优质低价的爆款商品。

在需求侧，拼多多主打快消品，具有潜在客户量大、收入弹性小、客户黏度高等特点，较低的团购价可以有效优化消费群体的购物体验。

在供给侧，拼多多承接了某宝、京东的溢出商家，满足的是多批量、小批次式的订单，因为知名电商平台的入驻商家数量趋于饱和且准入门槛随之提高。截至2019年底，拼多多平台年活跃商家数超过510万，较上年同期的360万同比增长41.7%。同时总成交额（GMV）达到10 066亿元，突破万亿大关（见图8-12）。

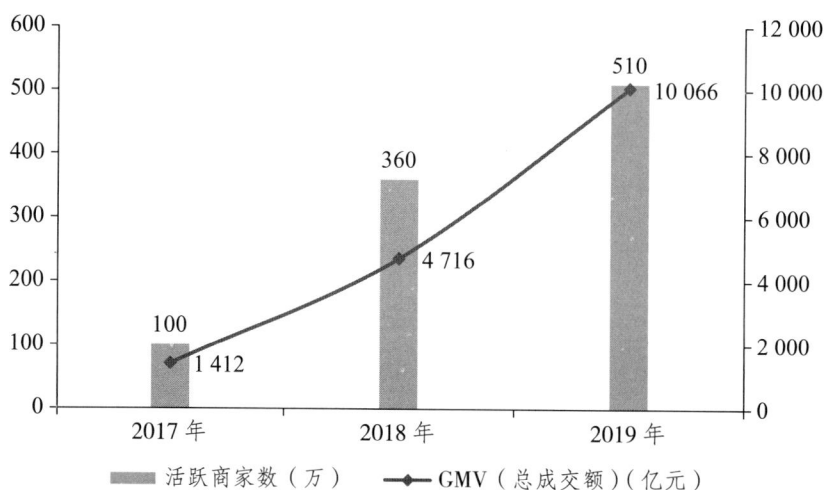

图8-12　拼多多2017—2019年活跃商家数与GMV

数据来源：公司公告。

3.渠道道路：拼团补贴加快用户流量变现

拼多多依靠微信平台的推广，用户分享链接到微信群或朋友圈中寻找拼团的团员，如果拼团成功就能以远低于单价的价格买下商品。

通过沟通分享形成的社交理念，形成了拼多多独特的社交电商思维。在拼团的基础上，拼多多通过红包、优惠券和"分享砍一刀"等营销策略，刺激用户进行社交分享，吸引新用户加入。

为了提升品牌知名度与增强用户黏性，拼多多投入大量资金进行线上线下广告、促销和品牌活动，导致其营销费用在2018年度激增102.45%，达到134.42亿元。2019年6月1日，拼多多正式启动"百亿补贴计划"。

4.客户关系：无自建物流无自营的"双无"公司

拼多多是无自建物流和无自营业务的轻资产电商，其与物流公司、入驻商家等客户的联系更加紧密。2020年，拼多多与国美零售建立战略合作伙伴关系平台，旗下安迅物流、国美管家两大服务平台的加入强化了平台的仓储物流及售后系统，有助于平台渗透一二线城市用户。

拼多多对入驻商家的选择具有一定主导权，C2M模式下，可以使单一产品集中资源，提高转化率，造就了不同的玩家生态以及小微企业的单品爆款。商家需要向拼多多缴纳保证金、交易佣金和在线广告费用。其中最大头是在线广告费用，采用的是预收模式，这无疑凸显了拼多多相对于商家的强势地位。

至2018年底拼多多活跃商户数达到360万，以中小商户为主。这些商户并非凭空出现，而是某宝升级后那部分无处安放的长尾商家——也可以说是被某宝无意中抛弃的下沉商家。

5.收入来源：服务加佣金收入

从收入来源看，拼多多的营业收入主要包括在线市场服务收入和佣金收入。前者类似于平台向商家收取的广告费，与商品的点击量挂钩，具有预付性和效果性，后者则按照交易额的0.6%向商家收取。

薄利多销实现GMV指数级增长。某宝有丰富的商品种类和优质商家，使得A集团在搜索场景占有明显优势。而拼多多的商业逻辑就是薄利多销。坚持差异化竞争战略，不追求商品种类覆盖全面，而是将流量集中到少量商品上形成薄利多销。所以拼多多的收入主要来自在线市场服务收入，佣金收入占比低。拼多多每个单季度GMV都呈指数级增长。GMV突破1 000亿元，京东用了10年，某宝用了5年，而拼多多仅用了2年。

6.核心资源：填补下沉市场空白

以某宝为代表的电商在一二线城市竞争激烈，而三四线城市存在一个巨大的市场空白，是一个未被满足的下沉市场。而拼多多当前用户规模和下沉市场"天花板"的距离就是微信支付用户和某宝活跃用户之间的差值。

传统电商的核心是对用户数据进行挖掘，并且有针对性地投送商品，从而拉高用户留存率。但拼多多的社交属性决定了其还会通过用户之间的分享推荐进行拉新、转化，并以此拉动用户的增长。

拼多多2020年底持有现金及现金等价物与短期投资合计490亿元，相比2019年底还多了79亿元。现金储备充足，也让自身的百亿补贴加码更有底气。

7.关键业务：C2M模式

C2M模式指的是由用户驱动生产的反向生产模式，即先由商家提供两种价格——零售价格和拼团价格，再由用户发起团购，当拼团人数达成时，就能以更低的拼团价格购买商品。凭着大量采购带给工厂的规模效应，可有效降低生产制造成本。

拼多多团队已经与50多家相关制造商建立联系，采取工厂直供的方式，部分同类商品的价格仅为热门商品的三分之一。这种模式的独特性使得拼多多能够同时做到便利工厂端、给予用户优惠和提升平台差异化。

线下零售、传统电商与拼多多的供应链对比见图8-13。

线下零售的供应链：

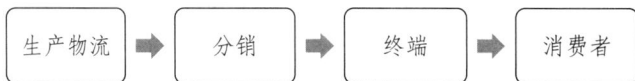

| 生产物流 | ➡ | 分销 | ➡ | 终端 | ➡ | 消费者 |

传统电商的供应链：

| 生产 | ➡ | 品牌方 | ➡ | 代运营 | ➡ | 物流 | ➡ | 消费者 |

拼多多的供应链：

| 生产 | ➡ | 物流 | ➡ | 消费者 |

图8-13　线下零售、传统电商与拼多多的供应链比较

8.重要合作：腾讯深度合作，国美强强联合

拼多多招股说明书显示，腾讯持有拼多多8.9%的股份，腾讯不仅是拼多多

的第二大股东，而且双方通过密切的战略合作形成了长期的协同效应。借助微信引入流量，拼多多获得了在短时间内获客数量的大幅增长以及天然的"护城河"优势。

在微信已有疆土上适时收割用户。2015年9月，拼多多正式上线，依托微信10亿流量基础实现了闪电式扩张，在四年时间内挤入行业TOP3。截至2020年6月30日，平台年活跃买家数达6.832亿，较2019年同期净增2亿，较上一季度净增5 510万，创上市以来最大单季增长。

2020年4月19日，拼多多宣布认购国美零售发行的2亿美元可转债，并与国美达成全面战略合作。如拼多多最终全部行使转化权，将最多获得国美零售12.8亿股，约占国美零售发行后股本的5.62%，成为国美零售第三大股东。根据公司公告，国美将家电供应链、中大件物流网络等"零售基建"接入拼多多，并同时在规模化采购、定制化产品、联合营销、家电下乡、线上线下流量联盟等方面与拼多多展开全面合作。通过此次合作，拼多多有望一次性弥补家电品类较少以及物流供应链薄弱的缺点，在物流领域缩小和A集团、京东的差距。

9.成本结构：营业成本和期间费用

拼多多的成本由两部分组成，分别是营业成本和期间费用。其中，营业成本是平台服务成本，由第三方支付费用、服务器成本、员工成本及其他构成。期间费用包括管理费用、营销费用和研发费用。收入的高速增长，使得第三方支付费用成本和服务器成本也在大幅上涨。

拼多多未来可期

拼多多基于C2M模式和社交裂变快速发展，打造电商新模式。我们仍然看重拼多多极致"性价比"路线带来的用户基本盘扩张与用户"注重性价比"消费习惯的逐步形成所释放的增长红利。

1. GMV增长的核心驱动力来自新增用户和复购

拼多多GMV增长的核心驱动力来自新增用户与复购。新增用户一方面来自拼多多传统强势的下沉市场，一方面来自百亿补贴带来的高线用户。复购则来自对用户不同场景的满足。长期看，拼多多与A集团争夺的不是用户，而是同一批用户的不同场景。

2.短期亏损带来长期的"护城河"

经营活动现金流和净利润的反差主要是商业模式决定的。通过一系列营销手段获得用户流量，从而促进消费、达成交易，形成收入的增长。随着GMV的不断增长，营销费用的上升也会放缓，收入终将超过费用，使得利润由负转正。

3.电商外的扩张

对于互联网公司而言最有价值的是用户，互联网经营的是用户的数据，相信拼多多在稳固电商盘的基础上，利用海量大数据进行业务的拓展，逐渐进入互联网金融与金融科技业务、网络征信业务甚至云计算业务。

结　语

正如一枚硬币的两面，拼多多耀眼的成绩之下，依然潜伏着很多商业挑战。稍稍回顾拼多多的过去，只见曲折灌溉的悲喜，都消失在一片汪洋的大海中。我们唯一能做的，是等待岁月的淘洗，感受时间流过的痕迹。

让时间，告诉我们答案。

互联网公司估值

网络社交行业的公司估值

脸书，友谊的价值

1968 年，马斯洛提出了需求层次理论（Maslow's Hierarchy of Needs）。

马斯洛的需求层次理论不仅在社会心理学界产生较大影响，而且是定性评估企业价值的有用工具。因为随着人们收入水平的提高，人的需求升级，这也意味着人在收入层次提升的过程中会付出更高的价格追求更高的需求层次，需求的提升也促进了技术的进步。如果沿着这个金字塔向上就会发现各种产品和服务的兴衰，以及行业的更替，最终体现在企业价值的转变和财富的转移上。

社会的进步来自生产效率的提升，生产效率的提高来自科学技术的突破，进而提升社会财富总量。绝大多数食品、饮料、医药的需求就属于"生理需求"这一类，对应各种企业，例如可口可乐、麦当劳。这也是可口可乐这类企业在 20 世纪连续几十年高速增长的原因，因为在当时人们的需求阶段是首先满足生理需求，也正因为生理的需求已经得到充分的满足，这些企业现在增长缓慢。

随着互联网的产生，以及生理、安全需求的充分满足，人类的需求方向会发生根本性的转变。在众多更高等的需求中，社交的需求又是一项最基本的需求，而 Facebook 充分满足了人们的社交需要。

2012年5月18日，全球最大社交网络公司Facebook在纳斯达克上市，当天市值就达到了1 040亿美元。马克·扎克伯格是犹太人，1984年出生于纽约一个中产家庭，哈佛大学心理学专业肄业，创办了Facebook，是有史以来全球最年轻的自行创业亿万富豪。

扎克伯格将Facebook打造成了全球市值排名前五的互联网公司。2019年底，Facebook全球月活跃用户达23.75亿，已经成为一个拥有"建立在时间和疆域之上，没有界限的帝国"，而且人口数量还在不断增加。

俗话说："有人的地方就有钱赚"。虽然扎克伯格的初心并不以赚钱为目的，但建设网站需要投资，养活员工也需要钱，这些现实原因让他不得不去赚钱。虽然维持网站的费用让赚钱的事迫在眉睫，他却从来没想过要卖掉Facebook。

微软曾经数次竞购Facebook，但喜欢独立、不希望受到约束的扎克伯格拒绝了。虽然当时的Facebook市值约为150亿美元，远不及微软的市值。最后，无奈的微软只好以2.4亿美元得到了Facebook 1.6%的股权。

2010年，高盛将Facebook估值为500亿美元，也开始着手对Facebook的股票进行私募发行。人们得到这一消息后，开始疯狂抢购。

Facebook最有价值的就是广告平台。随着用户数量的不断增加，用户浏览网页的时间越来越长，这对广告商的诱惑是巨大的。不以金钱为目的的扎克伯格刚开始对广告并不感兴趣，但随着Facebook用户数量的不断增多、业务范围的扩大、基础设施的不断扩建，需要有大量的投资来维持，在Facebook上投放广告势在必行。基于海量的用户基础，现如今，福特、麦当劳、星巴克等大企业都成了Facebook的广告客户。

Facebook除了广告业务外，还依靠庞大的用户资源，吸引更多的游戏开发商、软件开发商利用这一平台进行产品开发，之后共享营收利润。辛加公司在Facebook上开发了一款名叫"德州扑克"的游戏，上线后得到了广大用户的认可和喜爱。此后，他们相继开发了"开心农场""黑手党战争"等游戏。正是凭着这拥有百万甚至千万用户的游戏，辛加公司才成为了Facebook上最大的游戏开发商，年收入将近2亿美元。辛加公司的成功案例，让越来越多的游戏生产商前来加盟，同时，也吸引了大批游戏玩家前来体验，游戏玩家的上线时间越长，其潜在广告价值就越大。

平台模式与广告收入对于Facebook有至关重要的价值。评估Facebook的公司价值，首先要明确Facebook的商业模式与收入来源。评估一家企业的价值时，定性地去理解企业的经营永远是定量分析的前提。

核心知识

网络社交行业的商业模式

定 义

社交网络是具有"社交"属性的互联网应用与服务提供商、网民及相关企业等组成的群体。

社交网络服务，源自英文Social Network Service（SNS），专指旨在帮助人们建立社会性网络的互联网应用服务。

"社交"不仅仅是一些新的商业模式，更是一股推动互联网虚拟世界向现实世界无限靠近的关键力量。

商业模式

1.广告销售

与SNS相结合的品牌广告、植入式广告、精准营销广告等网络广告，是社交网站的主要盈利模式。

2.虚拟货币

一些社交网站采用虚拟货币，以供用户在网站内使用各种收费服务，比如Facebook创办了一家名为Facebook Payments的子公司，专门处理虚拟货币支付业务，这将成为它未来流量变现的核心模式之一。

3.增值服务

增值服务主要通过类似于腾讯QQ秀的个性主页定制等虚拟销售来实现。在中国社交网络市场中，QQ空间凭借庞大的用户基数，为用户开发各种虚拟道具及服务，源源不断地获取相应的小额付费收入。

4.会员收费

在中国，大多数社交网络都实行免费注册制度，但对其中的一些特殊需求人群，则实行高级会员收费制。以腾讯QQ为例，QQ有会员、超级会员的特殊身份，用户可以花钱购买，享受更多的特权。

5.订阅服务

在阅读类社交网站上，读者通过订阅心仪作者的作品阅读权，阅读其最新作品，而作者获得社交网站提供的订阅分成，收入有保障。比如起点中文网确立的付费阅读制度已成为行业标准。

6.第三方应用开发经营者利润分成

一些社交网站已经培养了庞大的第三方开发者社区，有丰富的App供用户选择，并与开发者分成。

7.与电子商务的分成

用户在社交网络上沟通交流，容易形成口碑传播，有可能产生商品采购的效果。

8.与网络游戏联合运营

为增加用户黏度，社交网络推出各种吸引用户的App，其中社交游戏是很受欢迎的一种应用，游戏因其流量转化效率高而成为中国社交类公司采用的主要盈利模式。

9.与运营商流量分成

流量经营，是指运营商合作，推出定制化的移动流量套餐，通过自己的产品为运营商带来大量的流量收入，最后与运营商进行利益分成的商业模式。

10.版权二次分销

一些阅读类社交网络利用原有版权，通过产业链的运作，从原来的文字，变成出版物、影视剧、动漫、网络游戏等，形成版权的二次开发利用，创造更大的收益。

11.扩展线下的社交资源

社交网站利用线上的社交关系，进一步推出线下活动，加强用户黏度，比如除了线上的活动，线下组织会员活动成为各大婚恋网站盈利模式中的关键环节。

12.数据接入服务

通过向合作伙伴提供数据来获得收入。合作伙伴通过对数据的分析，识别用户的情绪、影响和其他趋势。

根据市场调查报告的数据，社交网站的营收绝大部分来自广告销售，不同社交网络也在积极尝试各种盈利模式，当然这些盈利模式不一定适用所有社交网络。

业务形态

1.即时聊天

即时聊天软件可以在两名或多名用户之间传递即时消息，使用者发出的每一句话都会即时显示在双方的屏幕上。SKYPE、QQ、Facebook等是其中的典型代表。

2.社交网站（SNS）

SNS专指旨在帮助人们建立社会性网络的互联网应用服务。

3.社区论坛

社区论坛是一个网络板块，指不同的人围绕同一主题引发的讨论，如天涯社区。类似的名词还有论坛、贴吧等。

4.直播

直播的形式可分为现场直播、演播室访谈式直播、文字图片直播、视音频直播或由电视（第三方）提供信源的直播；直播具备海量存储、查寻便捷的功能。如YY直播、熊猫TV、斗鱼直播，都是比较著名的直播公司。

5.短视频

短视频超短的制作周期和趣味化的内容对短视频制作团队的文案以及策划功底有一定的挑战，优秀的短视频制作团队通常依托于成熟运营的自媒体或IP，除了高频稳定的内容输出外，也有强大的粉丝渠道；短视频的出现丰富了新媒体原生广告的形式。较为著名的短视频App有抖音、快手、西瓜等。

6.社区网站

社区网站是针对社区内居民之间互相联系的网站，网站的内容自然主要倾向于更适合在社区内产生的活动，比如：二手物品转让、上下班拼车等，要能够体现出社区网站的独有特色。

行业趋势

交友只是社交网络的一个开端，社交网络大体经历了这样一个发展过程：

1.早期概念化阶段：以六度分隔理论为代表

1967年，哈佛大学的心理学教授斯坦利·米尔格伦（Stanley Milgram，1933—1984）想要描绘一个联结人与社区的人际联系网，做过一次实验，结果发现了"六度分隔"现象。简单地说，"你和任何一个陌生人之间所间隔的人不会超过六个，也就是说，最多通过六个人你就能够认识任何一个陌生人"。"六度分隔"说明社会中普遍存在"弱纽带"，发挥着非常强大的作用。有很多人在找工作时会体会到这种弱纽带的效果。通过弱纽带，人与人之间的距离变得非常"近"。

2.结交陌生人阶段：Friendster帮你建立弱关系从而带来更高社会资本的理论

Friendster是社交网络服务的鼻祖，这家成立于2003年3月的网站位于美国加利福尼亚州。在成立之后悄然走红，一直被SNS业界称为全球首家社交网站，此后大批的模仿者破茧而出，在全球范围内（包括中国）都掀起了SNS网站热潮。

Friendster致力于帮助人们与朋友保持联系以及发现新的对他们非常重要的人和事。它是全球第三大品牌在线交友网络以及亚太地区最大的交友网络。

3.娱乐化阶段：MySpace创造的丰富的多媒体个性化空间吸引注意力的理论

MySpace.com成立于2003年9月，是全球第二大社交网站。它为全球用户提供了一个集交友、个人信息分享、即时通讯等多种功能于一体的互动平台。MySpace是一个精彩纷呈的在线社区，在这里，可以通过好友结识更多的新朋友。通过在MySpace上创建私人社区，可以与不断增多的共同的朋友分享照片、日志和爱好，看看彼此都有哪些朋友，或者看看大家是如何联系在一起的。

4.社交图阶段：Facebook将线下真实人际网络复制到线上低成本管理的理论

Facebook公司创立于2004年2月4日，总部位于美国加利福尼亚州门洛帕克。2012年3月6日发布Windows版桌面聊天软件Facebook Messenger。主要创始人为马克·扎克伯格。Facebook是世界排名领先的照片分享站点。

5.云社交阶段：分布式网际社交理论

分布式社交网络也称去中心化的社交网络（Decentralized Social Networks）。它是一种与自然社交模式相近的分布式社交服务，将P2P技术应用到在线社交网络中，使整个系统不再完全依赖服务器来完成社交网络的构建、路由、消息处理、维护等工作。所有用户结点都动态地参与到这些工作中。用户数据被分散存储，而不是被集中存储在中央服务器中，通常可以保存在本地或者可靠的好友结点处。

基于社交网络的发展历程，社交网络正逐渐发生如下变化：

第一，主流社交网络用户增幅持续下降。例如，全球社交网络霸主Facebook，它的用户数增长已基本停滞。

第二，长尾社交应用继续涌现并快速增长。主流社交网络的大而全，给了一些垂直或长尾社交应用生存、发展甚至逆袭的机会。

第三，从用户量剧增到广告收入剧增。未来几年随着社交网络对收入增长的巨大需求，以及企业对社会化营销日益重视的趋势，社交网络的广告收入将会继续大幅增长。

第四，社交购物将广泛普及。未来各大社交网站将有望不再继续扮演"电商中转站"的角色，而是升级为用户直接购物的平台。

第五，流媒体直播成为主流。

第六，社交媒体客服质量显著提升。从2015年下半年开始，主流社交网络都显著加强了各自的客户服务功能。

难点与挑战

（1）不同属性的社交平台功能并不一样，需要为用户提供最贴近、最有效的体验。

（2）需要开发区别于PC端的移动各色产品，以提升手机端的吸引力。

（3）需要不断增强产品的用户体验度、活跃度和黏性，减少用户流失，以达到避免甚至增加的效果。

（4）社交需与娱乐完美契合，用户要感受到产品的趣味性，不能只依托于用户之间的相互交流，产品也要赋予用户娱乐性。

案例讨论 ⫽

脸书比腾讯更有投资价值吗

产品和服务

Facebook是全球最大的网络公司，其使命就是让世界融合在一起。其产品和服务包括虚拟现实平台Oculus和四个用户过亿的社交平台。截至2019年，Facebook月活跃用户数已经达到27亿，是目前世界上使用人数最多的社交软件，而WhatsApp月活跃用户数超过了20亿，Messager月活跃用户数超过了10亿，Instagram月活跃用户数也达到了10亿（见图9-1）。利用这些大的社交平台，Facebook通过算法，进行精准的网络广告投放，从而获得源源不断的现金流。

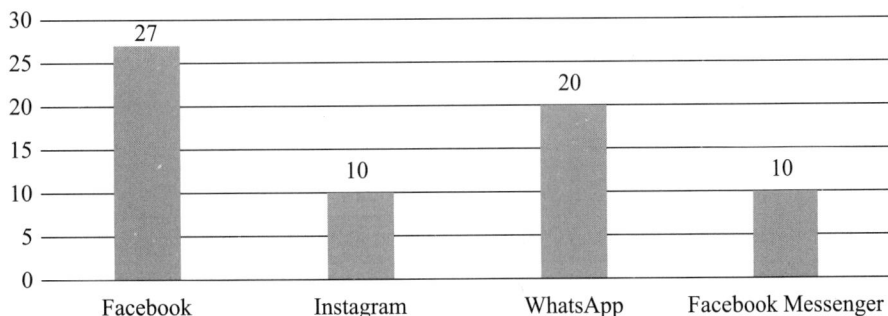

图9-1　Facebook四大应用月活跃用户数（亿）

数据来源：根据Facebook年报统计。

定性的分析

Facebook的商业模式简单来说就是：搭台子，卖广告。

公司有稳定的经营历史，在全球用户数量最大的社交平台上卖广告，未来很长一段时间内这个模式不会遇到太大的挑战。

公司管理团队优秀，公司创始人扎克伯格年轻、开放、创新、有领导力。

公司的用户数进入了一个稳定增长阶段，作为一个社交平台，新增用户数决定了公司未来的增长空间。

定量的分析

上市以来，净资产收益率（ROE）稳步提升，并在最近两年基本维持在20%左右（见表9-1）；公司财务稳健，资产负债率极低，基本维持在25%左右（见表9-2），而且没有有息负债。

公司经营现金流远远大于净利润，获得了大量的股东盈余，并拥有四个超级流量入口，同时利用AI对广告业务进行优化，在广告业务上对谷歌构成了挑战。

表 9-1　2010—2019 年 Facebook 主要财务指标　　金额单位：亿美元

	2010年	2011年	2012年	2013年	2014年	2015年	2016年	2017年	2018年	2019年
股东权益	21.62	48.99	117.55	154.70	360.96	442.18	591.94	743.47	841.27	1 010.54
总营业收入	19.74	37.11	50.89	78.72	124.66	179.28	276.38	406.53	558.38	706.97
研发费用	1.44	3.88	13.99	14.15	26.66	48.16	59.19	77.54	102.73	136.00
毛利	14.81	28.51	37.25	59.97	103.13	150.61	238.49	351.99	464.83	579.27
净利润	6.06	10.00	0.53	15.00	29.40	36.88	102.17	159.34	221.12	184.85
经营活动产生的现金流量净额	6.98	15.49	16.12	42.22	54.57	85.99	161.08	242.16	292.74	363.14
销售毛利率（%）	75.03	76.83	73.20	76.18	82.73	84.01	86.29	86.58	83.25	81.94
销售净利率（%）	30.70	26.95	1.04	19.05	23.58	20.57	36.97	39.20	39.60	26.15
净资产收益率（%）	32.28	28.32	0.64	11.02	11.40	9.18	19.76	23.86	27.91	19.96

数据来源：万得资讯。

表 9-2　2019 年 Facebook 资产负债情况　　　　　　　　　　　　　　金额单位：亿美元

总资产	1 333.76	负债	323.23	净资产	189.47
现金类资产	548.55	经营负债	13.63	资产负债率	24.23%
经营类资产	785.21	有息负债	0		

数据来源：万得资讯。

公司产品和服务的毛利率达到了80%以上，净利润率在25%左右，这些指标大大超越了腾讯、谷歌等公司，其人均净利润指标也大大超过了谷歌、腾讯等，和这两家公司相比，Facebook 的运营模式更轻。

公司的估值

以现有的广告业务进行测算并估值，2019年全球数字广告收入大约为2 492亿美元（见图9-2）。

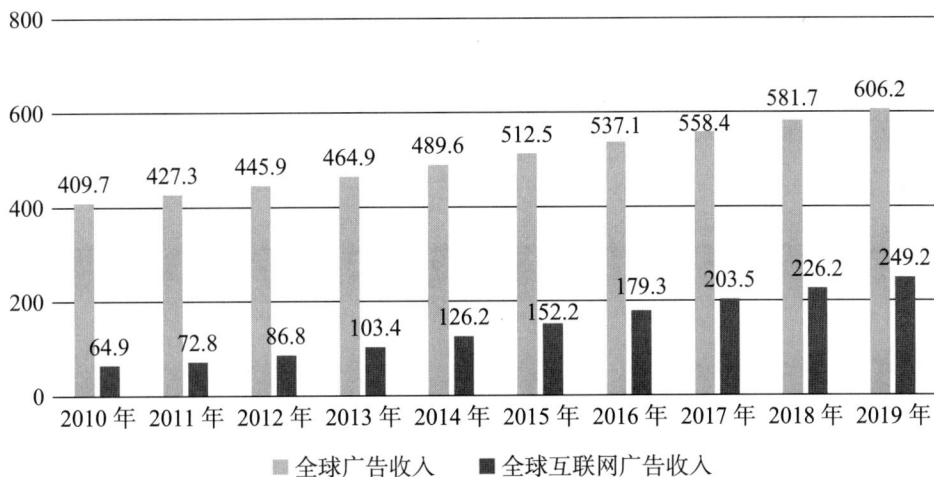

图9-2　全球广告收入增长趋势图（10亿美元）

数据来源：eMarketer。

Facebook 大约占到其中25%的市场份额，则收入约为623亿美元，净利润约为184亿美元。给予50倍的PE，则估值约为9 242亿美元，以北京时间2020年8月14日收盘价260美元计算，则市值为7 442亿美元。以现价买入，则年复合回报率在10%以上。

是否可买入

Facebook的产品和服务覆盖了PC、手机和虚拟现实设备，坐拥四大超级流量入口，构成了无可匹敌的用户规模和网络效应。这一优势帮其建立了较深的护城河，在可预见的未来几年内，广告商将继续加大对社交网络营销的投入，这些都是公司继续增长的基础，基于这些前提，对公司的合理估值为9 242亿美元左右，是值得买入的。

同时，我们也要看到Facebook所面临的一些问题和挑战：对广告业务的严重依赖，面临的政治风险，在社交领域存在腾讯这个强大的对手，在广告业务上则和谷歌进行激烈的竞争。谷歌和Facebook广告业务的市场份额对比见图9-3。

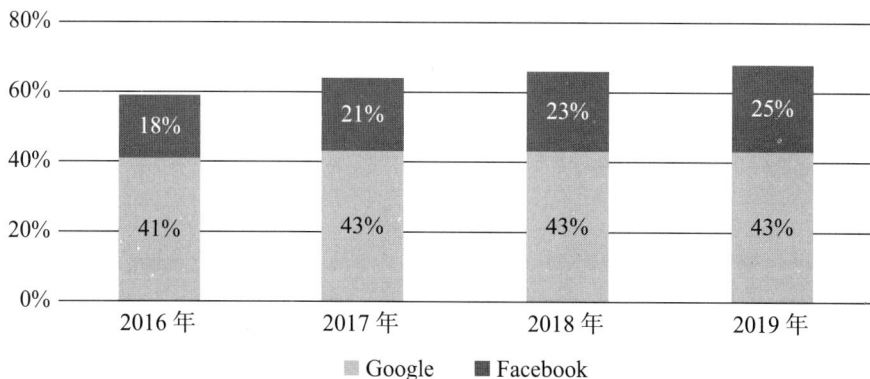

图9-3　Google与Facebook广告业务市场份额对比

数据来源：eMarketer。

和腾讯比一比

财务稳健方面：腾讯的资产负债率约为50%，Facebook约为25%，后者更为稳健。

人均产出方面：腾讯的员工有6万多，Facebook是3万多，而后者净利润更高，所以后者人均产出更高。

毛利和净利率方面：Facebook 不但完胜腾讯，而且在众多互联网公司中难逢对手。

现金奶牛业务方面：腾讯主要靠游戏，而 Facebook 靠广告。

国际化程度方面：腾讯收入 90% 以上靠国内市场，而 Facebook 一半收入来自海外市场。

市值方面：以北京时间 2020 年 8 月 14 日收盘价计算，腾讯市值约为 6 256 亿美元，Facebook 为 7 442 亿美元左右，两者相差约 1 000 亿美元。

Facebook 财务指标摘要供参考（如表 9-3 所示）。

表 9-3　Facebook 财务指标摘要　　　　　　　　　　　　　　金额单位：亿美元

	2015 年 12 月 31 日	2016 年 12 月 31 日	2017 年 12 月 31 日	2018 年 12 月 31 日	2019 年 12 月 31 日	2020 年 06 月 30 日
报告类型	年报	年报	年报	年报	年报	中报
期间跨度	12 个月	12 个月	12 个月	12 个月	12 个月	6 个月
数据来源	合并报表	合并报表	合并报表	合并报表	合并报表	合并报表
利润表摘要						
营业总收入	179.28	276.38	406.53	558.38	706.97	364.23
同比（%）	43.82	54.16	47.09	37.35	26.61	13.95
营业总支出	117.03	152.11	204.50	309.25	467.11	245.67
营业利润	62.25	124.27	202.03	249.13	239.86	118.56
同比（%）	24.65	99.63	62.57	23.31	-3.72	49.26
税前利润	61.94	125.18	205.94	253.61	248.12	119.92
同比（%）	26.15	102.10	64.52	23.15	-2.16	44.24
净利润	36.88	102.17	159.34	221.12	184.85	100.81
同比（%）	25.44	177.03	55.96	38.77	-16.40	99.82
非经常性损益						
扣非归母公司股东的净利润	36.88	102.17	159.34	221.12	184.85	100.81

	2015 年 12 月 31 日	2016 年 12 月 31 日	2017 年 12 月 31 日	2018 年 12 月 31 日	2019 年 12 月 31 日	2020 年 06 月 30 日
同比（％）	25.44	177.03	55.96	38.77	−16.40	99.82
研发支出	48.16	59.19	77.54	102.73	136.00	84.77
EBIT	62.17	125.28	206.00	253.70	248.12	119.92
EBITDA	81.62	148.70	236.25	296.85	305.53	152.93
净利润（NON-GAAP）	65.18	123.68				
稀释每股收益（NON-GAAP）	2.28	3.49				
资产负债表摘要						
流动资产	216.52	344.01	485.63	504.80	662.25	681.30
固定资产						
权益性投资						
资产总计	494.07	649.61	845.24	973.34	1 333.76	1 396.91
流动负债	19.25	28.75	37.60	70.17	150.53	113.08
非流动负债	32.64	28.92	64.17	61.90	172.69	179.36
负债总计	51.89	57.67	101.77	132.07	323.22	292.44
股东权益	442.18	591.94	743.47	841.27	1 010.54	1 104.47
归属母公司股东权益	442.18	591.94	743.47	841.27	1 010.54	1 104.47
现金流量表摘要						
经营活动现金流量	85.99	161.08	242.16	292.74	363.14	148.78
投资活动现金流量	−94.34	−117.39	−200.38	−116.03	−198.64	−82.87
筹资活动现金流量	15.82	−3.10	−52.35	−155.72	−72.99	−41.74
现金净增加额	5.92	39.96	−8.24	19.20	91.55	22.90
期末现金余额	49.07	89.03	80.79	101.24	192.79	215.69
资本支出	25.23	44.91	67.33	139.15	151.02	68.13
关键比率						

	2015 年 12 月 31 日	2016 年 12 月 31 日	2017 年 12 月 31 日	2018 年 12 月 31 日	2019 年 12 月 31 日	2020 年 06 月 30 日
ROE（%）	9.18	19.76	23.86	27.91	19.96	9.53
ROE（摊薄）（%）	8.34	17.26	21.43	26.28	18.29	9.13
扣非后 ROE(摊薄)（%）	9.18	19.76	23.86	27.91	19.96	9.53
ROA（%）	8.23	17.87	21.32	24.32	16.02	7.38
ROIC（%）	9.18	20.32	24.05	27.01	18.34	8.66
销售毛利率（%）	84.01	86.29	86.58	83.25	81.94	79.99
销售净利率（%）	20.57	36.97	39.20	39.60	26.15	27.68
EBIT 利润率（%）	34.68	45.33	50.67	45.44	35.10	32.92
EBITDA 利润率（%）	45.53	53.80	58.11	53.16	43.22	41.99
资产负债率（%）	10.50	8.88	12.04	13.57	24.23	20.93
资产周转率（倍）	0.40	0.48	0.54	0.61	0.61	0.27
每股指标						
EPS（稀释）	1.29	3.49	5.39	7.57	6.43	3.51
EPS（基本）	1.31	3.56	5.49	7.65	6.48	3.54
每股净资产 BPS	15.54	20.47	25.58	29.48	35.43	38.75
每股经营现金流	3.02	5.57	8.33	10.26	12.73	5.22
每股现金净流量	0.21	1.38	−0.28	0.67	3.21	0.80
P/E（TTM）	105.29	44.33	33.71	19.32	32.49	30.87
P/E（LYR）	100.67	90.38	50.33	23.66	26.47	35.00
P/B（MRQ）	7.15	6.13	7.20	4.69	6.23	6.14
P/S（TTM）	18.57	13.44	14.05	7.26	8.80	8.82
其他						
员工总数（人）	12 691	17 048	25 105	35 587	44 942	48 268

数据来源：万得资讯。

脸书的盈利模式

Facebook 的核心产品

目前 Facebook 核心产品包括：Facebook、Instagram、WhatsApp、Messenger 以及 Oculus 公司（提供虚拟现实产品）。

WhatsApp 以即时通讯为主，以移动端为发展方向。WhatsApp 可以近似地理解为不带游戏和各种各样附加功能的"微信"，2017 年，WhatsApp 的月均活跃用户数达到了 13 亿；Facebook 可以近似地理解为"微博"；Messenger 是在 Facebook 的基础上衍生出来的即时通讯工具，2017 年，Messenger 的月均活跃用户数达到了 12 亿。

Facebook 的盈利模式

与微信不同，与 Google 相似，Facebook 的盈利模式不是游戏，而是广告。

Facebook 的广告收入占整体营收 90% 以上，可以说，Facebook 是一家基于移动互联网社交的广告公司。

1. 网络广告

（1）实名制的开放平台。

由于 Facebook 的用户绝大多数都是真实身份，同此 Facebook 可以清楚地知道每个用户的真实信息和上网的轨迹，这对广告主来说是至关重要的。对于传统的互联网广告，广告主通常要耗费昂贵的成本，在互联网上跟踪用户的行为痕迹，去推测他们的性别、年龄、爱好、消费能力、经常访问的站点等，但在 Facebook 上这些信息唾手可得。任何人都可以在 Facebook 的自助广告服务里选出有限的组合，比如只对已婚的 35 岁以上、住在香港的女性展示广告，或者只对台北公司在某天上班的白领展示广告。

（2）传统广告。

传统广告可以直接在 Facebook 的网页上面购买。在 Facebook 的入口处点击"广告"，跟随指导完成几个简单的步骤，任何拥有 Facebook 账户的用户都能做到：

——注明你希望顾客点击广告链接后所链接到的地址；

——提供简短的广告词和广告画；

——注明你的目标客户群体（从以下的几个方面来定位：位置，性别，年龄，关键词，受教育程度，工作地点，社会地位，利益群体）；

——注明每天你将为每次点击支付的价格；

——任何人都可以创建广告，并将其链接到任何网站。

（3）微软的广告条。

那些需要在Facebook页面上投放复杂广告的商家可以直接从微软购买。微软是Facebook上条幅广告产品的独家供应商，为此微软对Facebook注资了2.4亿美元。

2008年8月，Facebook开启了定制广告制作功能。这些广告是专门为一些被选中的知名品牌提供的，它们就像窗口的小零件，能够被用户添加在自己的主页上（因此该用户的朋友们也能看到）。人们可以就这些产品交换意见并留下评论。这种特殊形式的广告更像是一种品牌构建器，据说它能（因其更个性化的特征）拉近用户与该品牌直接的关系。

2. 增值服务

（1）用户购买虚拟产品。

Facebook用户可以直接付费购买虚拟礼品，这是很多社区比较重要的一种盈利模式，例如QQ在这方面做得就很强悍（Q币、各种钻、会员，等等），而且Facebook的用户量巨大。

（2）付费调查问卷。

Facebook将调查问卷结果发送给那些支付费用的人。

3. 第三方App应用服务

Facebook的真正"钱途"在于从App开发商身上赚钱！我们看看某宝网是怎么赚钱的就知道了：某宝网开店不收费，但是你想成为诚信商家，想进驻某宝商城，想在某宝的搜索上面靠前，想获得某宝的高级服务，就必须付费了。而某宝上面的大商家是很愿意掏这笔钱的，因为某宝这个平台可以让他赚到更多的钱。

Facebook现在专注于做平台，不做应用，尽量将能开放的数据全部开放出去，不遗余力地培养App开发商，为App开发商创造最好的赚钱途径。Facebook就是一个巨大的网店，而App开发商就是上面免费租赁店面的商家，兜售自己的玩具，吸引用户来玩。App开发商可以去做网络招聘、做机票预定、做电子商务等，现在Facebook上已经有几万个App了，其中真正赚钱的App还不是特别多。等到Facebook平台上有100万个赚钱的App商家时，Facebook再面向App商家推出增值服务，可以想象一下到时候Facebook赚钱是多么容易的事情。

所以Facebook并不需要直接从注册用户身上赚钱，而是把面向用户的细分垂直领域的赚钱机会统统留给App商家，同时也把这些细分领域的成本、风险和时间统统节省了，Facebook只要把自己的平台做得足够好，给App商家提供足够好的免费服务和增值服务，就可以"坐在家里收钱"了，压根不需要亲自一个细分领域一个细分领域地辛苦开拓。从这一点来看，之前的校内网是多么的短视。

Chapter 10

搜索引擎行业的公司估值

长尾效应与谷歌的商业模式

谷歌是一家1998年9月成立的美国上市公司，现在是全球规模最大的搜索引擎网站，也是世界上最大的网络广告商。那么谷歌公司究竟是如何在这样短的时间内取得如此大成就的呢？答案是：谷歌在经营理念上打破了传统的思维模式，不再关注大企业、大客户，而是把关注的重点都放在中小企业上，即关注"长尾企业"。

谷歌将目标市场定位于长尾市场。谷歌的很多产品都是免费的，甚至有一部分产品根本没有给谷歌带来任何收益，可是谷歌公司还是依靠丰厚的广告盈利不断向前发展，而丰厚的广告盈利主要来自数百万的中小企业和个人，这一点和其他大企业是完全不同的。

在谷歌公司成立之前，大部分的中小企业和个人从来都没有做过广告或者说很少大规模地做过广告。一方面因为广告费用昂贵，他们很难负担得起；另一方面那些大的广告商只关注大企业、大客户，对中小企业和个人根本不屑一顾。可是谷歌的管理者却不这样想，他们觉得中小企业和个人也有宣传自己的强烈需求，是个无比巨大的市场，如果经营得当，那么从中小企业和个人客户那里得到的广告收入一定会远远大于从大企业、大客户那里所得到的。谷歌因此推出了Adwords和Adsense广告业务。Adwords是一种允许企业在Google搜索结果和其他Google附属媒体上竞标广告空间的系统，通常按照点击量来收费。Adsense是一种允许网站所有者向企业销售广告空间的系统。换句话说，必须付费才能使用Adwords，但Adsense可以为网站所有者赚钱。Adsense广告使得大批中小网站都能自动获得广告商投放广告。Adwords和Adsense汇聚成千上万的中小企业和中小网站，其产生的巨大价值和市场能量足以抗衡传统网络广告市场。如果Google只是像许多门户网站的网络广告策略那样，将市场的注意力放在20%的大企业身上，那么也很难创造如今的辉煌了。

无数的小数积累在一起就是一个不可估量的大数，无数的小生意集合在一起就是一个不可限量的大市场。Google有效地利用了长尾策略。现在，谷歌有一多半的广告收入来自中小企业和个人，而不是大企业在搜索结果中放置的广告，可以说谷歌今日的成功来源于与众不同的经营理念，而这种与众不同的经营理念也是谷歌的管理者突破传统思维的一种表现。

核心知识

搜索引擎的商业模式

搜索引擎积累了巨大的流量数据，其主要通过流量带来的广告业务来变现。广告业务，简单而言就是广告商为潜在目标客户支付广告费用。信息时代广告业务的主要不同在于，目标客户是那些在网站或媒体上对广告内容感兴趣、可能形成广告点击的用户。

搜索广告的崛起，改变了传统广告商在电视、印刷媒体及门户网站上投放广告的模式。当用户利用互联网搜索引擎搜索关键词时，搜索引擎服务提供商通过复杂算法，在搜索结果网页上展示与关键词相关的广告。此举实现了广告商针对潜在客户进行精准投放广告的目标，大大提高了广告效率。通过提供更加精准、有效的广告投放，搜索引擎巨头获得了巨额利润。搜索引擎服务提供商一般按照广告点击次数收费，用户每次点击广告，都会给搜索引擎服务提供商带来广告收入。

如何扩大潜在客户群体、如何找到潜在相关的人以及如何按照相关度（或者说潜在点击率）来决定广告费用是搜索引擎广告业务的核心。过去十年，在上述核心竞争领域，搜索引擎服务提供商利用其搜索引擎不断创新，探索出令人惊讶的广告业务商业模式。可从网站流量平台、交易撮合平台这两个角度探析搜索引擎广告业务的收入模式。

网站流量平台

这个模式相对简单，就是搜索引擎服务提供商利用自身的搜索引擎门户网站获得广告收入，它是搜索引擎服务提供商最重要的搜索引擎商业模式。基于最优算法和数据库，谷歌获得了数量巨大的搜索流量信息。通过分析这些信息，谷歌能够根据个人的搜索行为，在搜索结果之外的网页空间上投放对应的广告，赚取广告收入。作为谷歌最重要的收入来源，除了直接页面广告，搜索网站流量平台还有另外两种运营机制：一是网站平台与移动终端的合作机制；二是网站平台和其他搜索引擎的合作机制。这两种合作机制均在一定程度上反映了网站流量平台模式的特点。

1.网站平台与移动终端的合作机制

为了提高网站平台的流量，谷歌不得不与一些移动终端提供商分享收入，其中最重要的客户就是苹果。苹果拥有自己的操作系统和大量移动端客户流量，在与谷歌的联盟中占据优势。谷歌只能获得苹果系统移动设备搜索广告的小部分收益。这里将从成本和收入两个方面来说明这一联盟的特征。成本方面，谷歌需为在苹果浏览器中占据一席之地支付固定费用。苹果为旗下的移动电子设备提供了包括谷歌、雅虎、百度在内的几种搜索引擎，每种搜索引擎需向苹果支付固定的年费，以确保自己出现在苹果浏览器的搜索引擎列表上。搜索引擎排列的先后顺序、是否为默认搜索，均需支付不同的价格。收入方面，针对每一笔搜索广告收入，谷歌将支付流量获取成本，苹果大约收取广告收入的70%，谷歌只能获取剩余的30%。

2.网站平台和其他搜索引擎的合作机制

在互联网发展的黄金时期20世纪90年代，谷歌并非一枝独秀，AltaVista，HotBox，Excite等均为当时优秀的搜索引擎商。2000年互联网泡沫破裂后，许多小型的搜索引擎商被行业龙头收购，Aol.com与Ask.com通过与谷歌合作，得以存活。合作之后，两家公司均摒弃了自主开发的搜索引擎系统，转用谷歌的运算法则与数据库，并将结果传送到自己的搜索结果界面。Aol.com与Ask.com实质上是谷歌的广告分销商，但其本身具有一定的品牌价值，也拥有一批忠实用户，能为谷歌带来额外的市场机会。Aol.com与Ask.com均保留自己的搜索引擎品牌，除了谷歌的搜索结果，两家公司还会根据自身的商业策略，显示额外的搜索结果。由于其品牌价值，它们在与谷歌的博弈中拥有一定的议价能力，Aol.com与Ask.com能分得广告商支付金额的85%，谷歌只收取15%。

交易撮合平台

谷歌的广告交易撮合平台叫相关广告（Adsense），平台的客户是那些需要投放广告的企业，而平台的成员主要是企业网站。谷歌凭借其强大的大数据分析及搜索功能，通过向其他网站提供客户化搜索引擎的方式，吸引企业网站加入Adsense平台。加入谷歌的广告撮合平台后，合作网站相当于拥有了无数个以用户为单位的个人数据库，从而为这些合作网站带来精准的客户。更为重要的是，有了这些网站，谷歌就可以共享客户网站上的搜索流量，并获得由此带来的广告收入。当用户浏览该企业网站，使用搜索引擎时，谷歌和网站运营商将按照分成协议获得广告收入。从这个意义上说，交易撮合平台也可理解为企业网站联盟，不过谷歌是联盟的基础。

Adsense平台在这些企业网站流量搜索信息的基础上，依靠谷歌建立起来的超强的相关性算法，核定如何给这些网站上的广告位合理定价，从而提高搜索客户在广告位的点击率。用户在搜索引擎上的每一次关键词查询，都将成为精准投放广告的依据，从而改善广告投放效率，提高广告收益。

案例讨论

谷歌的估值逻辑

业务分解

1.现金流业务

产品：Search，Ads，Commerce，Maps，YouTube，Google Cloud，Android，Chrome和Google Play。

收入来源：广告、数字内容销售、应用和云服务以及硬件销售，其中广告是大头，在该项收入中占比90%以上。

2.未来业务

产品：Access，Calico，Capital G，GV，Nest，Verily，Waymo和X。

收入来源：互联网和电视服务，Nest产品和服务，授权和研发服务，这部分收入在总收入中占比较低，只有1%左右。

定性分析

谷歌2004年上市，商业模式简单，即通过搜索带来的流量优势和大数据分析卖广告。谷歌有稳定的运营历史，在自动驾驶、人工智能等领域布局领先，未来的前景很光明。

公司管理团队优秀，优秀的企业家组合带领一帮科学家在创新的道路上狂奔，公司充满了创新的氛围，同时也关注市场和盈利。

公司处于快速增长到稳定增长阶段，公司改组了架构，进行了大量的布局：人工智能、自动驾驶、生物科技和智能硬件，这些领域的布局可以视为其隐蔽的无形资产，从这个角度，可以认为其具有隐蔽资产的特性。

定量分析

2016年至2020年，谷歌平均ROE在15%以上，财务结构较为稳健，资产负债率低于30%。公司过去五年的平均毛利在50%以上，并能够在未来保持这种毛利水平。过去五年的经营现金流远远大于净利润，表明谷歌具有极强的现金流获取能力，而维护现有广告业务的盈利能力，不需要太多的资本开支，所以，谷歌将大量的现金流投向了代表未来的新技术，这将会在未来为谷歌创造更多的现金流。

谷歌2016—2020年关键财务指标如表10-1所示。

表 10-1　谷歌 2016—2020 年关键财务指标　　　　　　　　金额单位：亿美元

	2020 年	2019 年	2018 年	2017 年	2016 年
利润表摘要					
营业总收入	1 825.27	1 618.57	1 368.19	1 108.55	902.72
同比（％）	12.77	18.30	23.42	22.80	20.38
营业总支出	1 413.03	1 259.29	1 054.27	819.73	665.56
营业利润	412.24	359.28	313.92	288.82	237.16
同比（％）	14.74	10.23	8.57	21.78	22.50
税前利润	480.82	396.25	349.13	271.93	241.50
同比（％）	21.34	13.50	28.39	12.60	22.89
净利润	402.69	343.43	307.36	126.62	194.78
同比（％）	17.26	11.74	142.74	−34.99	19.15

	2020 年	2019 年	2018 年	2017 年	2016 年
非经常性损益	11.26	−11.58	−40.01	−28.16	−2.75
扣非后归属母公司股东的净利润	391.43	355.01	347.37	154.78	197.53
同比（%）	10.26	2.20	121.76	−21.38	19.31
研发支出	275.73	260.18	214.19	166.25	139.48
EBIT	482.17	397.25	350.27	273.02	242.74
EBITDA	619.14	515.06	440.62	342.17	304.18
资产负债表摘要					
流动资产	1 742.96	1 525.78	1 356.76	1 243.08	1 054.08
固定资产					
权益性投资					
资产总计	3 196.16	2 759.09	2 327.92	1 972.95	1 674.97
流动负债	568.34	452.21	346.20	241.83	167.56
非流动负债	402.38	292.46	205.44	206.10	117.05
负债总计	970.72	744.67	551.64	447.93	284.61
股东权益	2 225.44	2 014.42	1 776.28	1 525.02	1 390.36
归属母公司股东权益	2 225.44	2 014.42	1 776.28	1 525.02	1 390.36
现金流量表摘要					
经营活动现金流量	651.24	545.20	479.71	370.91	360.36
投资活动现金流量	−327.73	−294.91	−285.04	−314.01	−311.65
筹资活动现金流量	−244.08	−232.09	−131.79	−82.98	−83.32
现金净增加额	79.67	17.97	59.86	−22.03	−36.31
期末现金余额	264.65	184.98	167.01	107.15	129.18
资本支出	222.81	235.48	251.39	131.84	102.12
关键比率					
ROE（%）	19.00	18.12	18.62	8.69	15.02

	2020 年	2019 年	2018 年	2017 年	2016 年
ROE（摊薄）（%）	18.09	17.05	17.30	8.30	14.01
扣非后 ROE（摊薄）（%）	18.46	18.73	21.04	10.62	15.23
ROA（%）	13.52	13.50	14.29	6.94	12.37
ROIC（%）	14.63	14.51	15.27	7.42	13.65
销售毛利率（%）	53.58	55.58	56.48	58.88	61.08
销售净利率（%）	22.06	21.22	22.46	11.42	21.58
EBIT 利润率（%）	26.42	24.54	25.60	24.63	26.89
EBITDA 利润率（%）	33.92	31.82	32.20	30.87	33.70
资产负债率（%）	30.37	26.99	23.70	22.70	16.99
资产周转率（倍）	0.61	0.64	0.64	0.61	0.57
每股指标					
EPS（稀释）	58.61	49.16	43.70	18.00	27.85
EPS（基本）	59.15	49.59	44.22	18.27	28.32
每股净资产 BPS	329.59	292.65	255.38	219.50	201.12
每股经营现金流	96.45	79.21	68.97	53.38	52.13
每股现金净流量	11.80	2.61	8.61	−3.17	−5.25
P/E（TTM）	33.20	28.32	38.72	34.83	28.64
P/E（LYR）	34.52	30.05	57.39	37.58	34.51
P/B（MRQ）	5.57	4.74	4.28	4.66	4.07
P/S（TTM）	6.90	5.96	5.60	7.00	6.39
其他					
员工总数（人）	135 301	118 899	98 771	80 110	72 053

数据来源：万得资讯。

谷歌的估值逻辑

谷歌的估值本质上可以分为三部分：

（1）持有的现金、债券以及短期持有的股票投资的价值；

（2）风投业务的价值；

（3）搜索引擎业务的价值。

下面分别来看这三部分到底应该值多少钱。

（1）现金、债券以及短期持有的股票投资。

2020年末，谷歌的现金及现金等价物为264.65亿美元，其他短期投资为1 102.29亿美元，两者合计为1 366.94亿美元。截至2020年12月31日，谷歌的市值是11 742.88亿美元。因此，扣除现金及其他短期投资后谷歌的市值是10 375.75亿美元。

（2）风投业务。

谷歌的主营业务实际上可以分为两类：搜索引擎业务与风投业务。

简单来讲，谷歌从搜索引擎业务上赚得金钵满满，然后用搜索引擎业务赚到的钱去投资其他改变人类的黑科技，这就是谷歌的风投业务。

实际上，谷歌（准确来讲是Alphabet）旗下有7家子公司。这7家子公司实际上能盈利的就一家：谷歌（具体指的是搜索引擎业务）。Alphabet这个母公司里有99.1%收入都来自搜索引擎业务。

假设把风投业务的估值记为0，即对于人工智能、无人驾驶、VR等可能改变人类社会的未来科技，我们在估值时完全不予考虑，只是把这些黑科技当作一个免费的期权。

（3）搜索引擎业务。

在对这部分业务进行估值时，就牵扯到资产化和费用化的区别了。

2016年，谷歌管理层曾经召开电话会议，提到谷歌2016年的研发费用是140亿美元。在这140亿美元中，仅有30亿美元是投到搜索引擎业务上的，其他的110亿美元全部用于研发未来的黑科技，比如人工智能、VR、无人驾驶、深度学习、等领域。到2020年，谷歌公司的研发费用已经增长到了276亿美元。

从目前来看，谷歌在这些领域的投资是相当成功的，这些投入在未来大概率会产生经济收益。

但在美国通用会计准则下，这些研发支出全部必须费用化，这直接导致谷歌当期的利润大幅度下降。这里假设谷歌2020年276亿美元的研发费用中，有200亿美元（可分各种情况进行敏感性分析）是可以在未来产生现金流和经济收益的，同时这些资产的摊销年限是5年。

那么谷歌2020年的净利润是562.69亿美元，而不是财报显示的数字402.69亿美元。2020年，即便不考虑本应计入投入资本的研发费用的资本化问题，其税后利润已增长到402.69亿美元，而截至2020年12月31日，扣除现金之后谷歌的市值是10 375.75亿美元。

也就是说，即使在今天股价连创新高的背景下，对于高成长的谷歌而言，仅搜索引擎业务的Forward PE（远期市盈率）也只有18.4倍（10 375.75/562.69）。

估值谷歌

采用市盈率估值法：谷歌公司2020年净利润达到402.69亿美元，按照过去十年平均市盈率29.89倍来计算，则谷歌估值在12 036亿美元左右。

谷歌值得投资吗

如果只考虑广告业务的正常增长，截至2020年12月31日，扣除现金之后谷歌的市值是10 375.75亿美元，如果以12 036亿美元作为其三年内的合理估值，则三年内的投资回报率约为16%，年回报率约为5%，基本也算是一个合理回报，但谈不上优秀。

不过，考虑到谷歌在人工智能（AI）领域的领先布局，通过AI应用于广告，可提升广告业务的价值；同时收购了HTC的Pixel开发团队，取得了相应专利和技术授权，进入高端智能手机行业；还将Waymo升级为和Google平级的独立子公司，在自动驾驶领域进行发力。如果三年之内，智能手机或者自动驾驶业务能够崛起，则谷歌有机会改变完全依赖广告收入的局面，实现两分天下，或者三足鼎立。到那个时候，谷歌至少可以获得600亿美元以上的利润，给予30倍PE，则估值可以达到1.8万亿美元左右。

接下来投资者需要研究的就是谷歌搜索引擎业务的"护城河"。

这也解释了为什么人们在华尔街担心YouTube面临广告客户严重流失危机时，还敢买入这个公司的股票。

目前全球有4家主要的搜索引擎公司，谷歌可以说是一家独大。另外三家加一起也就占到了全球市场份额的18%，谷歌一家拿走了80%。

在2011年，美国人人均在手机上花费的时间是46分钟，在电脑上是2小时30分钟，在电视上是4小时34分钟。

到2017年，美国人人均在手机上花费的时间是3小时18分钟，在电脑上是2小时10分钟，在电视上是3小时58分钟，越来越多的人将越来越多的时间花费在手机上。

到了2019年，美国成年人平均花3小时43分钟使用移动设备，比电视（3小时35分）更长。其中智能手机占2小时55分，比2018年增加9分钟。

而谷歌牢牢地抓住了移动端（手机）上的搜索引擎。

在互联网出现之前，地球上从来没有出现过任何一家垄断全球的企业。

大多数情况下，企业都只能在少数几个区域实现垄断。只有极少数企业能脱颖而出，形成全国垄断，或者多个国家垄断，但是全球垄断是从来没有出现的事情。

原因也极其简单，因为不同地区的消费习惯不同，大多数情况下只有本地企业才能更好地服务本地客户。

但是互联网的出现改变了这一个格局。谷歌、脸书本质上都是在全球获得规模优势，同时在全球进行垄断。亚马逊则垄断了全球最大消费国家的电子商务。

因此，目前来看，谷歌的股价可能还比较便宜。

投资风险

谷歌的收入来源单一，90%依靠广告收入，而这一市场面临如下挑战：广告业务移动化、Facebook激烈竞争。如果谷歌不能有效地应对，会导致盈利能力下降，从而影响公司估值。

在新布局的人工智能、自动驾驶和手机硬件等领域，谷歌面临亚马逊、苹果等实力强劲的对手，究竟鹿死谁手还不好说。

谷歌投资了大量的新产品、新技术，比如Calico，研究生物科技，这些投资会消耗大量的现金，而短期内难以看到收益，一旦谷歌现金流创造能力下降，这些业务又迟迟没有起色，将会影响公司价值。

推荐阅读

新经济公司的高估值问题探讨
——基于资本化与费用化的视角

投资者常用市盈率倍数来评估公司价值是否被高估或低估。截至2020年12月31日，亚马逊的市盈率是106倍，因此很多人认为亚马逊被高估了。

图10-1是亚马逊2011—2020年平均市盈率情况。

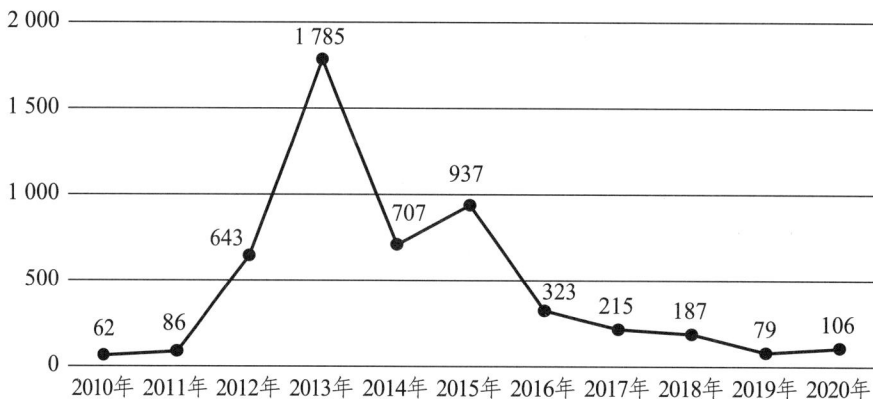

图10-1　亚马逊2011—2020年平均市盈率

数据来源：万得资讯。

图10-2显示了标普500指数2011—2021年的市盈率。

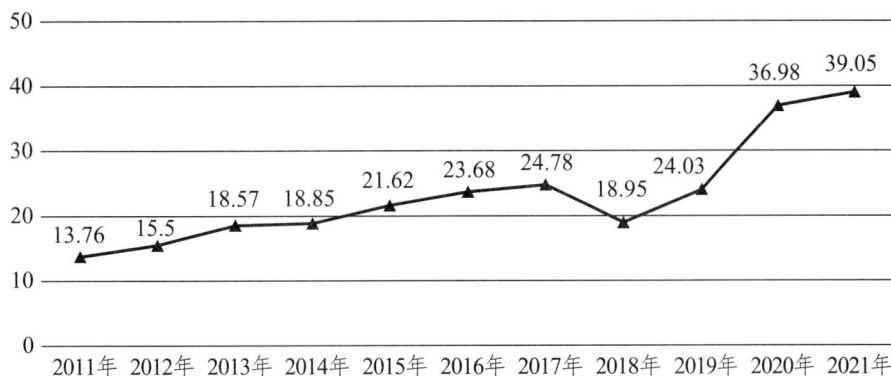

图10-2　标普500指数历史市盈率

数据来源：万得资讯。

那么，高估的相对参照是什么呢？

标普500指数的市盈率长期在13.76～39.05倍波动，相对于标普500指数市盈率的波动区间，亚马逊106倍的市盈率被认为是高估的。

那么新经济公司的价值是否真正被高估了呢？基于市盈率的公司估值分析方法还需要结合行业特点与编制财务报表及进行会计处理所依据的会计准则进行分析。考虑到新经济公司普遍存在巨额的研发费用投入，以及相关会计准则对于巨额研发费用的会计处理要求，以亚马逊为代表的新经济公司的真实盈利能力都远大于财务报表上的数字，这就导致其真实市盈率估值倍数其实是不准确的。

图10-3是代表性新经济公司投资于未来的研发费用的排行榜（2019—2020年的数据）。在这个榜单上常年排第一的就是亚马逊。

这些研发费用并不是企业必须投的。亚马逊、谷歌等公司的主营业务极其成熟，在如今科技巨头的研发费用中，占大头的已经不是现有产品的研发和改善费用，而是对人类生产生活具有深远变革意义的产品或者服务的研发费，这些高额投入也将对公司的业务发展产生重大影响。从亚马逊的历史来看，亚马逊对于研发费用的投资花得相当值。也正是因为贝索斯有这种"敢于花钱"的精神，亚马逊才能有全球领先的云计算业务。2020年财报显示，亚马逊前几年在云计算上的投资已经开始产生回报，云计算已成为亚马逊的又一利润"发动机"。

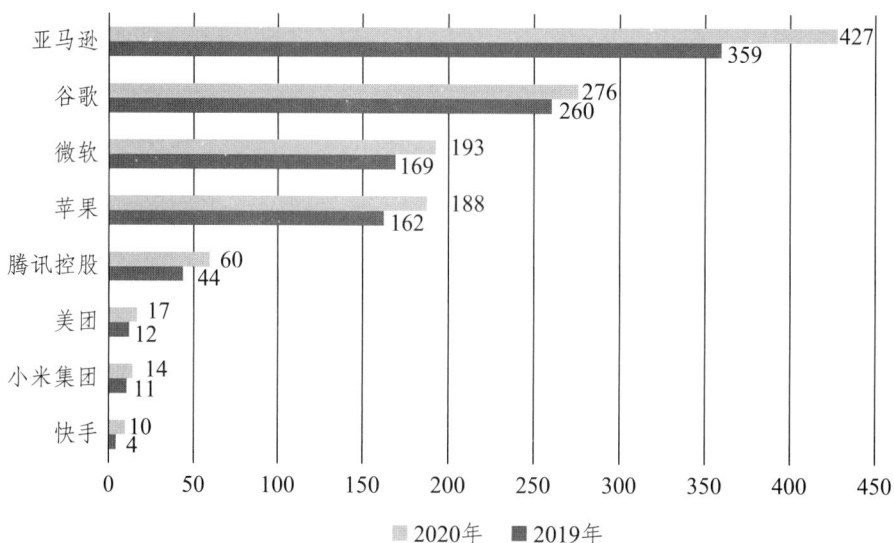

图 10-3 代表性新经济公司研发费用排名

数据来源：万得资讯。

所有的美国公司的财务报表必须根据美国一般公认会计准则（US Generally Accepted Accounting Principles，US GAAP）的要求来编制，这些可以产生经济收益的投资于未来的研发费用全部必须费用化，这样就低估了企业当期的利润，因此财报里的数字是不能反映亚马逊当期盈利能力的。

表 10-2 是把苹果、亚马逊等代表性新经济公司研发费用资本化之后得出的调整后的 PE。由表 10-2 可知，如果将净利润基数较低的美团公司及净利润为负的快手公司剔除，研发费用支出越多的公司，其调整后 PE 下降幅度越明显，调整后 PE 介于 15.8～29.2 倍的合理区间。总体上，采用 US GAAP 的新经济公司调整后 PE 的下降幅度高于采用国际财务报告准则（International Financial Reporting Standards，IFRS）的新经济公司。

资本化与费用化的迷思

从经济学的角度看，资产是未来一段时间内可以带来现金流的东西，负债则是未来一段时间内会导致现金流流出的东西。因此，对于一项投资或者支出，如果投资或者支出的对象可以带来未来现金流，则计入资产；如果投资或者支出的对象未来将带来现金的流出，则计入费用。因此，会计上就有了资本化与费用化的问题。

互联网公司估值

表 10-2　代表性新经济公司 PE 变化对照表

金额单位：亿美元

公司	总市值	净利润	货币资金	研发费用	调整后净利润	调整前 PE	调整后 PE	利润变化幅度	调整后 PE 下降幅度	会计准则
苹果	21 335.1	574.1	380.2	187.5	761.6	37.2	27.5	32.7%	26.0%	US GAAP
微软	18 662.5	442.8	135.8	192.7	635.5	41.8	29.2	43.5%	30.3%	US GAAP
亚马逊	16 677.4	213.3	421.2	427.4	640.7	76.2	25.4	200.4%	66.7%	US GAAP
谷歌	15 613.0	402.7	264.7	275.7	678.4	38.1	22.6	68.5%	40.6%	US GAAP
脸书	9 065.8	291.5	175.8	184.5	475.9	30.5	18.7	63.3%	38.8%	US GAAP
腾讯控股	7 545.4	245.0	234.2	59.7	304.7	29.8	24.0	24.4%	19.6%	IFRS
美团	2 246.1	7.2	26.2	16.7	23.9	307.6	92.8	231.3%	69.8%	IFRS
小米集团	802.0	31.2	83.9	14.2	45.4	23.0	15.8	45.5%	31.3%	IFRS
快手	1 376.8	−178.8	31.3	10.0	−168.7	−7.5	−8.0	−5.6%	−5.9%	IFRS

数据来源：万得资讯。
说明：截至 2021 年 5 月 6 日。

例如，亚马逊某项研发费用为1亿美元，这1亿美元其实有且只有两个去处。

去处1：资本化。

如果花掉的1亿美元未来能产生现金流，产生经济收益，那么这1亿美元的花费就计为资产，因为这完美地符合了资产的定义。

如果亚马逊花1亿美元买了一个实验室，这个实验室每年能带来3 000万美元的专利费收入，那么亚马逊在财报里把这1亿美元的开支计入资产。

在计作资产之后，亚马逊需要对这项资产预估折旧。假设这个实验室存续10年，采用直线法进行折旧的前提下，折旧费平均每年就是1 000万美元。

因此，在资本化下，亚马逊的资产上升1亿美元，同期的利润表里折旧费用增加1 000万美元。

去处2：费用化。

如果花掉这1亿美元后，在未来不能产生任何现金流或经济收益，那么这1亿美元的花费实际上就计作费用。

例如，这1亿美元是亚马逊支付给员工的工资。这些支付的工资不会在未来产生任何经济收益，所以这笔开支就应该计作当期的费用。在资本化下，当期的折旧费用增加1 000万美元。在费用化下，当期的费用增加了1亿美元，因此资产化下的利润比费用化下的利润高9 000万美元。

可见，费用化会导致当期的利润变低，资本化会导致当期的利润变高。

如果因为会计准则的原因，原本应该资本化的开支只能费用化，就会导致财报上显示的利润比真实利润要低。

实际上，美国的新经济公司就受限于这样的会计制度。

US GAAP与IFRS对研发费用处理的差异

1. IFRS

IFRS将研发活动分为研究阶段和开发阶段，不同阶段的会计处理截然不同。

研究阶段的会计处理为：企业内部研究开发项目研究阶段的支出，应当于发生时计入当期损益（费用化）。费用是要记入利润表的，会影响利润和税收。

开发阶段的会计处理为：开发阶段不符合资本化条件的继续费用化，符合资本化条件的要予以资本化。资本化以后每期要计提折旧和摊销。资本化的条件是"能用、能卖、能计量"。

2. US GAAP

根据US GAAP，除了软件的研发费用外，如果自用，在开发完成后允许资本化；如果用于销售目的，只有在实现技术可行性之后才允许资本化，其他所有的研发支出（Research and Development，R&D）都只能费用化，不可以资本化。即使这些研发支出未来可以给公司带来经济收益，也只能费用化。

配比原则与谨慎性原则

1. 配比原则

IFRS将研发开支区分研究阶段与开发阶段进行费用化与资本化的处理，源于会计要素确认的配比原则的要求。配比原则的依据是受益原则，即谁受益，费用归谁负担。受益原则遵从收入与支出之间的因果关系。

研究阶段进行费用化处理的依据是：研究阶段是探索性的，为进一步开发活动进行资料及相关方面的准备，已进行的研究活动将来是否会转入开发、开发后是否会形成无形资产等均具有较大的不确定性，研究阶段的费用支出与之后的研究成果产生的效益无必然的因果关系。

开发阶段进行资本化处理的依据是：开发阶段应当是已完成研究阶段的工作，在很大程度上具备了形成一项新产品或新技术的基本条件。资本化的目的是做到收入成本配比，因为研发成果的效益会延续到以后的年度。

2. 谨慎性原则

US GAAP认为研发支出与开发支出都只能费用化，是出于"谨慎性"原则的考虑。

谨慎性原则是指合理核算可能发生的损失和费用，不得多计资产或收益，少计负债或费用。某些经济业务有几种不同会计处理方法和程序可供选择时，在不影响合理选择的前提下，应当尽可能选用对所有者权益产生影响最小的方法和程序，合理核算可能发生的损失和费用，即所谓"宁可预计可能的损失，不可预计可能的收益"。

讨论与思考

IFRS要求分阶段进行费用化与资本化，即研究阶段所有支出费用化，开发阶段的支出允许资本化。IFRS采取这种处理方式，理由有二：其一，为了区别"成功"和"失败"的研发项目，即能够进入发展阶段的项目，理论上都是非常接近成功、有很大可能产生未来收益的项目，其处理方式应当与失败的项目有所区别，让报表阅读者能通过财报进行区分；其二，正是由于这些成功的项目未来能产生收益，因此其满足了IFRS对"资产"的定义，即预期未来能为企业产生经济利益。国际会计准则第38号（IAS38）指出了资产判定三要素为："资源（resource）""可控（controlled by the entity）""产生未来利益（future economic benefits）"。

然而US GAAP认为，IFRS分研究阶段与开发阶段进行费用化与资本化也存在很大问题。

第一，分研究阶段与开发阶段无法做到完全配比。在研究阶段的研究支出将被费用化处理，在成功研发后的开发支出则要进行资本化处理形成无形资产，如果这些无形资产最终能带来经济利益，那么为了完全配比，前期已经费用化的研究支出是否要转回进行资本化处理？

第二，研究阶段与开发阶段的判断非常主观，容易滋生造假。另外，研发费用的有效性、可积累性和摊销年限也都基于主观判断，容易出现漏洞。这些主观判断有可能被滥用于利润调节及避税。

第三，分阶段处理研发支出给投资者使用会计报表信息带来了交易噪声。资本化标准存在太多的主观判断，会导致企业的财务报表之间失去可比性。针对IAS38的问题，2011年，澳大利亚和德国的两位学者研究了德国市场上超过150家上市公司，他们的结论是：IFRS这种分段式处理研发支出的规定，给市场上的投资者带来了噪音，无助于消弭信息不对称的问题，并且会导致对业绩预测的差错增大。相反，为了解决这种不可比性，投资者不得不自发对财务报表进行调节，或者是模拟全部费用化，或者是模拟全部资本化，然后再作为投资的参考依据。

结论与建议

1.列报与专项披露

财务报表对于列报有两项基本要求：重要性和项目列报。企业在进行重要性判断时，应当根据所处环境，从项目的性质和金额大小两方面予以判断。

考虑到研发费用对于新经济公司的重要性，站在投资决策的立场去考察盈利情况，无论费用化还是资本化，研发投入都可以、也更适合作为一个重点考察点予以单独评价，并不一定需要放在报表里讨论，即理应进行单独列报。

2. 坚持决策有用观下的谨慎性原则

会计谨慎性原则是企业会计核算中的一项重要原则，运用广泛，可防止抬高资产和收益，压低负债和费用，并起到预警风险和化解风险的作用。但滥用谨慎性原则可能与某些重要的质量特征产生冲突，如公允表述、中立性和一致性等。财务报告中的稳健性不应该蓄意地、一贯性地低估净资产和利润。坚持谨慎性原则又不滥用谨慎性原则，从经济实质和技术创新程度进行资本化或费用化的判断，保证会计信息的客观性。例如，予以资本化的研发费用必须是有革新性、可累积和能换取日后高额利润的研发支出，而非渐进性和整合性的开支。

3. 提高会计人员职业水平和判断能力

提高会计人员职业水平和判断能力可以从以下两方面入手：第一，加强会计专业职业道德教育，会计人员具有良好的职业道德才会有求真意识；第二，会计人员应不断更新专业知识，加强后续教育。经济环境的不断变化及技术的进步必然导致会计领域的不断拓宽、会计理论的不断完善和会计方法的不断更新，这些都要求会计人员不断吸收新知识来解决问题。

| Chapter 11

云计算行业的公司估值

引导案例

扭转乾坤的微软

截至2020年7月9日，微软（MSFT）股价报收于214.32美元，再创历史新高，市值突破1.6万亿美元。从市值角度看，微软成为继苹果之后第二家市值破万亿美元的企业。年内股价表现上，微软股价涨幅也跑赢了苹果，年内股价上涨36%，超过苹果的31.3%。

印度人萨蒂亚·纳德拉2014年接手公司后不仅砍掉了并不适合微软且背负巨大负担的业务，而且大笔押注具有较大增长潜能的云业务。调低Windows部门预算，缩减微软智能手机业务，裁撤了前CEO鲍尔默以72亿美元收购的诺基亚手机业务，2016年以3.5亿美元将功能机业务出售给富士康子公司。

公司从低谷反转的关键在于大笔押注云业务，主打产品Azure的高增速提振了投资者信心，市场占有率不断提升，从2017年的13.5%上升到2019年的16.9%，全年增幅达64.55%，增长71亿美元。"微软股东资本投资顾问公司"首席经济学家哈尔·艾丁斯表示："云计算是他们增长的关键驱动力，他们似乎在亚马逊云计算部门背后画了一个巨大的靶心。"科技市场研究公司Forrester的分析师克里斯·沃斯（Chris Voce）表示，作为一个和亚马逊差异化竞争的举措，微软把企业客户在自家数据中心运行的传统软件与微软云计算部门产品结合起来，这一策略帮助推动了该公司的业绩。

沃斯表示："它的混合云计算战略与企业产生了共鸣，这是一种更加现实和灵活的方法。"

2018—2019年全球云计算市场份额如表11-1所示。

表 11-1　2018—2019 年全球云计算市场份额　　　　　　　　　单位：亿美元

云计算提供商	2019 年营收	2019 年市场份额	2018 年营收	2018 年市场份额	年化增长
AWS	346	32.30%	254	32.70%	36.22%
Microsoft Azure	181	16.90%	110	14.20%	64.55%
Google Cloud	62	5.80%	33	4.20%	87.88%
Alibaba Cloud	52	4.90%	32	4.10%	62.50%
Others	430	40.10%	349	44.80%	23.21%
Total	1 071	100.00%	778	100.00%	37.66%

在云计算服务中，企业或者政府客户将他们的计算工作转移到微软管理的数据中心。这些客户再也不用像过去那样，花费巨资购买服务器、商用软件、租赁电信带宽建设自己的联网机房，企业IT应用的成本大幅降低，只需要支付包月包年会员费。

微软此前的传统office产品全面云化，带来的用户和收入可观，目前拥有超过2.14亿位支付99美元年费的付费用户。2019年云端业务为微软创造了181亿美元的营收，比谷歌云端服务营收更高。

此外，微软与此前的竞争对手甲骨文公司达成合作关系，企业能够无缝地将Azure服务与Oracle云服务连接起来，共同为用户提供高度优化的云体验。有分析指出，两者的合作目标是共同争夺云计算市场的大企业用户，联合起来对抗云计算龙头亚马逊旗下的云计算业务。

全面押注云服务的微软凭业绩获得了市场认可，那么对于云计算业务该如何进行估值呢？

云计算公司的商业模式

云平台一般会提供三种云服务：IaaS、PaaS、SaaS。

IaaS是Infrastructure-as-a-Service的缩写，意为"基础设施即服务"。提供给消费者的服务是对所有计算基础设施的利用，包括处理CPU、内存、存储、网络和其他基本的计算资源，用户能够部署和运行任意软件，包括操作系统和应用程序。消费者不需要管理或控制任何云计算基础设施，但能控制操作系统的选择、存储空间、部署的应用，也有可能获得有限制的网络组件（例如路由器、防火墙、负载均衡器等）的控制。

PaaS是Platform-as-a-Service的缩写，意为"平台即服务"。云计算的供应商提供给消费者的服务是为客户提供开发语言和工具（例如Java、python、.Net等），或将客户开发的或收购的应用程序部署到供应商的云计算基础设施上去。客户不需要管理或控制底层的云基础设施，包括网络、服务器、操作系统、存储等，但客户能控制部署的应用程序，也可能控制运行应用程序的托管环境配置。

SaaS是Software-as-a-Service的缩写，意为"软件即服务"，即通过网络提供软件服务。SaaS平台供应商将应用软件统一部署在自己的服务器上，客户可以根据工作实际需求，通过互联网向厂商定购所需的应用软件服务，按定购的服务多少和时间长短向厂商支付费用，并通过互联网获得Saas平台供应商提供的服务。消费者不需要管理或控制任何云计算基础设施，包括网络、服务器、操作系统、存储等。

这三者有什么区别呢？设想你是一个餐饮业者，打算做披萨生意。你可以从头到尾自己生产披萨，但是这样比较麻烦，需要准备的东西多，因此你决定外包一部分工作，采用他人的服务。你有如下三个方案。

方案一：Iaas

他人提供厨房、炉子、煤气，你使用这些基础设施来烤你的披萨。

方案二：PaaS

除了方案一的基础设施，他人还提供披萨饼皮。你只要把自己的配料洒在饼皮上，让他帮你烤出来就行了。也就是说，你要做的就是设计披萨的味道（海鲜披萨或者鸡肉披萨），他人提供平台服务，让你实现自己的设计。

方案三：SaaS

他人直接做好了披萨，不需要你介入，到手的就是一个成品。你要做的就是把它卖出去，最多再包装一下，印上你自己的Logo。

三种方案总结如图11-1所示。

New Pizza as a Service

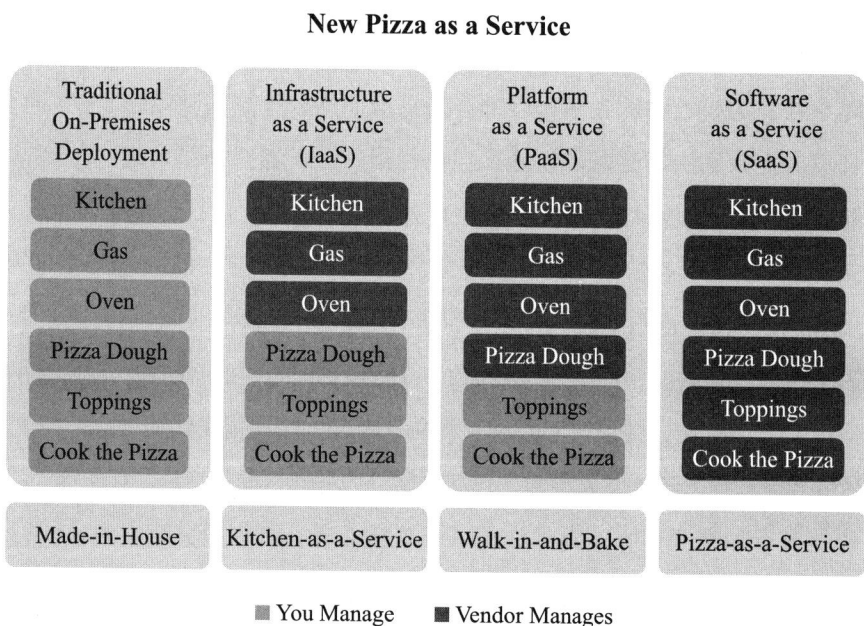

Traditional On-Premises Deployment	Infrastructure as a Service (IaaS)	Platform as a Service (PaaS)	Software as a Service (SaaS)
Kitchen	Kitchen	Kitchen	Kitchen
Gas	Gas	Gas	Gas
Oven	Oven	Oven	Oven
Pizza Dough	Pizza Dough	Pizza Dough	Pizza Dough
Toppings	Toppings	Toppings	Toppings
Cook the Pizza	Cook the Pizza	Cook the Pizza	Cook the Pizza
Made-in-House	Kitchen-as-a-Service	Walk-in-and-Bake	Pizza-as-a-Service

■ You Manage   ■ Vendor Manages

图11-1　各种匹萨制作方案比较

从左到右，自己承担的工作量（上图中的浅灰色部分）越来越少，IaaS＞PaaS＞SaaS。对应软件开发，则如图11-2所示。

Infrastructure (as a Service)	Platform (as a Service)	Software (as a Service)
Applications	Applications	Applications
Runtimes	Runtimes	Runtimes
Security & Integration	Security & Integration	Security & Integration
Databases	Databases	Databases
Servers	Servers	Servers
Virtualization	Virtualization	Virtualization
Server HW	Server HW	Server HW
Storage	Storage	Storage
Networking	Networking	Networking

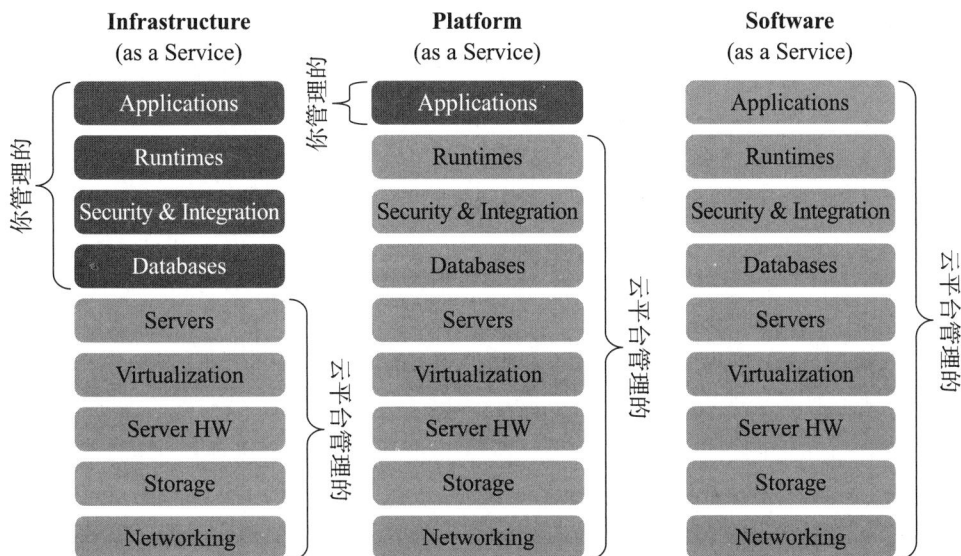

图 11-2　各类型云计算软件开发内容比较

　　IaaS 是云服务的最底层，主要提供一些基础资源。PaaS 提供软件部署平台（Runtime），抽象掉了硬件和操作系统细节，可以无缝地扩展（scaling）。开发者只需要关注自己的业务逻辑，不需要关注底层。SaaS 是软件的开发、管理、部署都交给第三方，不需要关心技术问题，可以拿来即用。

云计算公司的估值

　　云计算企业按照所有资产情况可分为重资产的 IaaS 以及轻资产的 PaaS、SaaS 两大类，两类企业适用的估值方法稍有不同。绝对估值法虽然相较于相对估值法更有逻辑性，但所需数据较多，主观假设的因素对最终结果影响较大。同时绝对估值法不能及时反映市场的变化，对短期交易的指导意义很小，因此相对估值法是较适合云计算企业的估值方法。

重资产云计算企业

　　重资产云计算企业主要是以 IaaS 为业务主体的企业。重资产云计算企业前期基础设施投入所产生的大量折旧以及成长期的研发等费用可能导致公司净利润与现金流为负，对盈利有要求的PE、PEG估值方法以及要求自由现金流为正的PCF估值方法不适用，常用估值方法为PB、PS与EV/EBITDA估值法。

IaaS企业需要拥有完备的IT基础设施，往往通过巨大的数据中心来实现，也需要巨额的前期成本投入，比如购入土地，修建数据中心，购买电力、空调、网络带宽、监控、网络设备、服务器、机房设备和线缆、存储设备和相关管理软件等。此外金融、政务、医疗等行业客户对于网络时延有较高的要求，IaaS企业要想提高竞争力就必须扩大规模，实现数据中心的全球布局。这些会产生很大的固定资产支出和折旧，同时购买厂房、设备的投资活动也会造成巨大的现金流变动。因此对于重资产的IaaS企业而言，要求企业能够盈利的PE、PEG估值方法以及要求自由现金流为正的PCF估值方法并不适用。IaaS企业有较大的固定资产支出和折旧。企业价值倍数EV/EBITDA排除了折旧摊销、税率和资本结构的影响，适用于资本密集型、折旧摊销费用占比较大的企业；另外市净率模型（PB）与市销率模型（PS）也适用于固定资产较大的企业，因此市场上常用PB、PS、EV/EBITDA方法来对IaaS企业进行估值。

轻资产云计算企业

通常用市销率（PS）估值方法对轻资产云计算企业进行估值。以SaaS企业为例，初期SaaS企业往往会通过提供免费的产品服务来抢占市场，因此其净利润较少，甚至出现负值。因此对企业盈利能力有要求的PE、PEG估值方法不适用，这从市场给予较高估值的SaaS企业通常盈利少或者不盈利可以得到验证。由于以上原因SaaS企业会面临业务快速扩张但在一定时期内盈利能力偏弱的情况，其营收往往先于盈利能力释放，PaaS企业也与SaaS企业类似，因此市场上通常用市销率模型来对轻资产云计算企业进行估值。

SaaS服务根据所服务客户的范围划分为两类：一是通用型SaaS；二是行业垂直型SaaS。

对于通用型SaaS企业，我们选取Salesforce，因为Salesforce是世界上第一家严格意义上的企业级 SaaS 企业，同时也是一家纯正的云计算业务公司，能够排除其他业务对估值的影响。Salesforce PS 值整体呈上升趋势，但相对稳定，其 PS TTM（Trailinmg Twelve Months）值于 2016 年 12 月 31 日达到最小值 6.03，最新收盘价（2020 年 7 月 13 日）的 PS TTM 为历史最高值 9.83。

综上，重资产云计算以 IaaS 为代表，通常用 PB 和 EV/EBITDA 估值；轻资产云计算企业则分为 SaaS 企业（包括通用型 SaaS 企业和垂直型 SaaS 企业）与 PaaS 企业，通常用 PS 估值。

案例讨论

Salesforce 的商业模式与公司估值

Salesforce 成立于 1999 年，公司成立之初就以 "no software" 为口号开展业务，目前公司是全球客户关系管理系统（Customer Relationship Management，CRM）SaaS 领域最大的企业，2018 年市场份额为 19.5%，大幅高于第二名 Sap（8.3%）、第三名 Oracle（5.5%）。2019 财年公司实现营收 133 亿美元，市值超过 1 500 亿美元。从营收结构上来看，公司绝大部分收入来自 SaaS；从市场地位来看，公司是 SaaS 领域绝对的龙头，通过分析 Salesforce 的商业模式与估值能较好地反映出 SaaS 公司的估值方法。

Salesforce 的商业模式

SaaS 的收费特点是按月或者按年收费，产品的月费或者年费大幅低于软件产品的销售费用。因此在早期 SaaS 公司客户产生的收入远不能覆盖其销售、研发成本，造成公司亏损。以 Salesforce 为例，其研发费用率和销售费用率一直处于较高水平，研发费用率稳定在 15% 左右，销售费用率稳定在 50% 左右。

针对早期的 SaaS 公司，主要关注其是否具备可持续发展能力。衡量公司是否具备可持续发展能力，主要追踪两大指标：（1）客户生命周期价值（Lifetime Value，LTV）/获客成本（Customer Acquisition Cost，CAC）若大于3，可保证公司在SaaS模式下实现盈利；（2）收回获客成本的时间小于12个月，保证公司在较快时间内可以盈利。

Salesforce2015—2019年的财务指标摘要供参考（如表11-2所示）。

表 11-2　Salesforce 财务指标摘要　　　　　　　　　　　　　　单位：亿美元

	2015 年	2016 年	2017 年	2018 年	2019 年
利润表摘要					
营业总收入	66.67	83.92	104.80	132.82	170.98
同比（%）	24.07	25.87	24.88	26.02	28.73
营业总支出	65.89	83.28	102.44	127.47	166.35
营业利润	0.78	0.64	2.36	5.35	4.63
同比（%）	153.77	-17.98	267.08	17.84	-13.46
税前利润	0.64	0.25	2.02	9.83	7.06
同比（%）	130.17	-60.51	696.23	134.05	-28.18
净利润	-0.47	1.80	1.27	11.10	1.26
同比（%）	81.95	478.76	-29.03	208.33	-88.65
非经常性损益	0.58	0.14	0.00	5.42	2.61
扣非后净利润	-1.06	1.66	1.27	5.68	-1.35
同比（%）	61.97	256.79	-23.18	66.57	-123.77
研发支出	9.46	12.08	15.53	18.86	27.66
EBIT	1.37	1.14	2.89	11.37	7.06
EBITDA	10.09	11.49	15.38	28.56	37.17
利润表摘要（NON-GAAP）					
净利润（NON-GAAP）	5.07	7.05	9.91	21.33	25.44
稀释每股收益（NON-GAAP）	0.75	1.01	1.35	2.75	2.99
资产负债表摘要					
流动资产	43.47	59.97	92.90	106.83	159.63

	2015 年	2016 年	2017 年	2018 年	2019 年
固定资产					
权益性投资					
资产总计	127.71	175.85	210.10	307.37	551.26
流动负债	56.17	72.58	101.30	112.55	148.45
非流动负债	21.51	28.26	14.88	38.77	63.96
负债总计	77.68	100.85	116.17	151.32	212.41
股东权益	50.03	75.00	93.92	156.05	338.85
归属母公司股东权益	50.03	75.00	93.92	156.05	338.85
现金流量表摘要					
经营活动现金流量	16.13	21.62	27.38	33.98	43.31
投资活动现金流量	−14.88	−26.84	−20.11	−53.08	−29.80
筹资活动现金流量	1.33	9.98	2.21	20.10	1.64
现金净增加额	2.50	4.48	9.37	1.26	14.76
期末现金余额	11.58	16.07	25.43	26.69	41.45
资本支出	5.95	4.64	5.34	5.95	6.43
关键比率					
ROE（%）	−1.06	2.87	1.51	8.88	0.51
ROE（摊薄）（%）	−0.95	2.40	1.36	7.11	0.37
扣非后 ROE（摊薄）（%）	−2.36	2.65	1.51	4.54	−0.55
ROA（%）	−0.40	1.18	0.66	4.29	0.29
ROIC（%）	−0.44	1.30	0.74	4.77	0.32
销售毛利率（%）	75.18	73.38	73.54	74.02	75.23
销售净利率（%）	−0.71	2.14	1.22	8.36	0.74
EBIT Margin（%）	2.05	1.36	2.76	8.56	4.13
EBITDA Margin（%）	15.13	13.69	14.67	21.50	21.74
资产负债率（%）	60.83	57.35	55.30	49.23	38.53
资产周转率（倍）	0.57	0.55	0.54	0.51	0.40
每股指标					

	2015 年	2016 年	2017 年	2018 年	2019 年
EPS（稀释）	−0.07	0.26	0.17	1.43	0.15
EPS（基本）	−0.07	0.26	0.18	1.48	0.15
每股净资产	7.46	10.60	12.87	20.27	37.95
每股经营现金流	2.40	3.06	3.75	4.41	4.85
每股现金净流量	0.37	0.63	1.28	0.16	1.65
P/E（TTM）	−515.41	268.09	9 699.07	161.14	219.71
P/E（LYR）	−172.04	−1 162.00	458.03	911.98	145.68
P/B（MRQ）	9.51	8.10	9.31	7.91	4.86
P/S（TTM）	7.17	6.97	8.29	9.31	10.20
其他					
员工总数（人）	19 000	25 000	29 000	35 000	49 000

数据来源：万得资讯。

但是远期来看，假设公司客户的续约率保持较高水平，公司一旦获客，未来不再产生销售费用，那么该商业模式在稳态下销售费用将大幅下降；此外，在稳态下，客户数量大幅增加使得研发费用率降低。在销售费用率、研发费用率都很低的情况下，收入水平成为SaaS公司最关键的指标。因此PS或者PSG（考虑到收入增速）的估值方法较为适合SaaS公司。

Salesforce公司估值

选取Salesfore、Workday、Servicenow、Hubspot四家纯SaaS公司进行分析比较。总体来看，2015—2019年4家上市公司PS波动区间基本稳定，波动范围在6～18倍，上下限值相差约1～2倍。其中Salesforce在该区间段由于已经步入成熟阶段，波动最为稳定，最近12个月市销率（PS TTM）一直在6～8倍；从2018年以后来看，4家公司PS值基本处于稳定状态，波动范围在8～16倍（见图11-3）。

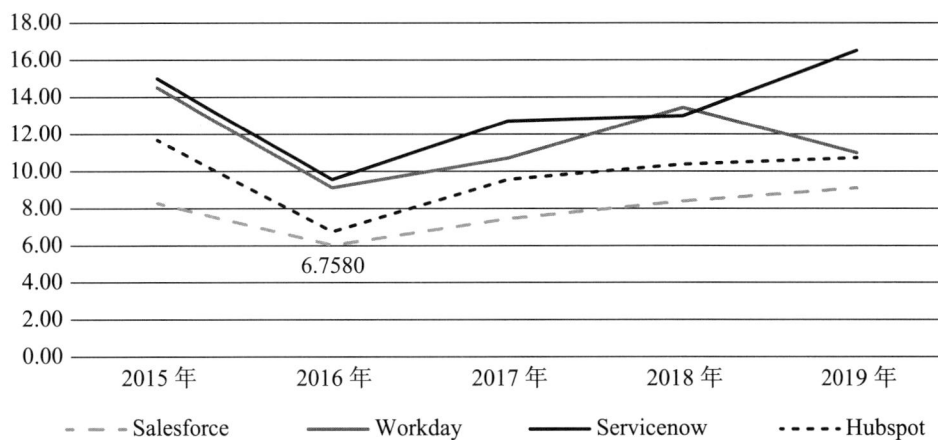

18.00
16.00
14.00
12.00
10.00
8.00
6.00
4.00
2.00
0.00

6.7580

2015 年　　2016 年　　2017 年　　2018 年　　2019 年

- - Salesforce　——— Workday　——— Servicenow　····· Hubspot

图 11-3　可比 SaaS 公司 PS 波动区间

数据来源：万得资讯。

公司的增长速度决定了 PS 值的高低，通过横向对比可见，Salesforce 的 PS 值一直低于其他三家，Workday、Servicenow 与 Hubspot 三家公司在 2015 年与 2016 年末的 PS 值都远超 Salesforce。该现象与公司的营收增速有关，例如，Workday、Servicenow 与 Hubspot 三家公司在 2015 年与 2016 年末的营收都以接近 50% 的速度增长，而 Salesforce 的营收增长率一直保持在 30% 左右，PS 值波动十分稳定。因此 PSG〔即 PS/（营收增长率 ×100）〕方法更加适合 SaaS 公司估值。图 11-4 加入了营收增长速度这一因素，可见 4 家公司的 PSG 值波动更小，波动范围在 0.13 ～ 0.50，上下限值相差仅 3 倍。

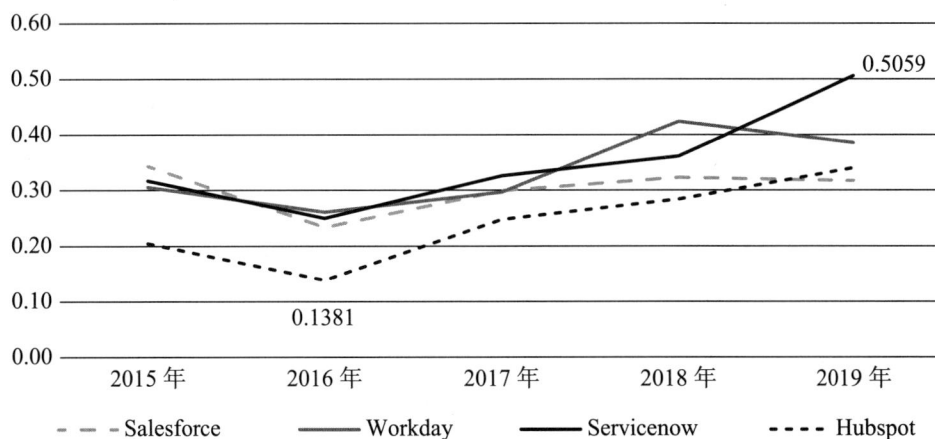

0.60
0.50
0.40
0.30
0.20
0.10
0.00

0.5059

0.1381

2015 年　　2016 年　　2017 年　　2018 年　　2019 年

- - Salesforce　——— Workday　——— Servicenow　····· Hubspot

图 11-4　可比 SaaS 公司 PSG 波动区间

数据来源：万得资讯。

在长期理想状态下，销售费用以及管理费用对SaaS公司整体利润的影响将大幅减少，主要原因为：（1）客户付费方式为按年或者按月付费，公司前期需要花费较高销售费用获客，理想状态下成熟SaaS公司的续费率为90%以上，因此公司一旦获客，未来将不再对同一客户产生额外销售费用；（2）SaaS产品标准化程度较高，随着客户的增加，未来研发费用率将显著下降。

基于此，以4家SaaS公司在稳定增长状态下为例，在不考虑研发费用和销售费用的情况下采用市值/（利润+研发费+销售费）估值法，得出4家公司在2015—2019年的市值/（利润+研发费+销售费）倍数为10～30倍，因此我们认为10倍PS反映了SaaS公司在不考虑研发及销售费用的情况下采用PE估值法的水平。

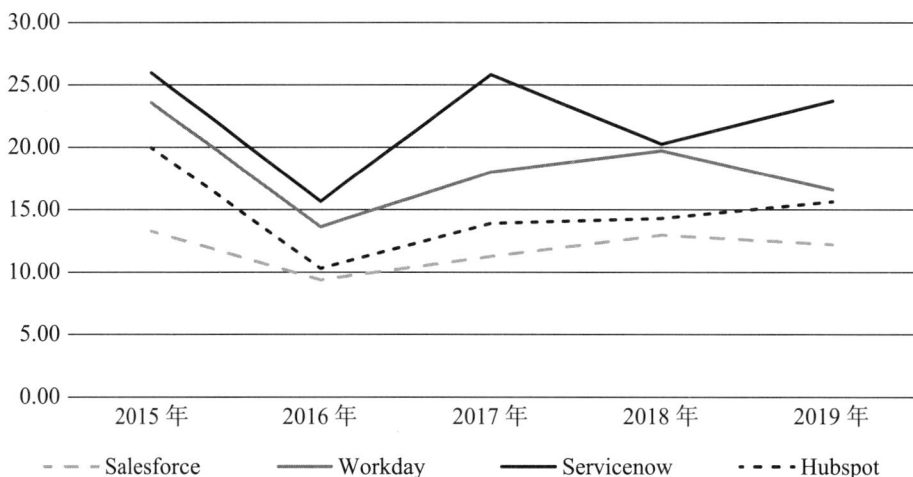

图11-5　可比SaaS公司市值/（利润+研发费+销售费）波动区间

数据来源：万得资讯。

推荐阅读

云计算，亚马逊的新赛道

亚马逊的业务主要分为电商和云计算业务，其中电商业务包括自营、三方服务、会员费以及广告。亚马逊的云计算业务在2020年第一季度和第二季度的营收分别为102.19亿美元和108.08亿美元，连续两个季度超过100亿美元，上半年营收合计210.27亿美元，占到了亚马逊总营收的12.79%。而在2019年第一季度和第二季度，亚马逊云计算业务的营收分别为76.96亿美元和83.81亿美元，2020年两个季度的营收，同比分别增加25.23亿美元和24.27亿美元，增幅明显。

从财报来看，亚马逊云计算业务2020年上半年的营业利润为64.32亿美元，2019年同期为43.43亿美元，同比增加20.89亿美元，同比增长率为48.1%，高于营收的同比增长率。2020年上半年云计算业务部门的营业利润64.32亿美元也占到了亚马逊总营业利润98.32亿美元的44%。

公司两大业务中电商业务是较成熟的业务，采用市场上较为常规的PE估值法即可得出公司电商业务的价值，因此云计算业务的估值就是公司总体估值减去电商业务的估值。

如果采用PE法测算公司电商业务估值，则要测算电商业务的实际盈利能力。已知亚马逊早期主要业务构成只有电商业务，从2015年起，公司才披露云计算业务的营收情况，因此公司早期的利润率水平就代表了公司电商业务的利润率水平。2007—2010年亚马逊的净利润率在3%～4%，2010年以后净利润率开始明显下降，主要源于云计算业务的投入，因此可选取4%为公司当前电商业务的净利润率。

此外，2006—2010年亚马逊的市值基本反映了电商业务的估值（因为云计算业务收入还未起量），2006—2010年，除了2007年，公司的PE基本在50～60倍，对应电商业务的营收增速为20%～30%。2016—2019年公司的电商业务增速仍然保持在20%～30%，略低于2006—2010年，因此按照2016—2019年电商业务50倍PE来计算，给予公司电商业务50倍PE。

综上所述，电商业务对应市值=电商收入×假设电商净利润（4%）×电商市盈率（50倍），因此公司2016—2018年电商业务的市值分别约为2 476亿美元、3 208亿美元、4 145亿美元，对应云计算业务市值分别约为1 088亿美元、2 427亿美元、3 200亿美元。根据2016—2018年云计算业务的收入计算得到，云计算业务2016—2018年的PS值分别为9倍、14倍、12倍，市值/营业利润值为35倍、56倍、44倍。无论是PS还是PE估值法波动都比较稳定，因此对于还未盈利的IaaS公司，可以采用PS估值法，PS值参照亚马逊（50%收入增速的情况下，PS值为10倍左右），根据其收入增速可做调整；对于开始盈利且利润增长较为稳定的IaaS公司，可以采用PE估值法。

网络视频行业的公司估值

奈飞与百视通：一个崛起，一个没落

说到奈飞（Netflix），就不得不提到其对美国百视通（Blockbuster）精彩绝伦的颠覆过程。2000年前后，统治家庭娱乐市场的霸主叫百视通，业务模式是出租录像带。

成立于1997年的奈飞，在2002年上市，上市之初奈飞的用户数大概在70万～80万人，而百视通的用户数有接近2 000万，总用户数有5 000万，二者的差距不是一个数量级，而是两个数量级。

当时媒体的统计数据显示，7成的美国人都能在10分钟车程内找到一家百视通线下连锁店，百视通当时有9 000家实体门店，可以说已经做到极致了。

那么，面对如此强大的竞争对手，奈飞的杀手锏又是什么呢？

第一，不开实体店，只在线上布局，实现轻资产运营。

第二，在DVD时代，直接将DVD碟片邮寄给客户，免去客户上门取件的麻烦。

第三，提供没有滞纳金、没有到期日、免邮费的三免会员服务，每月只要19.95美元。

不过，奈飞的商业模式虽然表面看起来无懈可击，但成长过程中也遇到了最大的困难：缺钱。加上2000年互联网泡沫，奈飞几乎破产。2000年，奈飞亏损高达5 740万美元，不得不向百视通屈服，想着干脆直接以5 000万美元的价格卖给百视通，不过，当时高傲的百视通一口回绝了。

当时代抛弃你时，连一声招呼都不会打。

到2010年，百视通提出了破产申请。而奈飞现在的市值已经超过2 000亿美元！

流媒体的会员制尽管现在非常常见，国内也有如腾讯视频、爱奇艺等巨头在采用，但早在互联网时代真正到来之前，奈飞就开始布局线上了，后来又经历从收购内容到原创内容的重大转型，不得不说奈飞非常具有战略眼光，虽然对百视通的颠覆具有一定的偶然性，但更多的应该是必然。

这一场颠覆媒体和电影行业的主角、互联网公司中的新星奈飞，在华尔街分析师看来，考虑到流媒体行业潜在的巨大增长空间，400多美元的股价似乎还不是它的终点。

这一切，真的如此吗？

核心知识

视频行业的商业模式

在互联网技术和网络设备高度发展的推动下，我国网络视频行业不仅市场规模和用户规模实现了高速的发展，行业的商业模式也开始趋于成熟，新的商业模式也在加速形成。

商业广告

网络视频商业广告是指在网页、PC客户端、移动App（智能手机、平板电脑、OTT TV[1]等）等网络视频服务提供商各个渠道投放的有偿商业广告。目前，其形

---

[1] OTT TV是"Over The Top TV"的缩写，是指基于开放互联网的视频服务，终端可以是电视机、电脑、机顶盒、PAD、智能手机等。意指在网络之上提供服务，强调服务与物理网络的无关性。通过互联网传输视频节目，如将PPS、UUSEE等平台的内容传输到显示屏幕（包括电视机）上。

式主要有各渠道通用的视频播放贴片广告（流媒体视频广告）、信息流广告、暂停广告等。

我国网络视频广告的发展几乎与网络视频的发展同步。2005年4月，土豆网、56网正式上线，成为我国最早的一批网络视频企业。网络视频作为新兴的网络娱乐产业，一方面需要被用户接受和认可，另一方面则需要切实可行的商业模式来弥补当时服务器运营的成本，说服商业资本加入。因此与当时发展比较成熟的互联网广告一拍即合，网络视频广告迅速成为网络视频平台极其重要的商业变现模式。

2010年以后，随着智能手机、平板电脑和互联网电视等硬件设备的出现和普及，网络视频正式迈入了多屏时代，网络视频的用户规模和观看时长迎来了井喷。加之网络视频广告监测和效果评估技术逐步成熟，行业规范标准逐步确立，网络视频广告被越来越多的广告主所认可。在这样的背景下，中国网络视频广告迎来快速的发展，行业市场规模从2012年的66.6亿元，发展到2019年的超500亿元。

值得注意的是，在移动互联网和移动设备高度发展的时代，随时随地观看网络视频成了十分常见的用户行为。网络视频广告也迅速从PC端向移动端转移。移动网络视频广告已经成为网络视频广告的主要形式。

网络视频用户付费

网络视频用户付费，又称作网络视频增值服务，是指用户通过直接的付费行为给企业带来收入。在国内，目前网络视频用户付费主要有包月VIP会员订阅、付费点播两种主要付费模式。

2010年前后，随着中国网络视频版权保护和正版化进程的推进，以及原创网络大电影的试水成功，土豆网、搜狐视频、优酷等众多网络视频平台开始大力推广网络视频用户付费。2012年后，为了提升用户的付费意愿，同时培养稳定的用户付费行为，网络视频平台开始大力推广包月会员的付费模式，为付费会员提供各种增值服务，包括免广告或跳广告，以及其他形式的会员特权。

尽管用户付费模式推进的过程中遭遇过诸多困难，但在网络视频企业的共同努力以及2015年以后网络IP剧、综艺大爆发的影响下，用户付费意愿显著提升。网络视频用户付费市场开始进入高速发展期。

根据中国互联网络信息中心发布的《中国互联网络发展状况统计报告》，截至2020年3月，中国网络视频（含短视频）用户规模达8.5亿。网络视频付费用户规模扩大，内容付费占比逐年提升，已成为各视频平台营收的重要来源。

版权分销

近年来，新的网络视频商业模式不断涌现，版权分销逐步走向成熟。随着行业的不断发展和各平台的大量尝试，新的网络视频商业模式纷纷涌现，如版权运作和分销、硬件研发和销售、视频电商等。其中硬件研发和销售、视频电商还处于初步探索阶段，版权运作和分销商业模式则逐步走向成熟。

版权运作和分销，是指网络视频平台采购了影视作品相应期限内的流媒体独家版权或开发了自制影视内容后，将相关版权分销到其他网络视频平台等其他播出渠道的商业运作模式。近年来，随着网络视频平台和海外影视巨鳄的合作不断加强，以及网剧网综的大规模生产制作，我国版权运作和分销的商业模式逐步走向成熟。

案例讨论

哈斯廷斯与他的奈飞公司
——奈飞公司的商业模式创新

奈飞的发展历程

奈飞公司的发展历程如图12-1所示。

Netflix 发展历程

1997 年起步

开创了全美首家网络租赁录像带的邮购业务

被当年全美拥有 9 000 家录像带门店的百视通（Block buster）斥之为歪门邪道（最后其于 2010 年倒闭）

推出了一个大约 900 个内容的视频库，最长租赁期为 7 天

1999 年

宣布其新的订阅模式

2000 年

遭遇经营困境申请百视通的收购，被断然拒绝

放弃了滞纳金和归还日期，转而采用每月 19.95 美元的订阅计划

2002 年

5 月 22 日 IPO，公司股票最初估价为 15 美元

2003–2006 年

使用 Cinematch 排序算法为将来的观看提供建议

2006 年底，拥有 630 多万用户

2007 年

第一款流媒体产品 "Watch Now" 永久性地改变业务

人们对 DVD 作为一种家庭娱乐形式的兴趣开始减弱

2008 年

与美国有线电视公司 Starz 建立合作关系

Starz 为 Netflix 用户提供了 2 500 多部电影和电视节目的访问权限

在 Mac 平台上推出 Watch Now 之后的一周内停止 DVD 零售销售

2011 年

将其流媒体业务和 DVD 租赁业务拆分为两个不同的订阅包，行动失败

2012 年

Starz 取消了与奈飞的许可协议

与工作室、内容商关系紧张

2013 年

《纸牌层》的横空出世让奈飞的用户量和股价双双起飞

同时发布了该剧第一季的每一集，向观众介绍了 "疯狂观看" 的概念

拥有 4 400 多万用户

2015 年

自制电影《无境之兽》进军电影行业

遭到了美国四大院线的抵制

2016 年

同时在全球 130 个国家上线

2017 年

用户数量超过了美国有线电视用户总数

2019 年

纯线上电影《罗马》夺得 2019 年奥斯卡最佳外语片

2020 年

《爱尔兰人》获得了 2020 年奥斯卡奖的 24 项大奖提名

《爱尔兰人》颗粒无收

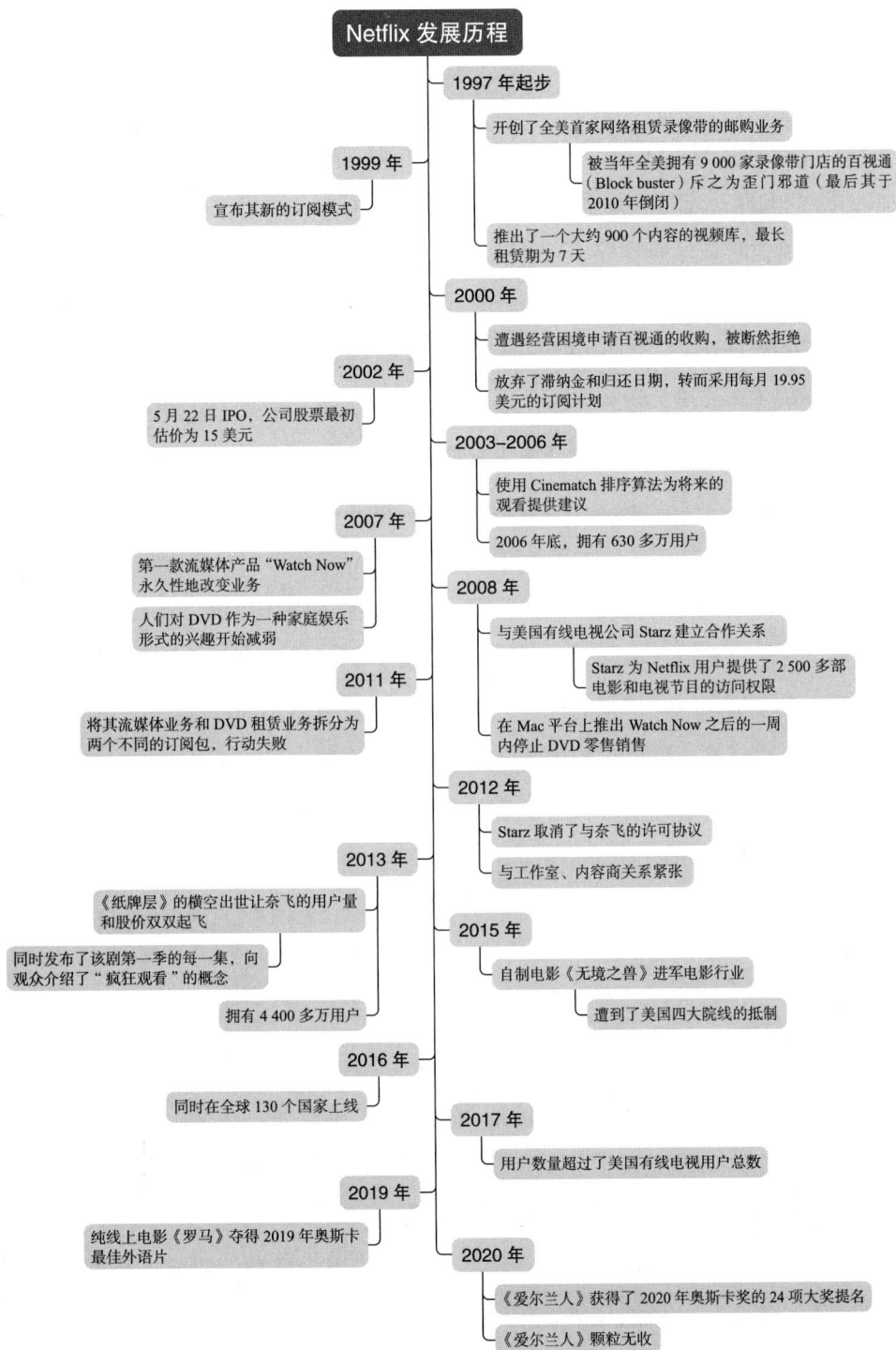

图12-1　Netflix重要事件时间轴

1.一个新时代,一个新模式

"所有电视观众都会在20年内转移到互联网上,传统的电视网络则会和固定电话一样逐渐消亡。"正是因为哈斯廷斯的高瞻远瞩,奈飞从2007年开始筹备转型,花费4 000万美元投资网络流媒体服务。2007年,美国大部分家庭都连接上了宽带网络,哈斯廷斯看准了互联网发展的良好态势,决定将DVD邮递业务升级为网络流媒体服务。最初作为试水,流媒体服务仅作为DVD租赁业务的免费附赠产品。但在DVD租赁日暮西山时,奈飞将线上观影业务单独分离出来,另外收费。原本附赠的业务变成了收费业务,消费者当然不买账,奈飞因此损失了约80万用户。我们现在以上帝视角来看,将主营业务转移到流媒体上,无疑是奈飞公司实现持续盈利的破局点。从2007年到2011年,依靠流媒体服务,奈飞的付费订阅用户增长了1 700万人。一旦奈飞拥有一定数量的终端客户,内容供应商就会加入奈飞提供的平台,陆续到来的供应商又会对更多的潜在用户产生吸引力。对于奈飞而言,用户获取成本会逐渐下降,边际用户因为供应商的增加被吸引,意味着奈飞享受了赢家通吃带来的优势,奈飞对用户的价值不断增长。但任何小土坡一旦横亘在你面前,只要距离够近,都能遮挡掉你的大部分视野,在2007年坚持做流媒体业务需要管理层有长远且坚定的信念。正是因为哈斯廷斯坚信:未来人们一定会摆脱DVD机的束缚,因为互联网会带来更好的用户体验。所以早在家庭宽带普及率只有7%的2000年,奈飞的科技团队就已经在研究如何通过互联网投放影片了。

2.内容为王

传统电视媒体的价值创造链包括四个部分:供应商、网络、分销商和终端用户。奈飞在2013年前一直都是影片的搬运工,扮演着分销商的角色。缺少对原创内容的创造,对于热门影片就只能任凭内容供应商"狮子大开口",对剧集价格缺少话语权、议价能力弱,奈飞所处的地位极为被动。哈斯廷斯思考:如果有一天,迪士尼、华纳兄弟、环球影片等制片巨头联合起来拒绝给奈飞公司播放版权,没有内容的流媒体服务就变成了一具空壳,奈飞面对联合围剿该如何应对呢？所以在流媒体服务如日中天之时，奈飞又做出了一个决定——做影片内容供应商！ 2013年2月，奈飞推出的第一部原创剧集便是砸了一亿美元制作的《纸牌屋》，其全集播出的放送模式，颠覆了传统日播或周播的播出机制，最大限度地满足了用户的观看需求和用户体验，连当时的美国总统奥巴马都是这部剧的观众。2013年第一季度奈飞在美国本土的订阅用户就增长了244万人，收入较上年同期增加18%。《纸牌屋》的横空出世，使得奈飞股价出现了近两年来最大的涨幅。而后，奈飞相继推出《黑镜》《超感猎杀》《爱、死亡和机器人》等"神作"，在2017年推出目前奈飞平台观看人数最多的剧集——《怪奇物语》后，奈飞的全球付费订阅人数达到了1.10亿。奈飞的原创内容多数由第三方公司进行制作，这些公司大多来自美国主要传媒公司之外的独立制作公司，奈飞对其制作过程给予最大程度的自由。优质的原创内容可以吸引更多的订阅用户，而用户的订阅费用支持奈飞不断增加对版权内容与自制剧的投资，促进其订阅用户的增长，形成了良性循环。

3.突出重围，一路向北

每个周末的晚上，流媒体视频公司奈飞在美国家庭互联网流量中所占的比例通常会达到近三分之一，高于YouTube、Hulu、亚马逊等互联网大咖所占流量之和，这背后依靠的是奈飞高质量的原创剧。

作为最早安身立命的根基，奈飞明白，如果全球化发展没有内容做支撑，就像当初没有碟片外租一样绝望，但即使他们拿出天价版权费收购影视作品，也很难满足全球这个庞大市场的需求。因此，哈斯廷斯在思索后给出了最简单却也最难实现的答案：将深耕内容播出方多年的奈飞，打造成"影视出品制作公司"。

对于观众和市场而言，在剧集上收获"奈飞出品，必是精品"的赞誉后，这个以租赁碟片起家的公司，或许已经是最成功的内容生产方了。

资本市场也给出了很热烈的回应，2018年6月，奈飞市值成功超越迪士尼，成为全球最大的媒体公司。

商业模式说奈飞

1.奈飞的核心竞争力："两杆大烟枪"

（1）内容为王。

公司的商业逻辑朴素而纯粹，即"增加优质内容——用户增加或提价——订阅收入提高——增加优质内容"的循环（如图12-2所示）。

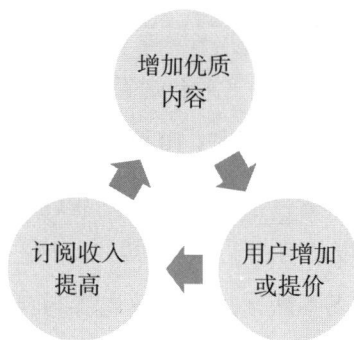

图12-2 奈飞的业务循环

奈飞在播放内容上的投入远远超过竞争对手HBO、Hulu等，而且奈飞极其重视原创的力量，Amazon video的影片数量是奈飞的七倍，但原创内容却远不及奈飞，正是丰富的原创内容库吸引着客户持续订阅并接受提价。

2020年1月13日，第92届奥斯卡提名名单揭晓时，奈飞以24项提名成为奥斯卡提名最多的制片方。凭借着质量惊人的原创作品，相比其他流媒体供应商HBO、Hulu及亚马逊等，奈飞才是不折不扣的王者。

优质的原创内容需要持续的投入，那么，是什么支持奈飞在优质原创内容上不断投资呢？奈飞从2015年用经营活动产生的现金流量净额进行大规模海外扩张和高强度内容投入后，经营净现金流的缺口就毫无收窄的迹象（见图12-3）。既然从日常经营中无法获得现金，那奈飞必然要从资本市场融资。其融资主要来自债权融资，尤其是长期借贷。奈飞的资产负债率近五年来居高不下，作为"轻资产"公司，资产负债率竟也高达80%（见图12-4）。其"借新还旧"的债务模式存在财务风险，所幸目前投资者对奈飞的未来发展预期较为乐观，而且2019年在资本市场上筹集的10亿美元和11亿欧元的优先票据均在2030年才到期。在2019

年年报中奈飞表示，2019年 –33亿美元的自由现金流（FCF）将会是年度自由现金流赤字的顶峰值，预测2020年奈飞的自由现金流会下降到约 –25亿美元，公司将不断改善自由现金流并逐步实现自由现金流正向增长。

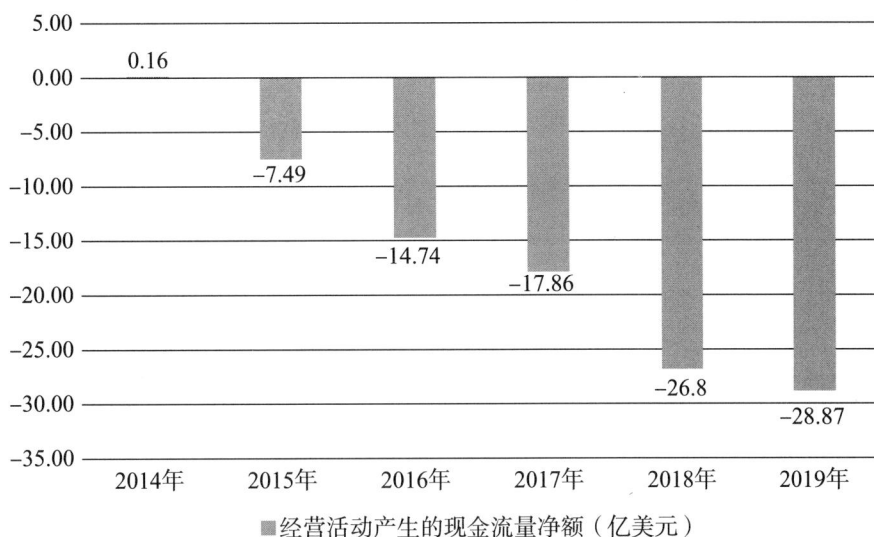

图 12-3　2014—2019年奈飞经营净现金流

数据来源：奈飞历年年报。

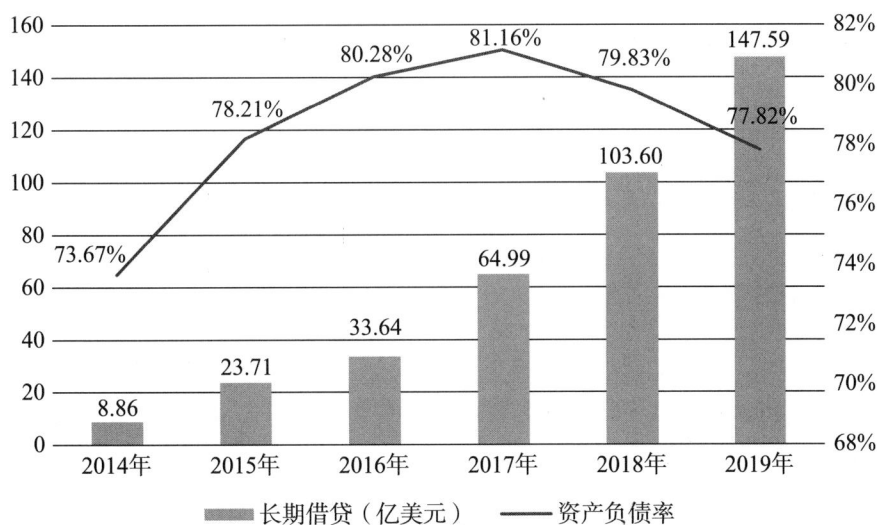

图 12-4　奈飞长期借贷与长期偿债能力

数据来源：奈飞历年年报。

（2）数据驱动。

在满足客户需求方面，奈飞将用户体验做到了极致。用户对每一个视频所做出的举动，例如在什么地方按下了暂停键和快进键，都会成为奈飞数据库里的一个"事件"，久而久之，奈飞就能通过算法分析出，用户是喜欢在傍晚还是凌晨看电影，更喜欢奉俊昊还是希区柯克。算法既能帮助奈飞了解用户偏好和确定未来制作影片的方向，又能帮用户节省时间找感兴趣的影片。通过分析用户观影的口味，记录用户的观看历史和观影评分，将这些评分放入巨大的数据库，再向用户推荐具有相似影片偏好的人评分高的影片，准确的内容推荐不断延长着用户的在线时间。

奈飞对用户数据的重视早在DVD线上租赁时期便有迹可循。线上订阅数据帮助奈飞公司计算出每部影片的最佳订购量以及在各个城市的物流中心该持有的最佳仓储量，降低了采购成本与物流成本。订阅数据还让奈飞注意到了冷门影片这个长尾市场，当时最大的竞争对手Blockbuster营收的70%左右来自新片或热门影片的租借，但新片或热门影片要求的分成较高。奈飞在系统推荐的观看清单中加入冷门电影，按照推荐清单订阅的用户提高了冷门影片的出租率，冷门影片较低的分成要求提高了奈飞的利润水平。2006年，奈飞还悬赏100万美元举办了用户推荐算法比赛，力图在用户推荐算法上精益求精。我们现在津津乐道的头条推送或者抖音推送，似乎是奈飞十几年前玩剩下的。

在内容供给方面，奈飞基于数据分析的优势，在原创内容制作上再次将奋起直追的后来者们甩开几条大街，因为奈飞从来不需要制作团队提供试拍片段，极大地节约了前期成本。面向用户的内容收费模式也决定了奈飞无须讨好广告客户，资金投入最大限度用于内容生产。

奈飞的成功引来竞争对手竞相效仿，但是，它们无法打败奈飞的原因是，无法获得奈飞的核心竞争力——基础算法、匹配算法和市场研究平台，也没有持续优化成本。

奈飞在数据方面的优势来源于其对研发的投入。奈飞研发费用的投入逐年递增，2017年后投入力度加大到了10亿美元以上，占营业收入的比重在8%上下浮动（见图12-5）。

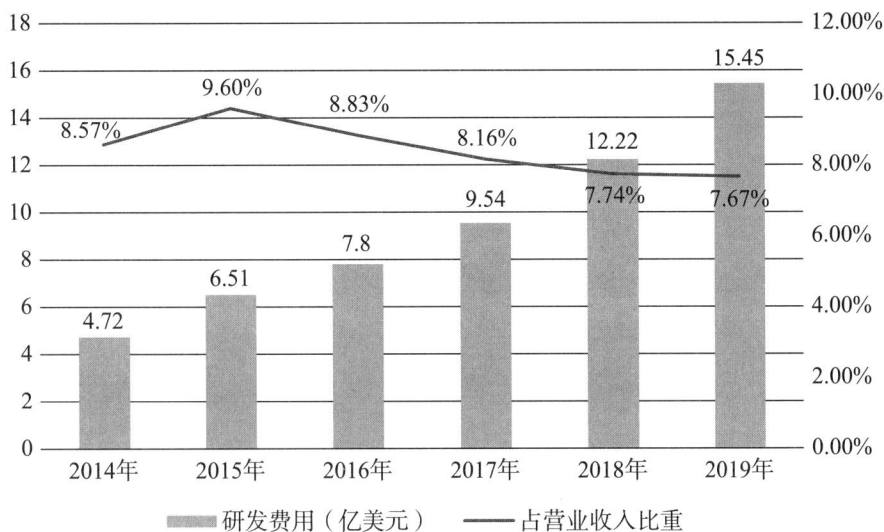

图12-5 2014—2019年奈飞研发费用

数据来源：奈飞历年年报。

2.奈飞的商业逻辑

（1）奈飞的商业逻辑之一：规模效应与边际产出效应。

视频网站早期阶段一定是烧钱的，需要凭借优质独家的内容获取大量用户，取得龙头地位和规模效应。关键的逻辑是：当内容库的丰富程度达到一定阈值以后，内容投入的边际成本增速放缓，来自用户的收入却可以维持更高的增速，公司盈利状况进入了边际改善的拐点。2017年奈飞开始出现拐点，流媒体业务每个付费用户分摊的内容现金支出为80美元，增速降至4.2%，同期付费用户的平均付费值（ARPPU）为102美元，增速上升至9.2%。2018和2019财年的数据进一步验证了上述趋势。

对比利润表中奈飞从网络流媒体服务中得到的收入和现金流量表中在流媒体服务中付出的现金成本，可以观察到，2017年后，流媒体服务收入增速开始超过在内容投入中付出的现金成本增速（见图12-6）。因为规模效应和数字经济下，行业巨头获取用户的边际成本递减存在头部效应，奈飞的经营杠杆开始发挥作用。随着自由现金流状况的改善，奈飞将逐渐摆脱对资本市场的资金依赖，并且将能够通过不断增长的营业利润为更多授权内容采购和原创内容制作提供资金。

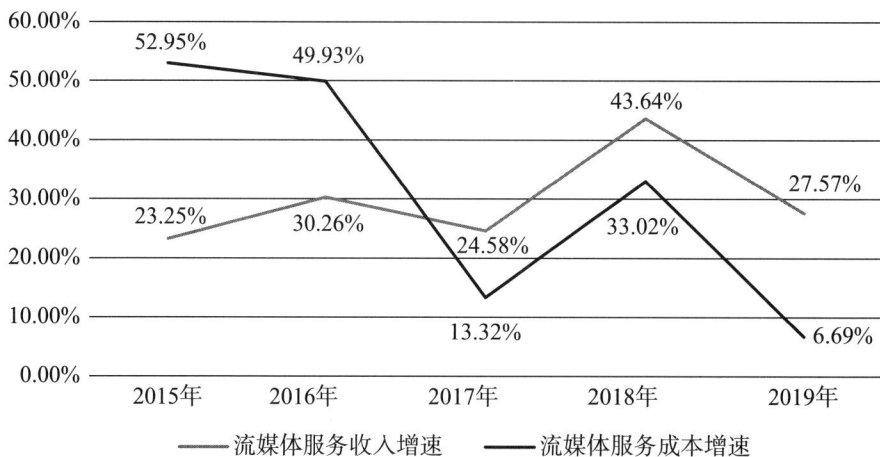

图12-6 奈飞流媒体服务收入成本增速比

数据来源：奈飞历年年报。

（2）奈飞的商业逻辑之二：商业模式在国内已被成功验证，海外正在复制。

目前，北美市场的用户数接近饱和，有分析师认为，奈飞在美国已"完全渗透"收入在中位数以上的家庭。而海外付费订阅用户增速保持着30%的大规模扩张之势，奈飞正在通过制作本土化的优质剧集、与海外电信运营商及付费电视台合作等方式开拓海外市场用户。

奈飞的播放页面没有广告，网络流媒体服务收入来自客户的订阅费用，收入的核心在于用户。在国内订阅用户接近饱和后，开辟海外市场成了后续战略布局和估值评价中的重要一环。奈飞从2020年才开始较为详细地按地区披露用户数据与收入，在此之前，只区分国际和美国本土两个市场，不过管中窥豹，也可见一斑。2019年奈飞分区域用户数据及收入如表12-1所示。

表 12-1　2019 年奈飞分区域用户数据及收入　　　　　　　金额单位：百万美元

	美国和加拿大		欧洲、中东与非洲		拉丁美洲		亚太地区	
	营业收入（$）	付费订阅用户	营业收入（$）	付费订阅用户	营业收入（$）	付费订阅用户	营业收入（$）	付费订阅用户
2018 年第四季度	2 161	64.76	1 097	37.82	567	26.08	277	10.61

	美国和加拿大		欧洲、中东与非洲		拉丁美洲		亚太地区	
	营业收入（$）	付费订阅用户	营业收入（$）	付费订阅用户	营业收入（$）	付费订阅用户	营业收入（$）	付费订阅用户
2019 年第一季度	2 257	66.63	1 233	42.54	630	27.55	320	12.14
2019 年第二季度	2 501	66.5	1 319	44.23	677	27.89	349	12.94
2019 年第三季度	2 621	67.11	1 428	47.36	741	29.38	382	14.49
2019 年第四季度	2 672	67.22	1 563	51.78	746	31.42	418	16.23
年环比增长率	23.65%	3.80%	42.48%	36.91%	31.57%	20.48%	50.90%	52.97%

数据来源：奈飞 2019 年年报。

亚太地区的营业收入和付费订阅用户是增长速度最快的，年环比增长率均超过 50%。欧洲、中东和非洲地区紧跟其后，订阅用户增长率将近 37%。奈飞为获取国际市场上的用户，利用大数据采用"因地制宜"的方针。比如日韩地区有驱鬼辟邪的迷信传统，奈飞便与当地的制作团队合作，推出《李尸朝鲜》迎合市场。欧洲电视付费制较东亚成熟，奈飞便在欧洲付费电视供应商中寻求合作伙伴。但受海外文化、政策等壁垒的影响，奈飞想在国际市场上崭露头角必定要付出更多代价。2019 年，奈飞在国际网络流媒体服务中获得的边际贡献率为 14.83%，相比在美国本土 35.85% 的边际贡献率，其运营效率还有很大的提高空间。奈飞在中国上架，也是遥遥无期的一件事。尽管早在 2015 年，奈飞就希望能以独立流媒体服务平台的身份进入中国。但由于国内电影、电视剧并不是分级制，而是审查制，曾与爱奇艺就指定剧集签订的双平台同步放映协议也因未通过广电总局批准而草草结束。在国际流媒体服务上，奈飞还有很长的路要走。

（3）奈飞的商业逻辑之三：巨大的成长空间。

全球流媒体行业市场空间仍足够大，用户增长暂时看不到"天花板"（海外用户目前仍保持 40% 的同比增速），奈飞仍是行业绝对龙头（最近两三年平均每年会员费提价 10% 左右）。

启　示

《纸牌屋》里有一个拷问灵魂的问题："为何世界瞬息万变，你却总能走在前面？"奈飞的成功离不开掌门人哈斯廷斯对于互联网流媒体行业及商业的理解，也离不开美国知识产权保护的制度环境和发达的资本市场对于初创互联网公司的融资支持。

奈飞成功的背后是巨大的用户基础及强大的用户黏性。一方面，用对优质原创剧集的巨额投入来吸引客户；另一方面，利用大数据将用户体验做到了极致，以留住用户。

首先，内容保障。奈飞巨资投入高品质剧集，形成自己差异化竞争优势。其次，奈飞采用了收取会员费而不是卖广告的商业模式，无广告的视频提升了用户体验。再次，只要付固定的订阅费用，哪怕是最低的8.99美元的套餐费用，便可以在PC端、手机端和电视端等观看视频。

相较而言，国内视频网站的基础会员都不支持电视端观看，也许通过手机投屏功能也可以达到在电视端观看的效果，但这并没有照顾到中老年等手机操作不熟练的群体。国内流媒体服务公司视频软件首页充斥着由"流量小生、小花"主演的低质剧集和综艺，视频软件页面多出的直播、游戏等标签与奈飞简洁的UI界面南辕北辙。国内流媒体公司企图通过"其他收入"而不是优质视频内容投放来挽回亏损局面，这样做的结果是降低了用户体验。

此外，美国对于知识产权的法律保障非常到位，用户付费意识较强。

美国有线电视付费模式从20世纪六七十年代就开始了，从有线电视转移到流媒体付费，用户很容易就能接受。而国内若采用奈飞模式不太可能成功的原因在于目前国内用户的版权意识还较弱，《庆余年》《想见你》等热门剧集都出现过盗播现象，这与国内互联网先获取免费用户再通过流量变现的模式有关。

最后，奈飞常在主营业务如日中天时打破常规、寻求转型，而转型则意味着要在新的领域开始新的竞争，突破常规需要超常的胆量与能力。比如在2015年，奈飞大举进军原创电影行业时，就遭到了好莱坞巨头们的一致反对。如果用户习惯在家里的电视屏幕上看电影，那谁来为线下院线烧钱的影厅设备买单？而奈飞"股价与负债齐飞"的状况也投射出投资者愿意压赌奈飞能从好莱坞的商业利益里分一杯羹。反观国内，农历庚子年（2020年）大年初一欢喜传媒出品的《囧妈》

线上首映，这是国内电影片方甩开传统院线，直接与网络流媒体平台对接的首次尝试。此举遭到了众多院线的联名抵制，认为这损害了"院线窗口"的利益。

随着 Disney+、Apple TV 的发布，奈飞这位曾经的挑战者变成了守擂人。瞬息万变的数字经济下没有常胜将军，在流媒体行业其他企业的虎视眈眈下，奈飞能否维持美国本土几乎触及用户天花板的订阅数量、海外订阅用户留存时间能否长久、高内容投入能否保持高质量产出，这些对公司估值影响重大的因素，现在仍还是问号。

关于奈飞的未来，也许就如《纸牌屋》里所言，成功者当然应该享受成功，但应心怀感激，而且千万不要让感激变为骄傲。

奈飞公司的估值

公司主要财务指标

奈飞公司近五年主要财务指标如表 12-2 所示。

表 12-2　奈飞近五年主要财务指标　　金额单位：亿美元

	2015 年 12 月 31 日	2016 年 12 月 31 日	2017 年 12 月 31 日	2018 年 12 月 31 日	2019 年 12 月 31 日	2020 年 06 月 30 日
报告类型	年报	年报	年报	年报	年报	中报
期间跨度	12 个月	12 个月	12 个月	12 个月	12 个月	6 个月
数据来源	合并报表	合并报表	合并报表	合并报表	合并报表	合并报表
利润表摘要						
营业总收入	67.80	88.31	116.93	157.94	201.56	119.16
同比（%）	23.16	30.26	32.41	35.08	27.62	26.17
营业总支出	64.74	84.51	108.54	141.89	175.52	96.00
营业利润	3.06	3.80	8.39	16.05	26.04	23.16
同比（%）	−24.05	24.19	120.83	91.40	62.24	98.73
税前利润	1.42	2.61	4.85	12.26	20.62	18.31
同比（%）	−59.39	83.60	86.30	152.71	68.15	103.37

	2015 年 12 月 31 日	2016 年 12 月 31 日	2017 年 12 月 31 日	2018 年 12 月 31 日	2019 年 12 月 31 日	2020 年 06 月 30 日
净利润	1.23	1.87	5.59	12.11	18.67	14.29
同比（%）	−54.03	52.22	199.41	116.71	54.13	132.51
非经常性损益						
扣非后归属母公司股东的净利润	1.23	1.87	5.59	12.11	18.67	14.29
同比（%）	−54.03	52.22	199.41	116.71	54.13	132.51
研发支出	6.51	8.52	10.53	12.22	15.45	8.89
EBIT	3.06	4.11	8.39	16.47	26.88	23.16
EBITDA	38.53	53.36	71.69	93.03	120.08	74.62
资产负债表摘要						
流动资产	54.32	57.20	76.70	96.94	61.79	85.64
固定资产						
权益性投资						
资产总计	102.03	135.87	190.13	259.74	339.76	371.75
流动负债	35.30	45.87	54.66	64.87	68.56	76.26
非流动负债	44.50	63.20	99.64	142.48	195.38	202.14
负债总计	79.79	109.07	154.31	207.36	263.94	278.41
股东权益	22.23	26.80	35.82	52.39	75.82	93.35
归属母公司股东权益	22.23	26.80	35.82	52.39	75.82	93.35
现金流量表摘要						
经营活动现金流量	−7.49	−14.74	−17.86	−26.80	−28.87	13.01
投资活动现金流量	−1.79	0.50	0.34	−3.39	−3.87	−2.40
筹资活动现金流量	16.40	10.92	30.77	40.49	45.06	11.35
现金净增加额	6.96	−3.42	13.55	9.89	12.32	21.36
期末现金余额	18.09	14.68	28.23	38.12	50.44	71.80
资本支出	1.69	1.85	2.27	2.13	2.53	2.40
关键比率						
ROE（%）	6.01	7.61	17.85	27.46	29.12	16.90

	2015 年 12 月 31 日	2016 年 12 月 31 日	2017 年 12 月 31 日	2018 年 12 月 31 日	2019 年 12 月 31 日	2020 年 06 月 30 日
ROE（摊薄）（%）	5.52	6.97	15.60	23.12	24.62	15.31
扣非后 ROE（摊薄）（%）	6.01	7.61	17.85	27.46	29.12	16.90
ROA（%）	1.42	1.57	3.43	5.38	6.23	4.02
ROIC（%）	1.71	1.82	3.95	6.31	7.30	4.85
销售毛利率（%）	32.27	31.72	34.49	36.89	38.28	39.21
销售净利率（%）	1.81	2.11	4.78	7.67	9.26	11.99
EBIT Margin（%）	4.51	4.65	7.17	10.43	13.34	19.44
EBITDA Margin（%）	56.83	60.42	61.31	58.90	59.57	62.62
资产负债率（%）	78.21	80.28	81.16	79.83	77.68	74.89
资产周转率（倍）	0.79	0.74	0.72	0.70	0.67	0.33
每股指标						
EPS（稀释）	0.28	0.43	1.25	2.68	4.13	3.15
EPS（基本）	0.29	0.44	1.29	2.78	4.26	3.25
每股净资产 BPS	5.20	6.23	8.26	12.00	17.28	21.17
每股经营现金流 OCFPS	−1.75	−3.43	−4.12	−6.14	−6.58	2.95
每股现金净流量 CFPS	1.63	−0.79	3.13	2.27	2.81	4.84
P/E（TTM）	300.21	325.72	188.72	92.43	100.29	89.66
P/E（LYR）	183.23	433.20	444.98	208.83	117.07	107.19
P/B（MRQ）	22.56	21.01	24.96	23.30	20.67	23.80
P/S（TTM）	7.59	6.50	7.63	7.84	7.51	9.35
其他						
员工总数（人）	3 700	4 700	5 500	7 100	8 600	8 600

数据来源：万得资讯。

奈飞估值逻辑：用户数 + 定价权

奈飞的收入中流媒体订阅收入占了97%以上，商业模式简单清晰。

奈飞的盈利模式就是会员收入-内容支出。会员收入=ARPU（单付费用户收入）×付费用户。要提高公司收入，一是增加付费人数即用户数，二是提高订阅价格，简单来说就是量价提升。奈飞最大的支出即内容支出，内容支出的目的亦是为了吸引增量客户及留住存量客户，并增强自己的定价能力。因此内容支出具有一定的刚性，而内容等IP资产具有可复制性和非排他性，随着用户规模的提升，单位用户内容支出降低，因此奈飞所在的互联网流媒体行业经营具有典型的规模效应。同时，基于庞大的用户基础，奈飞公司可以基于零边际成本进行竞争。因此，用户数是互联网流媒体行业估值的关键。

1. 用户数

奈飞的收入来源于海内外的付费订阅用户，2019年第二季度奈飞在美国本土的付费订阅人数较第一季度的6 023万人减少了13万人，这在自2011年以来在美国本土市场上订阅人数的首次下降，尽管第二季度创收49.23亿美元，较第一季度增长了8.89%，但其股价却在季度财报公布当天下跌超10%。这说明，相比于营业收入，投资者更看重的是能带来未来持续收入的付费用户。

图12-7显示了奈飞在美国本土的付费订阅用户数据变化情况。

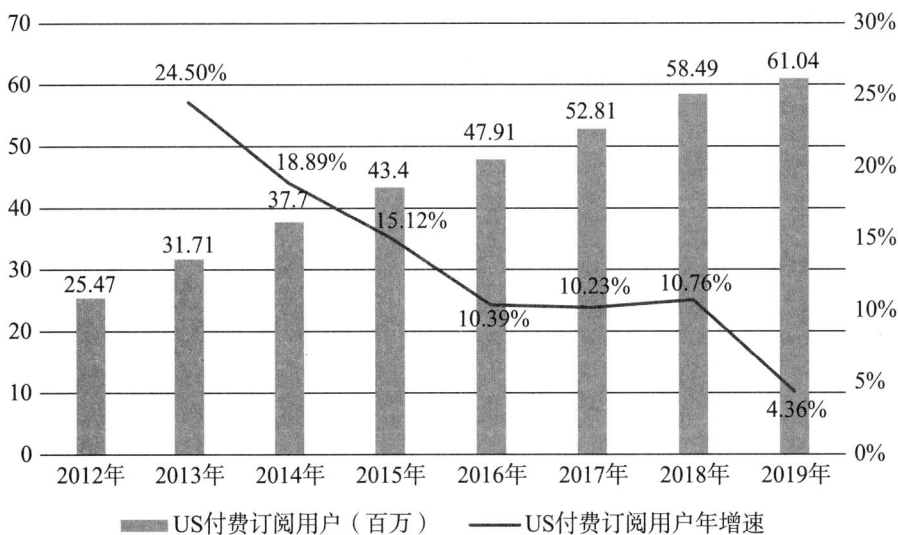

图12-7　美国本土付费订阅用户数据

数据来源：奈飞历年年报。

图 12-8 显示了奈飞在海外的付费订阅用户数据变化情况。

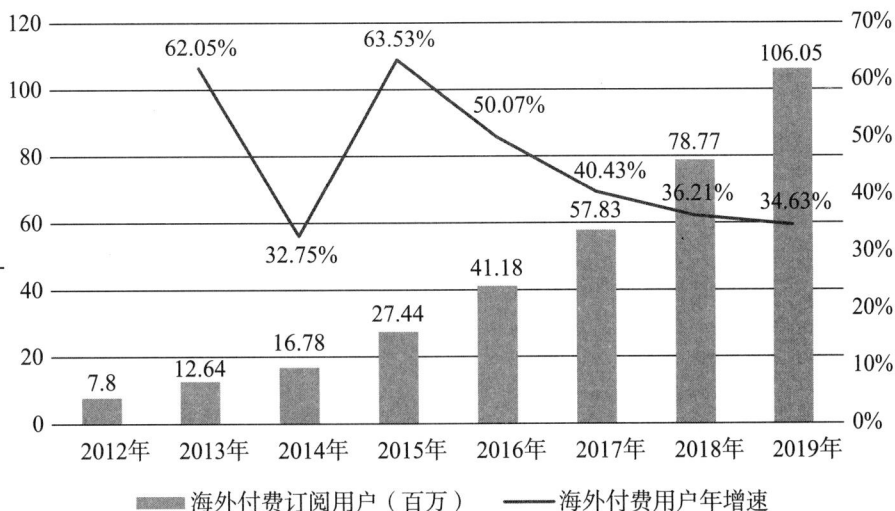

图 12-8 海外付费订阅用户数据

数据来源：奈飞历年年报。

用户方面，美国本土付费用户数量虽然仍然在增加，但增速放缓；奈飞公司用户的增长主要来自海外地区（如图 12-9 所示）。

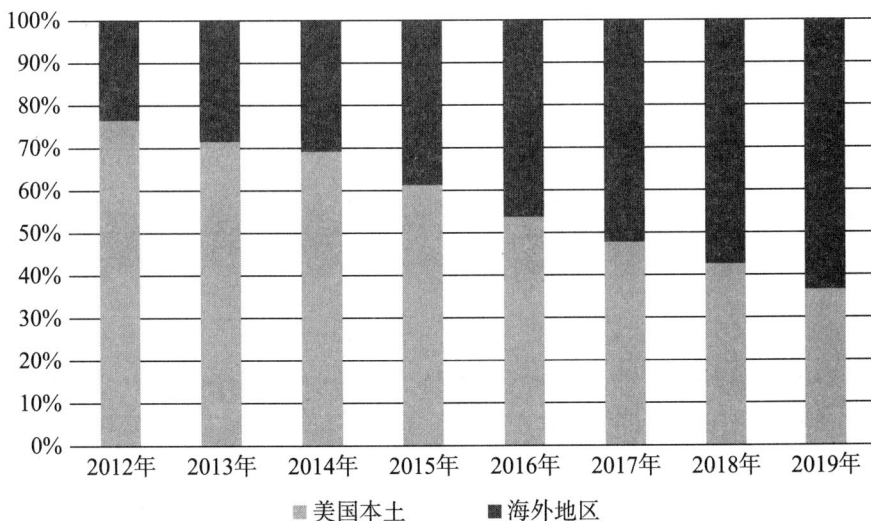

图 12-9 美国本土与海外地区付费订阅用户占比

数据来源：奈飞历年年报。

2.定价权

在涨价方面，奈飞做得如何？

2017年10月5日奈飞曾宣布涨价，涨价后，其每用户贡献的营业收入显著增加，市场也给出积极的反应，其市值正式破1 000亿美元大关，创历史新高。2012—2019年奈飞用户数量、营业收入如表12-3所示。

表 12-3　2012—2019 年奈飞用户数量、营业收入

	市值 （亿美元）	营业收入 （亿美元）	用户 （亿）	每用户市值 （美元）	每用户营业收入 （美元）
2019 年	1 420	202	1.670 9	850	121
2018 年	1 175	158	1.372 6	856	115
2017 年	843	117	1.106 4	762	106
2016 年	543	88	0.890 9	610	99
2015 年	502	68	0.708 4	709	96
2014 年	214	55	0.544 8	393	101
2013 年	231	44	0.443 5	521	99
2012 年	58	36	0.332 7	176	108

数据来源：奈飞历年年报。

于是，奈飞未来还能不能涨价成了关键。

为此，奈飞采取差异化战略。一方面，不断增加原创优质内容；另一方面，奈飞筹划进军电影产业，坚持推行绕开院线直接网上播出的模式，尝试改变电影的发行方式，试图获得内容的定价权和话语权。

2019年，奈飞的订阅费分为每月8.99、12.99、15.99美元三挡。而另一家流媒体视频提供商Hulu提供每月收费11.99元的无广告流媒体服务，HBO提供每月收费14.99美元的流媒体服务，相比之下，奈飞的收费并不算太高。

奈飞国内流媒体的毛利率和贡献利润率（毛利率-销售费率）逐步上升，海外流媒体业务的毛利率和贡献利润率虽然数值比较小，但已经从亏损的泥潭里爬

起来，并逐年上涨。所以虽然2019年度奈飞的净利率只有9.26%，但是长期趋势是向上的（如图12-10所示）。

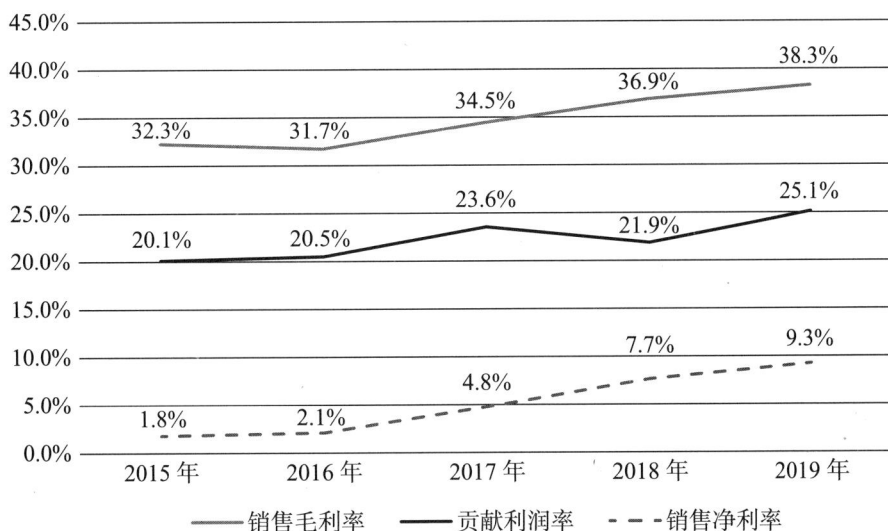

图12-10　奈飞公司销售毛利率、贡献利润率与销售净利率

数据来源：奈飞历年年报。

基于用户的估值模型分析

奈飞的收入来源于海内外的付费订阅用户，2019年第二季度奈飞在美国本土的付费订阅人数较第一季度略有减少，这是自2011年以来在美国本土市场上订阅人数的首次下降，尽管第二季度营收较第一季度增长了8.89%，但其股价却在季度财报公布当天下跌超10%。这说明，相比于营业收入，投资者更看重的是能带来未来持续收入的付费用户，所以奈飞的付费用户数量与公司价值之间必然存在关联，而股价是投资者预期的企业未来价值的体现，笔者尝试分析用户数量与奈飞的股市表现之间的关系。

我们基于前面的表12-3来分析。其中，股价采用的是每年12月31日的收盘价格，市值通过股价乘以流通股股数得出。因为奈飞在2015年7月1日曾将1股拆成7股，导致2015年每股股价绝对数骤降，所以下面笔者将用市值来表示奈飞在投资者心中的预期价值。通过对用户数量和市值做一元回归分析，得到如表12-4所示的结果。

表 12-4　用户数量与市值一元回归分析结果

回归统计	
相关系数 R	0.993 607
R^2	0.987 255
调整的 R^2	0.985 13
标准误差	59.193 62
观测值	8

方差分析				
	df	SS	MS	F	Significance F
回归分析	1	1 628 453	1 628 453	464.756 4	6.5E–07
残差	6	21 023.31	3 503.885		
总计	7	1 649 476			

	Coefficients	标准误差	t Stat	P–value	Lower 95%	Upper 95%	下限 95.0%	上限 95.0%
Intercept	–282.061	46.926 83	–6.010 65	0.000 956	–396.887	–167.235	–396.887	–167.235
X Variable 1	1024.561	47.525 31	21.558 21	6.5E–07	908.270 4	1 140.851	908.270 4	1 140.851

回归结果的线性拟合图如图12-11所示。

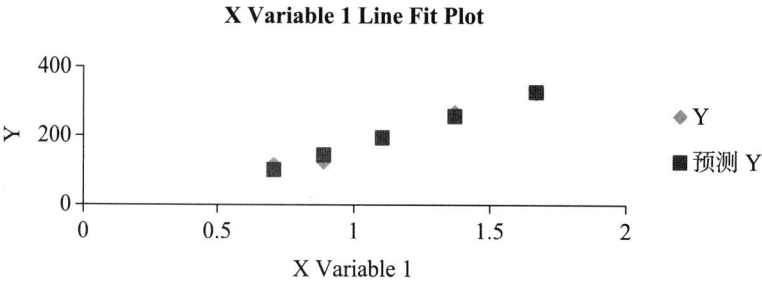

图 12-11　回归结果线性拟合图

R²为0.985说明回归结果的拟合优度极高，用户数量与市值之间的线性相关关系强，实际数据与线性回归结果偏差小，得出的模型能比较好地解释自变量与因变量之间的关系。得出的估值模型为：

市值=1 024.561×用户数量−282.061

互联网金融行业的公司估值

核心知识 ⫽

互联网金融的商业模式

定 义

互联网金融就是互联网技术和金融功能的有机结合,依托大数据和云计算在开放的互联网平台上形成的功能化金融业态及其服务体系,包括基于网络平台的金融市场体系、金融服务体系、金融组织体系、金融产品体系以及互联网金融监管体系等,并具有数字金融、普惠金融、平台金融、信息金融和碎片金融等相异于传统金融的金融模式。

具体商业模式

1.传统金融业务的互联网化

传统金融业务的互联网化造就了信息化金融机构。信息化金融机构,是指通过采用信息技术,对传统运营流程进行改造或重构,实现经营、管理全面电子化的银行、证券和保险等金融机构。金融信息化是金融业发展的趋势之一,信息化金融机构则是金融创新的产物。

从整个金融行业来看，银行的信息化建设一直处于业内领先水平，目前，银行已建成了由自助银行、电话银行、手机银行和网上银行构成的电子银行立体服务体系，而且以信息化的大手笔——数据集中工程在业内独领风骚，其除了基于互联网的创新金融服务之外，还形成了"门户""网银、金融产品超市、电商"一拖三的金融电商创新服务模式。

（1）互联网银行。

代表公司Moven：CRED信用分数与大数据应用，引导用户健康消费。

Moven，2011年4月由Brett King在美国创立，是一家专门从事手机移动金融业务的银行服务商。作为一家数字银行，Moven本身并没有银行牌照，其运营模式采取的是Moven作为金融科技企业负责运营，联合美国传统银行CBW Bank代为管理存款的合作模式。目前，Moven在全球合计拥有注册用户50万。

目前，Moven没有开设储蓄账户，没有投资功能与贷款业务。Moven占领市场依靠的不是互联网银行的利率优势，而是将目标锁定在那些倾向于手机移动端提供"一站式"便捷金融服务、智能理财、社交等创新服务的人群，尤其是需要Moven为其提供个人定制的预算与储蓄计划、养成良好储蓄习惯的、认可CRED信用分数与收费服务的人群，这是Moven的目标客户定位。

Moven基于手机App面向客户提供的服务主要有：智能财务管理功能MoneyPulse和MoneyPath；测试客户信用分数CRED Score；财务个性测试；非接触式支付；朋友间转账；直接存款功能；等等。

从2011年4月创立至今，Moven通过4轮融资获得共计2 441万美元，参与投资Moven的机构包括Anthemis Group、Raptor Ventures等7家硅谷知名的投资机构。

（2）互联网券商。

代表公司Motif Investing：提供主题投资的社交型券商。

Motif Investing平台正式上线于2012年1月，是在SEC注册的经纪商。与传统券商不同的是，Motif Investing平台向用户提供基于某个主题的投资组合——即Motif，并以投资组合为单位向用户收取交易佣金。

Motif Investing的主题投资模式强调"直观"逻辑，投资组合的主题来自日常趋势，十分便于普通投资者理解。截至2016年9月，Motif Investing共推出150多个平台专家组合和9 100多个公开用户自建组合，超过18万个用户自建或定制组合。

Motif Investing以投资组合作为投资对象，每个投资组合的最低额度为250美元。其投资流程为：

①选择投资组合。②个性化定制。用户可以直接购买该投资组合；或者进行一定修改之后再投资，如手动添加或删除某只股票，或调整某只股票的投资比例等。③购买组合并支付佣金。一个组合支付9.95美元的佣金，用户增加的股票或者ETF按只数收取每只4.95美元的佣金。④跟进后续调仓。

交易佣金是Motif Investing的盈利来源。Motif Investing的交易佣金以组合计价，每个投资组合的交易（最多30只股票）收取佣金9.95美元，单只股票交易收取佣金4.95美元。

（3）互联网保险。

代表公司Maxwell Health：专为中小企业用户提供医疗保险的在线平台。

Maxwell Health成立于2013年，是一家帮助中小企业员工购买福利、就医的公司。平台于2016年3月获得2 200万美元的C轮融资。

运营模式上，Maxwell Health简化了企业和员工的购买福利和管理流程，员工只需使用公司的网站和App就可以购买福利。所有的流程都在线上完成。

保险产品供应方面，Maxwell Health并不直接与保险公司合作，而是与保险经纪商合作提供产品。购买方面，Maxwell Health与雇主对接，由雇主选择提供给雇员哪些福利产品。

Maxwell Health不参与其中的产品设计，也不参与产品定价。Maxwell Health提供的就是一个类似于某宝的平台，并将所有的产品分类呈现，让所有的产品的条款和用途更加清晰、透明。此外，Maxwell Health还会提供一系列额外的服务，包括健身设备、儿童护理、健康设备等。每当公司为员工购买保险时，Maxwell Health就会向对应公司或保险经纪商收取一定的费用。

2.基于互联网平台开展金融业务

（1）互联网基金销售。

典型代表PayPal货币市场基金：美国第一只互联网货币基金。

1999年，在美国货币基金市场发展至接近顶峰的时期，第三方支付公司PayPal推出了美国第一只互联网货币基金。

PayPal的支付用户只要激活基金账户，就成为该基金的投资者，其原本存放在PayPal支付账户中不计利息的余额就自动转为货币市场基金份额并产生收益。

PayPal货币市场基金的申购门槛非常低，只要PayPal账户余额在0.01美元以上，便可进行初始及追加投资。PayPal货币市场基金一经推出就受到了市场的欢迎，2007年规模达到9.961亿美元，是其发展历史上的最高峰。

金融危机后，美联储推出宽松的货币政策，货币基金收益大幅下降。2009年，PayPal货币市场基金的净回报率仅为0.23%，规模降至5.145亿美元。2011年6月，PayPal官方发布声明称，将于2011年7月29日关闭货币市场基金。至此，全球第一只互联网货币市场基金退出历史舞台。

（2）互联网资产管理。

典型代表Betterment：业务全面发展的美国智能投顾平台。

Betterment于2010年在美国纽约成立。由于对资产没有最低限额，且费率相对较低，成立之后快速发展，在2016年成功完成了1亿美元的E轮融资，现已发展成为美国最大的智能投顾平台之一。截至2016年9月，Betterment管理的资产规模超过50亿美元。

Betterment投资标的为ETF，提供的服务包括智能投资理财、税收损失收割、面向投资顾问及机构提供智能投顾服务、为企业提供401（k）账户管理服务等。

Betterment的服务用户有三类，分别是零售用户、机构用户及退休用户，因而分别推出了三类平台：Betterment、Betterment for Advisor（B4A）及Betterment for Business（B4B）。

针对零售客户，Betterment基于财务规划目标为用户提供投资咨询服务，用户选择财务规划目标后，在不同的财务目标下，Betterment为用户提供投资组合推荐。同时，用户也可以基于自己的偏好与风险承受能力选择其他的投资组合。

Betterment为用户推荐的投资组合都是ETF，并且每个用户的账户投资的ETF不多于12只。其主要的投资ETF包括股票型ETF与债券型ETF。通过对两类ETF进行组合，来达到用户的配置目标。

（3）互联网经营贷。

典型代表Kabbage：大数据驱动的在线小额贷款公司。

2008年底，Kabbage创立于美国亚特兰大。公司开始只是向eBay网店提供在线小额贷款服务，后来扩展到Yahoo、Amazon、Shopify和Etsy等电商平台。2015年10月，Kabbage完成了1.35亿美元的E轮融资。

Kabbage号称7分钟放贷，贷款申请流程大致可分为申请、初审、决策、放款等四个步骤。

①申请：电商客户先注册Kabbage账户，并填写简单申请，在Kabbage上申请商业预付款服务。

②初审：审查用户是否有足够的网络销售时间和数据。

③决策：用户可以授权Kabbage审核自己的一个或多个账户信息来得到在Kabbage平台的信用额。Kabbage通过用户授权，会导入用户在其他平台的数据信息。通过分析网店的店铺信息、预付款可用余额、经营情况和社交网络上与客户的互动情况等指标，生成一份独特的信用评分报告"Kabbage Score Kard"，并据此做出贷款决策。

④放款：经过初审和决策流程，电商商家可以获得与其信用水平和交易数据相当的商业预付款额度。

Kabbage通过向获得预付款的商家收取费用来获得收入，具体费用视预付款期限和偿还风险而定。

（4）互联网消费金融。

典型代表ZestFinance：利用大数据和机器学习。

ZestFinance于2009年9月成立于洛杉矶，创始人Douglas Merrill和Shawn Budde分别是Google的前副总裁和Capital One的前信贷部高级主管。

美国费埃哲公司（Fair Isaac）开发了美国个人信用评分系统，推出FICO分数

（个人信用评分）。ZestFinance面向金融弱势群体提供消费贷款服务，贷款对象的FICO分数通常低于500分，甚至缺失。ZestFinance的优势在于其强大的数据挖掘能力，并通过对多维度数据的集合学习，依托信用评估模型加强这些弱相关数据的描述能力，得到最终的消费者信用评分。目前，ZestFinance为超过10万人提供了服务，并在9个国家取得了贷款业务经营资格。

ZestFinance已经成功输出风控技术，公开的成果包括Spotloan、Basix、ZRobot（与京东金融合资建立的金融科技公司）。

（5）第三方支付。

狭义的第三方支付（Third-Party Payment）是指具备一定实力和信誉保障的非银行机构，借助通信、计算机和信息安全技术，采用与各大银行签约的方式，在用户与银行支付结算系统间建立连接的电子支付模式。

根据中国人民银行2010年在《非金融机构支付服务管理办法》中给出的非金融机构支付服务的定义，从广义上讲，第三方支付是指非金融机构作为收、付款人的支付中介所提供的网络支付、预付卡、银行卡收单以及中国人民银行确定的其他支付服务。第三方支付已不仅仅局限于最初的互联网支付，而是成为线上线下全面覆盖、应用场景更为丰富的综合支付工具。

3.大数据金融

大数据金融是指集合海量非结构化数据，通过对其进行实时分析，可以为互联网金融机构提供客户全方位信息，通过分析和挖掘客户的交易和消费信息掌握客户的消费习惯，并准确预测客户行为，使金融机构和金融服务平台在营销和风险控制方面有的放矢。

基于大数据的金融服务平台主要指拥有海量数据的互联网公司开展的金融服务。大数据的关键是从大量数据中快速获取有用信息的能力，或者是将大数据资产快速变现的能力。因此，大数据的信息处理往往以云计算为基础。

（1）P2P。

P2P（Peer to Peer Lending），即点对点信贷。P2P网贷是指通过第三方互联网平台进行资金借、贷双方的匹配，需要借贷的人群可以通过网站平台找到有出借能力并且愿意基于一定条件出借资金的人群，帮助贷款人通过和其他贷款人一起分担一笔借款额度来分散风险，也帮助借款人在充分比较的信息中选择有吸引力的贷款条件。

P2P有两种运营模式。第一种是纯线上模式，其特点是资金借贷活动都通过线上进行，不结合线下的审核。通常这些企业采取的审核借款人资质的措施有通过视频认证、查看银行流水账单、身份认证等。第二种是线上线下结合的模式，借款人在线上提交借款申请后，平台通过所在城市的代理商采取入户调查的方式审核借款人的资信、还款能力等情况。

代表公司Social Finance（SOFI）：专注于学生贷款的P2P网贷平台。

SOFI创立于2011年，是一家总部位于旧金山的网贷平台。针对美国联邦学生贷款利率无差异化、申请流程烦琐以及服务差等弊端，以美国名校MBA学生和毕业生为切入点，SOFI为他们提供一个比联邦学生贷款利率更低的贷款利率。

截至2016年9月，SOFI发放贷款总额超过120亿美元，每月发放贷款近10亿美元，主要是学生贷款，未来几年还将继续以每年100%的速度增长。

与大多数网贷平台定位在为"无法在银行借到钱"的客群提供高息贷款不同，SOFI专注于为早期的精英人群提供低息贷款，并以差别化低息吸引高质量借款者，通过社交网络进一步降低违约率，同时以资产证券化降低出借端资金成本。平台借款人平均个人信用评分达772分，平均年收入超过13.3万美元，月均可支配现金流为5 405美元。

该平台80%的出借资金来自资产证券化。随着客户逐渐走出校园、成家立业，SOFI开始筹谋为他们提供终身金融服务。2014年4月，SOFI宣布进军住房抵押贷款市场和个人信贷市场。

（2）众筹。

众筹大意为大众筹资或群众筹资，是指用团购预购的形式，向网友募集项目资金的模式。众筹的本意是利用互联网和SNS传播的特性，让创业企业、艺术家或个人对公众展示他们的创意及项目，争取大家的关注和支持，进而获得所需要的资金援助。众筹平台的运作模式大同小异——需要资金的个人或团队将项目策划交给众筹平台，经过相关审核后，便可以在平台的网站上建立属于自己的页面，用来向公众介绍项目情况。

典型代表Circle Up：专注消费品行业的股权众筹平台。

Circle Up是一家专注于美国消费品行业的股权众筹平台。截至2016年9月，Circle Up已帮助201家公司筹集到2.65亿美元以上的成长型资金。

Circle Up平台上的融资企业必须是已生产出实物产品或者有实体店的美国消费零售商品公司，消费品领域包括但不限于食品饮料、服装及配饰、家居用品、零售/餐饮等。平台会通过私募专家对企业提交的申请材料进行审核。

Circle Up专注于为消费领域且有产品实物的企业提供融资。一方面，这能够让投资者通过产品对企业价值进行更全面的评估；另一方面，相对于高科技公司的概念性产品，实物产品的可触摸性和实用性降低了投资者评估公司产品价值所需的知识门槛。融资企业也能够通过实物产品样品的试用为产品进行一次市场宣传。

为了帮助投资者了解公司，Circle Up提供了交流板块，投资者可以提问并获得与平台团队沟通的机会，聊天记录对所有投资者公开；同时，投资者可以通过电话会议、线上论坛来与CEO进行交流。感兴趣的投资者能够收到由平台寄出的公司商品样本，或去实地考察公司实体零售店。

4.互联网金融信息服务

互联网金融信息服务商主要指金融门户。

互联网金融门户是指利用互联网进行金融产品的销售以及为金融产品销售提供第三方服务的平台。它的核心就是"搜索比价"的模式，采用金融产品垂直比价的方式，将各家金融机构的产品放在平台上，让用户通过对比挑选合适的金融产品。

互联网金融门户的多元化创新发展，形成了提供高端理财投资服务和理财产品的第三方理财机构，提供保险产品咨询、比价、购买服务的保险门户网站等。这种模式不存在太多政策风险，因为其平台既不负责金融产品的实际销售，也不承担任何不良风险，同时资金也完全不通过中间平台。

典型代表Credit Karma："完全免费"的美国个人信用管理平台。

Credit Karma于2007年成立于美国旧金山，是一家免费的个人信用管理平台。Credit Karma从美国信用局TransUnion和Equifax获得信用数据，并为用户提供每周免费更新的信用分数、信用报告以及多种工具来帮助用户优化和监测信用分数。此外，Credit Karma还向用户推荐一些金融产品诸如个人贷款、信用卡等。截至2016年9月，Credit Karma网站拥有超过6 000万名用户，最新估值达35亿美元。

Credit Karma为用户提供的信用管理服务主要包括免费的信用监测、信用教育、金融工具。用户可以通过Credit Karma免费获得来自TransUnion的信用监测服务，以便有效地防范身份被盗（ID Theft）现象的发生。

Credit Karma为用户提供了多种金融工具，如信用分数模拟工具、购房能力计算器、债务偿还计算器、简单的贷款计算器、分期偿还计算器等，来帮助用户更好地管理信用分数和债务状况。

Credit Karma的信用教育主要包括金融教育文章与社区问答版块。用户可以通过平台上的文章来更好地理解复杂的信用与金融概念以及发展趋势等。

金融科技的商业逻辑

大数据金融

在我国，金融行业面对的最大挑战是消费者的消费行为和消费需求的转变，金融消费者逐渐年轻化，"80后""90后"慢慢成为客户主力，金融企业迫切需要为产品寻找目标客户和为客户定制产品。

（1）金融消费行为发生改变，金融企业无法接触到客户。

"80后""90后"总计约3.4亿人口，并日益成为金融企业的主要客户。移动互联网和智能手机占用了年轻人的主要时间，移动App也成为所有金融企业的客户入口、服务入口、消费入口、数据入口。金融企业越来越难以面对面接触到年轻人，越来越难以了解年轻人对金融产品的需求。

（2）消费者需求出现分化，金融企业需要寻找目标客户。

客户群体正在出现分化，市场上很少有一种产品或一种金融服务可以满足所有用户的需求。对金融产品也需要进行细化，为不同客户提供不同产品。

基于大数据的客户画像技术的出现为金融企业解决上述矛盾提供了机会。大数据是抽象的，通过算法，对应到空间中客观存在的点，却是无比真实和具体的。譬如，上班时间在写字楼的是白领，每天夜里在那里的则是保安，每天在学校的不是学生就是老师。金融科技企业借助客户画像技术，可以了解客户，找到目标客户，触达客户。

A集团有一个口号叫"让天下没有难做的生意"，而实现这个目标，企业需要获得金融的支持。传统的金融机构不愿意也没有能力做这种小体量的金融服务，但依托商业场景的M金融服务集团有技术，能够连接、触达这些企业；有数据，可以甄别它们的风险，解决金融交易中的信息不对称与风险定价的问题；有信息，了解客户个性化的需要，能够定制他们所需要的金融产品。

智能金融

成立于2006年的浙江泰隆商业银行，是定位于小微企业的贷款银行。它的风控很出色，坏账率很低。那么泰隆商业银行的经验是什么呢？其实就是实地收集关于这些企业的一手信息。比如，决定是不是给一个小型工厂贷款，它会派专门的信贷员去蹲点，在相当长的一段时间里，观察和记录工厂的交易金额、存货，甚至每个月每天的用电量，然后根据这些信息，做出是否贷款、贷多少额度、贷款利率是多少的决策。在放贷之后，信贷员还会跟踪这个工厂业务的活跃程度，及时地进行跟踪反馈。这就是"数据缓解信息不对称、信息用于风险定价"。浙江泰隆商业银行使用数据进行分析、决策。

那么M金融服务集团是怎么做小微企业金融服务的呢？某宝做的是电子商务，所以这么多年下来，某宝店家在平台上留下了所有的交易记录，像泰隆银行花力气收集的那些流水、活跃度的数据，对某宝平台来说都是现成的数据，而且数据量要丰富得多。所以，M金融服务集团可以按照自己对这些店铺的理解，给它们贷款。经过一段时间之后，这些贷款的行为又成了新的数据，因为可以从中分析出店铺特征和违约率之间的关系。

这种模式和泰隆商业银行的信贷模式看上去都是使用了精确的数据，但是，实质上有很大的不同。在这里，数据才是主体，一旦模型和算法确定下来，就像有了生命——数据就是粮食，不断地喂养着这个模型算法的生物体，然后让它越来越具有自主决策的能力，让数据说话。人在这个模式里面的作用，主要是调试模型，优化算法。人既不参与数据的收集、整理，也不参与决策。一旦模型算法确定以后，覆盖和服务新用户的成本就变得极低，新用户的数据又沉淀下来，就变成了这个数据驱动决策闭环中的一环。在决策的过程中，人是不进行干预的。

长尾效应与普惠金融

2005 年，联合国提出普惠金融（Inclusive Financial System）的理念，希望推动建立为社会各阶层所有成员提供公平、便捷、安全、低成本服务的金融体系。普惠金融的实质就是将需要金融服务的所有人纳入金融服务范围，让所有人得到适当的与其需求相匹配的金融服务。

中国金融体系经过多年的改革，在诸多方面取得了巨大成就，但一些深层次的结构性问题仍然相当严重，其中金融服务的广度和深度存在明显的不足。有调查数据显示，中国大多数有信贷需求的家庭只能通过民间借贷来满足，75%的农村家庭借贷更是依赖于非正规的民间渠道，大多数小微企业难以从正规金融渠道获得贷款。中国金融体系资金配置更多地倾向于大中型企业特别是国有企业，财富管理的重点则主要在高收入群体，数量众多且十分活跃的小微企业和中低收入阶层的金融服务需求被严重忽视。从这个意义上说，中国现行的金融体系本质上是一种大企业金融和富人金融。金融服务的严重不平衡，加剧了社会贫富差距的扩大，背离了普惠金融的基本理念。

传统金融无法解决小微企业融资难融资贵的问题，深层次的原因在于商业规则和运行平台的约束，传统金融难以实现普惠性理念。传统金融对大型的央企、国企提供个性化的服务；为中端的企业提供标准化的产品和服务，而小微企业和个人是不覆盖的。因为从小微企业本身来看，它们信用历史短，可抵押物少，违约风险大;从银行的角度看,小微企业贷款呈现"短、小、频、急"四个特点,对银行而言,对于人力资源的占用较大,成本较高。

19世纪末20世纪初,意大利经济学家帕累托发现80%的社会财富被20%的人所拥有,这就是"帕累托法则",也称"二八定律"。除财富分配外,"二八定律"还适用于多种现象,成为生活中各种不平衡现象的简称。长期以来,企业界奉"二八定律"为铁律,但随着互联网经济的逐渐兴起,这项铁律已被打破,取而代之的是"长尾效应"。"长尾"实际上是统计学中幂律(Power Laws)和帕累托(Pareto)分布特征的一个口语化表达,用来描述诸如亚马逊和奈飞之类网站的商业和经济模式。

金融科技行业存在较为明显的长尾效应。由于大数据及信息技术的运用,智能金融十分有效地弥补了传统金融的内在缺陷。金融科技企业利用人工智能替代人力,突破人力资源的限制,以大数据和算法为基础,开创了一个自由、灵活、便捷、高效、安全、低成本的时代。在这个时代,技术的推动使得金融服务企业可以触达千千万万的企业,并使为它们提供个性化的服务成为可能。这些千千万万的长尾企业及个人由于数量众多,加起来是比大型的企业还大的市场,普惠的理念将成为现实。

案例讨论

M科技集团的商业模式与公司估值

2003年10月12日,一笔横跨日本和中国西安的支付订单成功完成交易,勾勒出了M科技集团的起始线。

它就是ZFB的雏形——交易担保。在某宝创立初期,网络支付在大众眼中几乎等同于"骗子"。而诞生于2004年的ZFB,开创了国内第三方支付的主流模式。在中国电商史上,ZFB"担保交易"的模式从根本上突破了网上购物信任缺失的瓶颈,最终促成了中国电商平台的崛起。

2018年6月，M金融服务集团完成总额达140亿美元的融资，创下了全球有史以来最大的私募股权融资纪录。融资完成后，M金融服务集团的估值达到了1 600亿美元，成为全球最大的独角兽企业，这一估值也超过了中国银行和中国农业银行，在中国所有的金融服务企业中位列第三。

2020年7月13日，M金融服务集团更名为M科技集团。这次更名正式宣告了M科技集团的业务战略转型，商业模式的变更将对其公司估值产生什么样的影响呢？

M科技集团的商业逻辑

1.业务逻辑：从2C到2B

在2C端，很长一段时间，利息收入、佣金、手续费等交易环节的收入成为M金融服务集团营收和利润的主要来源。在2B端，M金融服务集团和其他科技公司一样靠为企业提供技术服务获得收入。近年来，M金融服务集团科技服务收入增长迅猛，其占比已从2017年的34%提升到了2019年的50%左右，集团的目标是在5年内上升到超过80%。届时科技将成为集团的主色彩，相应地，集团通过自有资金运营的持牌金融业务所获收入占总收入比例则会显著下降。因此，M科技集团的未来并不在支付与金融，而是在科技业务。

金融业务是客户、场景、技术和资金的融合。M科技集团经历了从进入支付行业、自己做金融，到输出技术＋客户＋场景赋能金融机构获取服务收入的过程，其业务本质是利用大数据及人工智能技术满足长尾市场金融消费者需求，并通过技术可复制性进行商业模式的输出，获取服务费收入。

（1）场景＋支付，"流量"逻辑。

强化获客与黏客，实现业务引流与数据沉淀，获得数据生产资料。

（2）数字金融，"变现"逻辑。

将客户、数据与场景赋能于合作金融机构，使其扩大业务范围并提升效率，同时借此实现高质量收入变现，获得协同类收入。

（3）科技服务，"赋能"逻辑。

将金融级技术对外输出，通过数字经济解决不同行业的痛点。

M科技集团通过三大业务板块（支付、数字金融、科技服务），演绎了"能力输出"商业模式下的"流量——变现——赋能"逻辑。此外，公司借助国际化布局，将"能力输出"模式向海外复制。

2.财务逻辑：从资产负债表到利润表

在互联网金融领域强监管、金融机构数字化转型提速背景下，M科技集团主动转型，弱化金融敞口，强化其连接金融中介和金融消费者的平台作用，强化技术能力输出。对应数字金融业务，实现从经营资产负债表的"资本规模"策略，转型为经营利润表的"收入"策略。

（1）资产负债表经营模式：引入资金，并依托自有客户、场景和技术独立开展金融业务，业务本质是通过做大资产负债表规模来扩大盈利规模，结果是资本占用与风险敞口也不断放大，业务增长受限于资本约束。

（2）利润表经营模式：输出包括技术、客户和场景能力，助力合作机构的金融业务开展，同时在赋能过程中实现收入，业务本质是不承担风险敞口，不占用资本。

利润表经营模式的核心在于强化开放协同，在降低风险的同时实现收益。开放平台定位有助于金融业务的协同，也可不再受限于金融监管，同时兼顾成长性。M科技集团的平台与协作业务主要集中于以下三大领域：

①融资业务。将传统的自营贷款模式转化为"信贷联营"模式，突出自身在场景、客户、数据方面的优势，并协同外部银行在资金、资本、风控方面的优势。

②财富管理业务。借助ZFB的平台，为资产管理机构引流，代销公募基金、理财型保险、信托产品、贵金属等全品类资管产品。目前，集团合作的外部资产管理机构数量超过120家。

③保险业务。面向100家左右的保险机构合作方，代理多收多保、医疗险、重疾险、养老险等多个保险产品。

估值博弈

为解决当年ZFB剥离时的争议，2014年，M金融服务集团向A集团协议承诺，每年向A集团支付知识产权及技术服务费，金额相当于M金融服务集团税前利润的37.5%；同时，在条件允许的情况下，A集团有权入股并持有M金融服务集团33%的股份，并将相应的知识产权转让给M金融服务集团，上述服务费的安排同步终止。

根据A集团财报公布的许可使用费及软件技术服务费收入反向测算，预计公司2019年前三季度税前利润合计116亿人民币；2019年9月，A集团取得M金融服务集团33%股份，根据A集团自M金融服务集团获得的权益法核算投资收益测算，2019年第四季度公司盈利规模达到约154.8亿人民币。故M金融服务集团2019年利润可达270.8亿人民币，约合38.69亿美元。巴克莱银行则预计M金融服务集团2020年利润可达55.3亿美元。

在港股市场，截至2020年7月28日，以传统金融为主的中资金控集团中信股份的PE为6.2倍，光大控股的PE为6.21倍。若以金融控股公司平均市盈率6.2倍来计算，M科技集团的市值仅仅为1 678.96亿人民币，约合240亿美元。

而如果参照港股新经济公司，A集团的市盈率为31.7倍，腾讯的市盈率为48.5倍，两者平均市盈率为40.1倍，则其市值约为10 859亿人民币，约合1 551亿美元。

显然，若M科技集团定位于金控集团，则估值低，主要原因为金控集团可延展性弱，以经营资产负债表为主，业务扩张需耗费大量资本，而M科技集团在商业模式上与传统的金控集团有本质的区别。

而新经济行业或互联网公司的估值普遍高于传统行业，这主要得益于新经济公司和互联网公司的高成长性以及广阔的业务边界。估值是市场对公司在未来的生命周期里能产生多少利润的价值反映，着眼点不在于当前的财务数据，重要的是重新复制一家这样的公司所需的成本，即机会成本与先发优势有多大。

估值方法

1.乘数估值法

我们选取支付行业的代表性企业PayPal，新经济公司的代表A集团、腾讯及Facebook，取它们截至2020年7月27日的收盘价，分别计算PE（TTM）、PE（2020年预测）、企业价值/收入倍数这三个乘数，并计算这三个乘数的算术平均值，对M科技集团进行估值（如表13-1、表13-2所示）。

表 13-1　新经济公司相关业务指标

	PayPal	A 集团	腾讯	Facebook	平均值
市值（亿美元）	2 026.0	6 680.0	6 508.0	5 547.0	5 190.3
PE（TTM）	108.0	31.7	48.5	31.4	54.9
PE（2020 年预测）	83.0	34.4	40.4	32.8	47.7
企业价值 / 收入	11.5	9.4	12.1	9.0	10.5

数据来源：万得资讯。

表 13-2　乘数估值法下的 M 科技集团估值结果

业务指标	业务指标数值	估值参考乘数	估值（亿美元）
企业价值 / 收入估值	171.1	10.5	1 798.1
净利润（TTM）估值	38.7	54.9	2 124.2
净利润（2020 年预测）估值	55.3	47.7	2 635.6

数据来源：万得资讯。

乘数估值法下，M科技集团的估值范围为1 798亿美元至2 635亿美元。

2.用户法估值

强调用户的基础性作用的互联网公司普遍采用单用户市值法进行估值。即：

$$V=AVPU \times MAU$$

上式中，AVPU为每用户市值，MAU为月活跃用户数，是互联网公司流量指标。

四家新经济公司流量及价值指标如表13-3所示。

表 13-3　新经济公司流量及价值指标

	PayPal	A 集团	腾讯	Facebook	平均值
市值（亿美元）	2 026.0	6 680.0	6 508.0	5 547.0	5 190.3
月活跃用户数 MAU（亿）	2.8	8.5	11.5	17.3	10.0
每用户市值 AVPU	731.4	789.6	565.4	320.6	601.8

数据来源：万得资讯。

PayPal、A集团、腾讯和Facebook当前每用户市值平均为601.8美元。截至2019年6月，M科技集团中ZFB及其本地钱包合作伙伴已经服务超12亿的全球用户，其中ZFB国内年度活跃用户超过6.5亿，则M科技集团估值可达3 911.7亿美元至7 221.6亿美元。

3.再谈"网络效应"

在互联网领域，梅特卡夫提出了一个定律：网络的价值等于网络节点数的平方。他后来还亲自证明过Facebook的营收与用户数的平方之间呈正相关。把梅特卡夫定律套用在互联网公司的估值中，可以得到一个简单的公式：

$$V=K \times C^2$$

上式中，V为公司价值，K为变现因子，C为用户数量。

梅特卡夫定律认为，互联网公司最重要的指标就是用户数量，用户越多，企业的价值就越大，且企业价值与用户数的平方正相关。

从商业模式与商业生态角度看，M科技集团通过入股、合作等方式连接了十几个海外电子钱包，再通过它们去连接当地的用户、商户、银行、第三方服务商等，将国内的生态复制到当地，把小网络连成大网络，M科技集团的估值将远超主流投行给出的 2 000 亿美元。

启 发

M科技集团的更名，一方面是因为监管对金融科技的态度越来越明朗，而公司也越来越"去金融、强科技"；另一方面，也是出于公司估值的考虑。

M科技集团凭借其用户基础与技术积累，不断向金融机构开放平台，对外输出"科技与金融"的融合能力；与此同时，资本市场给予M科技集团高估值的背后，更倾向于将它定义成科技公司，而非金融控股公司。公司的商业模式决定了公司估值的方式，"金融"还是"科技"，两字之差，资本市场的反应却是天壤之别。

价值是对公司未来收益的风险定价，价格形成的过程是投资者寻找公司价值共识的过程。然而，对于互联网和新经济公司的估值，业界尚没有一致的认识。

估值是一门科学，更是一门艺术。

推荐阅读

大数据时代下的互联网金融

未来的金融格局，也许就像鲍勃.迪伦在歌里所唱的那样，"时光流转，一切都已改变"。

序：唐朝小贷的故事

古丝绸之路上的吐鲁番曾出土过一张唐朝的《张善举钱契》，钱契的时间是公元688年，上面记载"举取银钱贰拾文，月别生利银钱贰文"，同时钱契约定："月满张即须送利"。用现代金融语言表述就是：借款人张善举必须每月付息，到期还本，月息10%。另外，钱契中约定："左须钱之日，张并须本利酬还"，这赋予出借人"左"可以未偿还本息进行随时行权的回售权。这就是我们现在经常看到的民间借贷，不考虑出借人行使回售权，我们大概计算一下，张善举借钱的融资成本大约为年化120%（单利），可见，自古就存在民间借贷，而且民间借贷的融资成本反映了当时融资难、融资贵的问题。

要理解融资难、融资贵的问题，我们首先要回答三个问题：（1）我们的商业活动是不是需要融资？（我们常说金融是商业活动的血液）（2）融资者通过什么渠道融资？投资者又通过什么渠道投资？（即金融中介）（3）融资的利率如何确定？（即资金的价格）商业活动的需要、金融中介及资金价格构成了金融的三个要素。

上篇：商业与金融

追根溯源，英语中的银行"Bank"一词源于拉丁语中的"Banco"，原意是长板凳。中世纪中期的欧洲，国家之间以及城乡之间的商品交换主要通过定期集市进行。当时的欧洲货币种类繁多，币质低劣，伪币横行，为了解决这个商业的矛盾，出现了以专门鉴定、估量、兑换货币为业的钱窗，称为兑换人。异地买卖携带大宗钱币非常不方便，且不安全。于是商人就把自己要带的巨额货币交给兑换人，由兑换人开出凭据，商人在经商地以凭据兑取他所需的当地货币，这种凭据就是最早的汇票，也就是现在的汇兑和支付业务。汇兑人经营汇兑和支付业务，会沉淀一部分资金。有时，需要现款的商人还可以向兑换人借款，由借款人出具期票给兑换人，按期票规定的日期归还，并支付利息，这个期票就类同于现在的债券。借贷（信贷）业务就这样发展起来。开始时兑换人坐在一条长板凳上办公，不久，长板凳就成了兑换人的代替名词。兑换人通过经营汇兑、支付及借贷业务获得利润，久而久之就变成了银行家。大约在16世纪中叶，世界上第一家银行——威尼斯银行就是在这样的背景下产生的。

我们再来看看中国的金融故事。2007年央视有一部热播剧叫《乔家大院》，讲述了一代传奇晋商乔致庸弃文从商，在经历千难万险后终于实现货通天下、汇通天下的故事。乔致庸南下武夷山贩茶，悟出了"货通天下"必须通过"汇通天下"来实现的道理，于是成立了大德通和大德丰两家票号。票号主营业务就是支付，其产生的背景就是晋商商号遍布全国各地，形成了一定规模的商业网络，而各地商号的盈利，均须解回山西总号，统一结账分红，同时总号与分号之间，也要发生资金调拨。过去对此均采用由镖行保镖运现银的方式。但是由于乾嘉以来社会极不安宁，商路上匪兵纵横，保镖运现极不安全。为了解决支付结算的便利性和安全性问题，以汇兑形式出现的山西票号就产生了。我们从《乔家大院》中可以看到，大德通最早提供的最基本的金融服务就是我们现在所说的支付，并且由于提供支付服务，发生了资金的沉淀并衍生出了借贷等一系列金融服务，从清朝中后期的票号也可以看到中国现代商业银行的雏形。

可见，金融服务的产生一定是为了满足商业的需要，它促进了商业发展。中世纪以来世界金融中心经历了从以佛罗伦萨、威尼斯等独立城市为中心的"北意大利金融"，发展到以阿姆斯特丹为中心的"荷兰金融"，最后到以伦敦为中心的"英国金融"和以纽约华尔街为中心的"美国金融"的变迁，这个变迁过程也印证了世界金融中心的形成受世界贸易和生产力发展支配，它是为商业活动服务的。

在威尼斯银行诞生后的大约400年，有一家中国公司也在做同样的事情，它的名字就叫ZFB。ZFB脱胎于2003年成立的某宝网，当初是为了解决买卖双方的信任而产生的，就是将ZFB和网上贸易结合起来。截至2021年2月24日，A集团的总市值是6 838亿美元，已经是中国市值最大的公司了，这和ZFB的支持是分不开的；而反过来，某宝、某猫的快速发展也为ZFB的发展提供了土壤。某宝、某猫上的买方在付钱后并不能马上收到货，卖方发货后也无法立即收到钱，沉淀下来的资金为ZFB提供了资金支持，再加上海量的交易数据支持，ZFB就如威尼斯银行一样，慢慢延伸出各种信贷、理财等服务。所以，时代在发展，商业和金融的逻辑是不变的，金融的发展依赖于商业发展，商业的发展又促进了金融的进步。

中篇：金融中介

唐朝人张善举当然是因为商业的需要才产生了融资的需要，但是我们注意到，他融资的利率高达120%（单利），这个就是我们所说的资金的价格。

那么这个资金的价格是由什么决定的呢？第一，作为出借人的"左"，并不处在一个完全竞争的市场，在这样的市场结构下，资金供给方无法形成完全竞争，那么这样的利率就不是真正意义上的市场利率，张善举想要借钱，别无其他渠道。那么，我们现在所说的"融资难、融资贵"又是什么原因呢？众所周知，经营信贷业务在中国是需要牌照的，是有准入门槛的，总体上来说，有限的几家银行作为资金的供给方，它所在的市场还是一个卖方市场，处于卖方市场的商业银行有动机利用自己的市场优势地位攫取更多利润。前几年，有银行家说，在实体经济困难的情况下，他们挣钱都挣得不好意思。第二，资金依"高风险、高收益"而定价，即风险比较高，就一定会要求高收益来进行补偿，而要求的高收益仅仅是一个预期收益，它能不能变成现实存在不确定性，因为风险不是马上发生的，它存在一定的滞后性。风险主要来源于信息不对称。回到唐朝这个小贷契约案例，出借人"左"也许并不知道借款人"张善举"是不是有能力还款或者有意愿还款，这时出借人"左"对这个风险有一个评估，这个评估在现代金融里有一个专门的术语叫作"风险定价"，所以，资金的价格不仅仅与资金的成本有关，还与资金的风险有关。那么现代商业银行是如何降低"信息不对称"进行风险定价的呢？假如去银行贷款，银行需要借款人提供收入证明，即对财务状况做一个评估；银行还需要借款人提供担保，常见的是抵押品或者质押品，或者是第三方的担保；再有，银行要去银行征信系统查一下借款人的征信记录，如果之前出现过逾期，银行就会要求上浮利率来对潜在的不能还款风险进行补偿。银行通过这三种方式来降低信息不对称可能对自己造成的伤害，并且通过对借款人进行风险定价，凭借投资组合（贷款组合）化解非系统性风险，将预期收益转化为实际收益。但这种控制风险的方式也有许多副作用，即我们常说的"银行做的是锦上添花，而不是雪中送炭"，因为往往只有财务状况好的借款人才能提供担保，客观上也造成了中小企业融资难、融资贵的结果。总之，资金提供渠道的市场结构及风险影响了资金的价格。

银行通过吸收资金提供者的资金，再出借给需求者，资金提供者和资金需求者并不直接发生联系，这个是我们通常所说的间接融资。那么资金提供者和资金需求者有没有可能直接发生联系，进而降低资金提供渠道的市场结构对资金价格的影响呢？1783年，美国独立战争刚刚结束，联邦政府面对的是一个满目疮痍、百废待兴的烂摊子。为了改善脆弱的财政状况，33岁的财政部长汉密尔顿设计了一个大胆的方案，即以美国政府信用为担保，发行国债。为了使国债能够顺利发行，大量捐客（Broker）涌入，充当了发行人（政府）和投资者之间的桥梁——他们寻找投资者，并负责将债券以特定的价格卖给投资者，这就是早期的直接融资，这些捐客在债券发行的条件甚至定价方面都起到了重要的作用，他们就是早期的投资银行雏形。1812年，英美战争也就是美国第二次独立战争爆发，为了应对巨额军费开支，美国政府需要发行国债筹资1 000万美元，但是，英美当初实力比较悬殊，美国获胜的前景并不被看好。所以在战争之初，并没人愿意购买，本质上是因为风险巨大，约定的票面利率无法弥补债券购买者的风险，以面值对这1 000万美元国债的偿付风险定价是不合适的。最后，有三个纽约和费城的商人以400万美元买下了这1 000万美元的国债。这三个商人干的事情用现在的金融术语就叫"承销"，在这里，他们起到了两个作用，第一是销售渠道；第二是进行风险定价。50年过去了，北美大陆上又发生了一场战争，就是后来著名的南北战争，当时北方军队需要筹集2亿美元来修建运输线及补充军费开支，有一个叫Cooker的银行家以面值买入美国政府发行的2亿美元国债，然后他很快就把这2亿美元的国债全部分销出去了。Cooker只收了很少的承销费，他是如何做到的呢？其一，他把这2亿美元拆分成最小面额为100美元面额的债券，降低了购买的门槛，使得债券购买者形成了一个充分竞争的市场，降低了借款人的融资成本。其二，在1844年，美国人莫尔斯发明了电报，而Cooker采用电报进行了快速的分销，即在债券发行之前，Cooker就通过电报把国债发售信息发送给全美2 000多家金融机构，并对潜在购买者进行了登记，在发行后很短的时间里，这2亿美元国债就得以售罄。在这里，电报这种革命性的通讯方式对于金融产品销售渠道的影响，客观上促使汇集了众多的金融产品的购买者，改善了资金供给方的市场竞争结构，使得购买者对于风险定价产品的竞争更加充分，降低了借款人的融资成本。纽约和费城的三个商人与 Cooker 做的事情就是后来许多投资银行的雏形，高盛和雷曼兄弟等知名大投行也是在那个时代陆续诞生的。他们起到了两个作用：第一，承销和代理销售，这个是渠道的问题；第二，利用自己的专业能力，对承销或者代销产品进行风险定价。投行的销售和风险定价能力被认为是投行最核心的能力。2011 年 1 月，当当网的 CEO 李国庆和摩根士丹利的女职员在微博上有几个回合的"网络口水大战"，起因就是当当网 IPO 后，股价暴涨，李国庆认为当当网 IPO 定价太低，对承销商摩根士丹利的定价能力提出了质疑。古往今来，投资银行和商业银行起的作用本质上是一样的。第一，提供了渠道，过去的科技进步比如电报、电话及后来的互联网对于金融产品的销售起到了促进作用。第二，进行风险定价，通常来说，高风险需要高的预期收益来补偿。投资银行和商业银行的区别在于，它们将资金供需双方一对一地联系起来了。

下篇：互联网金融的未来

资金供需双方通过商业银行或者投资银行等金融中介发生联系。第一，资金完成空间上的转移，即资金从资金供给方转移到资金需求方；第二，资金在时间上发生了价值交换，即资金提供方出让了基于成本或者风险的资金时间价值，获得了利息或者股息。因此有了关于金融较准确和全面的定义：金融是基于资金的价格在时空上的价值交换。本来在一个完美的市场里，是不应当有银行等金融中介的。但是，因为在汇集资金上的规模效应，以及信息不对称的客观存在，需要对风险进行定价，做出风险定价是需要专业能力的，商业银行或者投资银行等金融中介具有这个能力，所以它就自然而然地出现了；当然，商业银行或投资银行的存在也提供了融资和筹资的渠道，在资金供求双方之间进行了金额、期限与收益风险的匹配。但是，金融中介毕竟增加了交易双方的成本，在互联网时代，资金供给双方有没有可能绕过金融中介，直接发生联系呢？

1969 年 10 月 29 日，加州大学洛杉矶分校与斯坦福大学的两台电脑实现了连接，并进行了信息的交换，标志了互联网的诞生。随后的 40 多年，互联网得到了如火如荼的发展，目前已经进入移动互联网时代。我们现实的感受是互联网对于生活的各个方面产生了深远影响，那么，互联网是如何对金融产生影响的呢？我们知道，我们和金融机构发生联系是通过一定的媒介，比如银行网点、柜员机、POS机等，这些物理的介质和我们是有空间上和时间上的距离的，业务需要到网点去办理，但银行工作时间并不是全天候的。而互联网特别是移动互联网（智能手机）的普及，使得人们可以通过互联网实现随时随地的连接，而且是几近零成本的接入，这样金融服务就跨越了空间和时间的束缚。所以，互联网对金融的第一个影响就是对于渠道的影响，这时物理的渠道除了提供直接的感知外，不再像以前那么重要了。其次，以前金融机构起的作用就是对风险进行定价，这个定价能力有赖于信息和数据的支持，对于商业银行而言，这个信息和数据就是我们常常所说的中国人民银行提供的征信报告，银行依据征信报告再加上一些增信手段，比如抵押、质押、第三方担保等，来对风险进行定价。互联网本身并不具备风险定价的能力，但是，互联网经营的是信息和数据，这些信息和数据反映了人和人之间的关系，反映了人与物的关系，反映了人在一定时间和空间的活动。所以，互联网特别是移动互联网是可以为金融中介提供数据和信息支持的。另外，数据本身并不提供风险定价能力，数据结合人工智能才能提供风险定价能力。2016年3月，有一个标志性的事件，就是Alpha Go击败了世界围棋冠军李世石，这个在以前看来不可思议的东西最后成真，与科技的进步是分不开的。Alpha Go厉害的地方在于它具备和人类一样的学习能力，所以人类在围棋领域已经不可能和计算机一较高下了。我们可以大胆地猜想，如果人工智能结合了互联网公司提供的大数据，那么机器是不是也可以具备风险定价能力呢？结论是不言而喻的。互联网对金融的影响体现在两个方面。第一是渠道，它随时随地的接入性使得物理渠道变得不再像以前那么重要，它的进一步发展还有赖于通信技术的进一步发展；第二是风险定价能力，它是基于大数据的人工智能，随着机器学习能力的增强，它可以越来越多地替代人的工作，最后实现对传统金融业务的颠覆和创新。

那么互联网金融的未来在哪里？未来的格局是怎样的？在传统的商业银行业务中，类似美国的Lending Club这样的P2P公司将资金提供方和资金需求方直接联系在一起，其业务规模只有大约不到60亿美元，这和通过商业银行这个金融中介获取的几十万亿美元的信贷规模相比是沧海一粟；如火如荼的网络股权众筹将股权出让人和股权投资者联系在一起，但是它的规模和通过投行这个金融中介完成的每年万亿美元的筹资额相比也不值得一提。我们不禁问自己，互联网金融未来的市场空间到底有多大？资本是最聪明的，在这些公司尚未实现与估值相称的盈利时，它的估值其实包含了整个市场对这些互联网公司未来的总体看法和预期。它们的主要优势在于用户基础庞大，截至2021年2月，互联网巨头腾讯的活跃用户数已经超过11亿，实现了对四大行和"三桶油"这些垄断型巨无霸公司的超越。可以预计，腾讯基于这11亿用户产生的大数据可以在金融领域做很多事情。截至2021年2月，腾讯旗下网络银行微众银行的拳头产品"微粒贷"已累计发放贷款超过1 600亿元，其客户数超过2 000万。

毫无疑问，互联网金融的前景是值得期待的，那么未来互联网金融的形式又是怎样的？它未来的格局将如何？威尼斯银行的诞生和发展历程及《乔家大院》的乔致庸最终实现货通天下、汇通天下的经历告诉我们，金融的发展一定是基于商业的需要，而支付是整个金融业务的基础。几百年过去了，金融的本质没有变化，它还是为商业服务的，互联网金融也是基于商业的金融，互联网环境下基于商业的金融一定是基于场景的，这个场景可以是社交，可以是电商或者社交与电商的结合。互联网金融是基于场景的金融的意义是，场景提供了数据支持，有了大数据的支持再结合人工智能，就能对资金进行合理的风险定价，所以这几年BAT三大巨头及小米公司对各个崭露头角的社交、生活、电商平台及应用展开了巨额的并购。互联网支付业务实现了资金跨空间（用户之间）的转移，春晚微信和ZFB的红包大战，前几年的滴滴、快的的补贴大战等，其本质都是互联网公司对于用户的争夺大战，另外，支付也是基于一定的场景的。人、数据及支付场景构成了互联网金融发展的基础。传统的商业银行已在纷纷开拓自己的网上商城业务，譬如工行的融e购、建行的善融e等，因为它们已经意识到了支付场景及数据对于开展金融业务的重要性。

关于未来互联网金融的格局，近几年，主流英文媒体经常出现的一个流行词——金融科技（Fintech）可以给我们一些启发。未来最大的银行、投行等金融中介可能是一家互联网公司，它同时又是一家科技公司。因为它们拥有最多的用户和数据，拥有了和场景结合的数据，再加上人工智能，通过先进的算法实现对人的风险定价能力在一定程度上的替代，这些互联网公司就拥有了提供金融服务的基础。

　　未来的金融格局，也许就像鲍勃.迪伦在歌里所唱的那样，"时光流转，一切都已改变"。

参考文献

大隐于市.迭创新高的谷歌，脸书，亚马逊，估值到底高不高？［EB/OL］.
https://www.sohu.com/a/138091420_162818, 2017–05–03.

黄世忠, 2015.移动互联网时代财务与会计的变革与创新［J］.财务与会计（21）:
6–9.

黄世忠, 2017.当会计遇见新经济——基于商业模式创新的价值创造新思维
［J］.新会计（12）.

黄世忠等，2020.云顶财说第二辑［M］.北京：中国财政经济出版社.

侯晓天.如何给美团进行估值？［EB/OL］.https://www.sohu.com/a/2506
81280_115207, 2018–08–29.

纪建悦，林姿辰，李艺菲，2019.广义虚拟经济时代背景下拼多多商业模式研
究［J］.广义虚拟经济研究，10（01）：32–40.

彭治国.李保芳，2019.茅台产能达5.6万吨后不再扩产，卖方市场也不能有
霸气［N］.人民日报，2019–10–26.

王学恒，2015.互联网企业该如何估值之二：形而上的梅特卡夫定律［R］.国
信证券.

魏晓.多少人看错了拼多多［EB/OL］.https://www.jiemian.com/article/4645
241.html, 2020–07–09.

杨磊.茅台718亿美元市值超越全球最大酒厂！股价14年暴涨108倍［EB/
OL］.https://www.sohu.com/a/133017978_465270, 2017–04–10.

遊人.创上市以来最大单季增长！拼多多在争议中本分前行［EB/OL］.https://
baijiahao.baidu.com/s?id=1675828213068935339&wfr=spider&for=pc, 2020–08–23.

袁煜明，徐聪，2017.从海外科技股梳理估值方法的变与不变［R］.兴业证券.

芷兰之士.Facebook，比腾讯更有投资价值吗？［EB/OL］.https://www.laohu8.com/post/157970, 2018-02-08.

ZHIYAN.揭秘"市值之王"贵州茅台［EB/OL］.https://cj.sina.com.cn/articles/view/1131398582/436fc5b601900rp5m?from=finance, 2020-05-02.

朱威.Facebook 的盈利模式是什么？［EB/OL］.https://www.zhihu.com/question/20302197/answer/75501733, 2018-07-10.